职业技能等级认定培训教材
职业培训包教材资源

形象设计师

（基础知识）

形象设计师职业技能等级认定培训教材编审委员会　组织编写

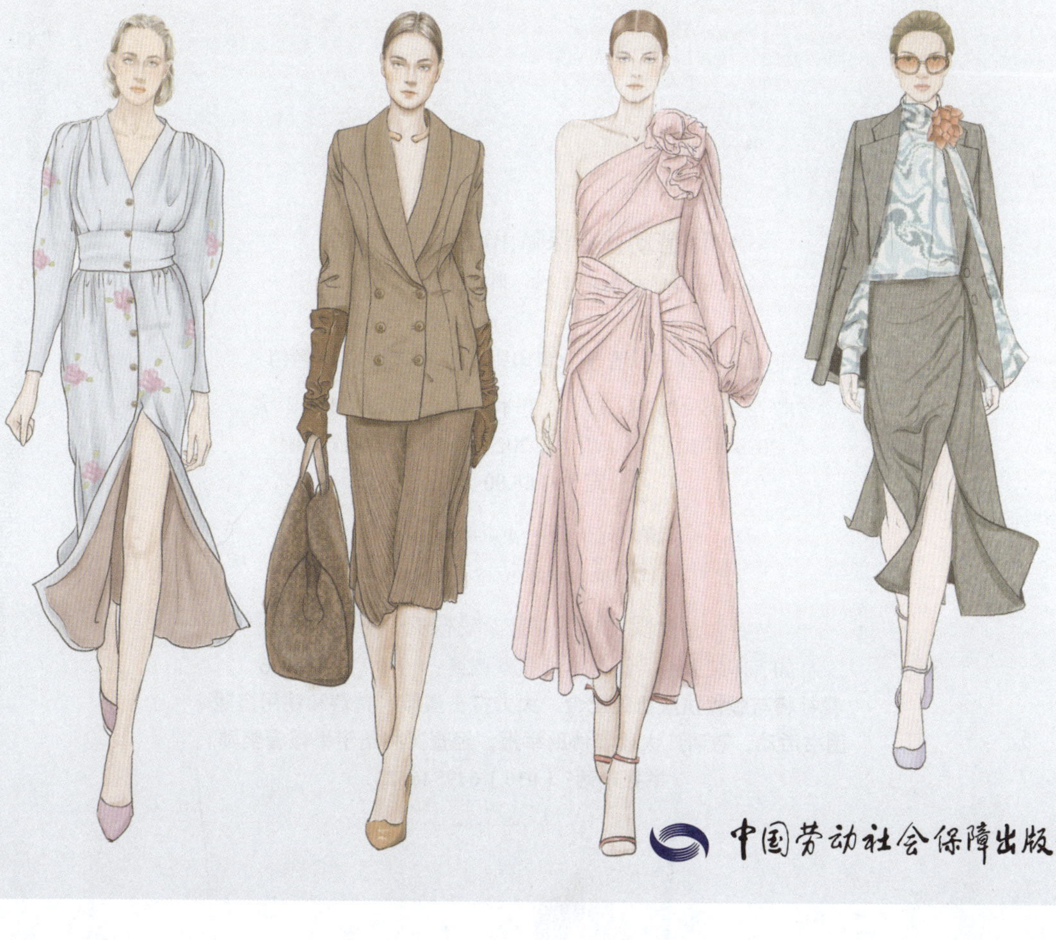

中国劳动社会保障出版社

图书在版编目（CIP）数据

形象设计师：基础知识/形象设计师职业技能等级认定培训教材编审委员会组织编写．-- 北京：中国劳动社会保障出版社，2023

职业技能等级认定培训教材

ISBN 978-7-5167-6074-1

Ⅰ.①形… Ⅱ.①形… Ⅲ.①个人 - 形象 - 设计 - 职业技能 - 鉴定 - 教材 Ⅳ.①J06

中国国家版本馆 CIP 数据核字（2023）第 223892 号

中国劳动社会保障出版社出版发行

（北京市惠新东街 1 号　邮政编码：100029）

*

北京市艺辉印刷有限公司印刷装订　新华书店经销

787 毫米 ×1092 毫米　16 开本　20.25 印张　331 千字
2023 年 12 月第 1 版　2023 年 12 月第 1 次印刷

定价：68.00 元

营销中心电话：400-606-6496
出版社网址：http://www.class.com.cn

版权专有　　侵权必究

如有印装差错，请与本社联系调换：（010）81211666
我社将与版权执法机关配合，大力打击盗印、销售和使用盗版图书活动，敬请广大读者协助举报，经查实将给予举报者奖励。

举报电话：（010）64954652

本书编审人员

总主编　张晓妍

主　编　江　洁　王　慧

编　者　蒋晓梅　江　洁　王　慧　闵依纯　谢晶婷
　　　　周鸣驰　王　莺　叶　萍　蔡克非　张晓妍

主　审　张文英

前　　言

　　为加快建立劳动者终身职业技能培训制度，全面推行职业技能等级制度，推进技能人才评价制度改革，促进职业培训包制度与职业技能等级认定制度的有效衔接，进一步规范培训管理，提高培训质量，形象设计师职业技能等级认定培训教材编审委员会组织有关专家在《形象设计师国家职业标准》（以下简称《标准》）和职业培训包（以下简称培训包）制定工作基础上，编写了形象设计师职业技能等级认定培训系列教材（以下简称等级教材）。

　　形象设计师等级教材紧贴《标准》和培训包要求编写，内容上突出职业能力优先的编写原则，结构上按照职业功能模块分级别编写。该等级教材共包括《形象设计师（基础知识）》《形象设计师（初级）》《形象设计师（中级）》《形象设计师（高级）》《形象设计师（技师　高级技师）》5本。《形象设计师（基础知识）》是各级别形象设计师均需掌握的基础知识，其他各级别教材内容分别包括各级别形象设计师应掌握的理论知识和操作技能。

　　本书是形象设计师等级教材中的一本，是职业技能等级认定推荐教材，也是职业技能等级认定题库开发的重要依据，已纳入职业培训包教材资源，适用于职业技能等级认定培训和中短期职业技能培训。

　　本书在编写过程中得到上海第二工业大学、上海市第二轻工业学校、上海邦德职业技术学院、上海美发美容行业协会等单位的大力支持与协助，在此一并表示衷心感谢。

形象设计师职业技能等级认定培训教材编审委员会

目 录 CONTENTS

职业模块1 职业准备 ·· 1
  培训项目1 职业、道德与职业道德 ························· 2
  培训项目2 职业守则 ··· 4

职业模块2 形象设计基础知识 ································· 7
  培训项目1 形象设计起源与发展 ···························· 8
  培训项目2 形象设计美学基本原理 ························ 54
  培训项目3 形象设计分类 ······································· 71

职业模块3 素描与色彩 ·· 81
  培训项目1 素描基础 ··· 82
  培训项目2 色彩基础 ··· 104

职业模块4 服装基础 ·· 121
  培训项目1 服装的起源与发展规律 ························ 122
  培训项目2 服装的基本廓形与面料 ························ 125
  培训项目3 服装的色彩 ··· 129
  培训项目4 服装的分类与特征 ································ 141

职业模块5 化妆基础 ·· 147
  培训项目1 化妆美学 ··· 148
  培训项目2 化妆品及化妆工具的选用、清洁保养 ··· 160
  培训项目3 皮肤基础护理 ······································· 168
  培训项目4 化妆妆型分类 ······································· 177

职业模块6 发型基础 ·· 187
  培训项目1 头发护理 ··· 188

  培训项目 2 发型的分类与风格表现 · 192
  培训项目 3 发型与形象设计 · 197
  培训项目 4 发型工具与美发用品 · 204

职业模块 7 美甲基础 · 211
  培训项目 1 指甲的结构、生长及常见异常 · 212
  培训项目 2 美甲工具 · 218
  培训项目 3 甲油与甲油胶 · 220
  培训项目 4 贴片甲 · 222
  培训项目 5 彩绘甲 · 225

职业模块 8 形象设计师职业形象 · 231
  培训项目 1 形象设计师仪容仪表 · 232
  培训项目 2 形象设计师语言规范 · 238
  培训项目 3 形象设计师服务礼仪 · 243

职业模块 9 顾客心理学 · 249
  培训项目 1 心理学与顾客心理学 · 250
  培训项目 2 顾客心理分析 · 255
  培训项目 3 顾客购买动机分析 · 257

职业模块 10 卫生消毒与消防安全 · 263
  培训项目 1 卫生消毒 · 264
  培训项目 2 消防安全 · 277

职业模块 11 相关法律法规 · 287
  培训项目 1 《中华人民共和国劳动法》相关知识 · 288
  培训项目 2 《中华人民共和国劳动合同法》相关知识 · 294
  培训项目 3 《中华人民共和国消费者权益保护法》相关知识 · · · · · · · · · · · · · · · 303
  培训项目 4 《化妆品监督管理条例》相关知识 · 307

职业模块 ❶
职业准备

培训项目 1

职业、道德与职业道德

一、职业

1. 职业的定义

职业是指利用专门的知识和技能服务社会，获取合理报酬，并作为主要生活来源的工作。

2. 职业的特性

（1）社会性。职业是人们在劳动过程中的分工现象，是从业人员在特定社会生活环境中所从事的一种与其他社会成员相互关联、相互服务的社会活动，无疑是具有社会性的。

（2）规范性。职业活动必须符合国家法律、法规和社会伦理道德规范，并符合职业内部操作规范。

（3）功利性。职业活动以获得现金或实物等报酬为目的，具有功利性。在职业生涯中，将个人利益与社会利益相结合，形成良性促进作用，职业活动才具有生命力和价值。

（4）技术性。不同的职业都具有与其职业活动相对应的技术要求。

（5）时代性。社会进步和科学技术发展，以及人们生活方式、习惯等因素的变化给职业打上了时代烙印。

二、道德

1. 道德的定义

马克思主义伦理学认为，道德是人类社会特有的，是由社会经济关系决定的，依靠内心信念、社会舆论、风俗习惯等方式来调整人与人之间、人与社会之间，以及人与自然之间的关系的特殊行为规范的总和。

2. 道德的分类

根据道德的表现形式，人们通常把道德分为社会公德、职业道德和家庭美德。形象设计师要结合自身实际，加强职业道德修养，担负职业道德责任，遵守社会公德和家庭美德。

三、职业道德

1. 职业道德的定义

职业道德是从事一定职业的人在工作过程中，所应遵循的与其职业活动相适应的道德准则和行为规范。它是职业或行业范围内的特殊要求，是社会道德在职业领域的具体体现。

2. 形象设计师的职业道德

形象设计师的职业道德是指形象设计师在形象设计工作中所应遵循的与形象设计职业活动相适应的道德准则和行为规范。形象设计师应具备的职业道德包括：遵守国家法律、法规；爱岗敬业，诚实守信；乐于学习，勤于钻研，努力工作；仪表端庄，谈吐优雅，温文有礼；服务专业，团结协作，坚持匠心精神等。

形象设计属于服务行业，具有展现社会文明的"窗口"作用，因此形象设计师的职业道德具有示范性，能直接反映社会风尚和文明程度。形象设计师要有高度的责任感和使命感，热爱工作，树立崇高的职业荣誉感；乐于奉献，勤恳工作；适应新时尚的变化，刻苦钻研业务；加强个人的道德修养、文化素养、技能水平、心理素质等，树立正确的世界观、人生观、价值观，把传承中华传统美德与弘扬时代精神结合起来，坚持解放思想、实事求是、与时俱进、勇于创新，为"中国梦"的实现做出自己的贡献。

培训项目 2

职业守则

一、遵纪守法，诚实守信

形象设计师应遵守国家颁布的各种法律、法规，尤其是与职业活动相关的法律、法规，还要遵守职业纪律，如劳动纪律、规章制度、工作职责（岗位职责）、公约、条例、安全操作规程等。遵纪守法是每个公民应尽的义务，是建设中国特色社会主义和谐社会的基石。

形象设计师应恪守诚信，将顾客的需求和利益放在首位，不能为了追求经济利益而擅自提供超出许可范围的服务，夸大效果，欺骗顾客。

二、爱岗敬业，尽职尽责

形象设计师要热爱本职工作，求真务实，树立正确的职业信念，将自己的职业理想和追求落到工作的实处，在平凡的工作岗位上做出不平凡的成绩。

形象设计师应运用自身的专业知识技能，热情而周到地服务每一位顾客，使顾客不仅能得到形象上的改变，还能提升自信、优化气质。形象设计是一项提高人员外在形貌和精神面貌的伟大事业，形象设计师在工作过程中应不断强化这一认知。

三、文明礼貌，积极进取

形象设计工作是设计师与顾客充分沟通、达成共识，然后付诸实施、不断磨合的过程。与顾客沟通的过程中要礼貌热情、细致周到、耐心倾听，让顾客有被接纳、被理解的感受，从而敞开心扉。在沟通过程中应注意观察，用心理解顾客需求，以自己的专业技能耐心解答并解决服务中所遇到的各种问题，帮助顾客提升审美品位，优化其整体形象。

形象设计师在整个职业生涯中应具有终身学习的觉悟，不断提高审美素养、打磨专业技能，只有积极进取、虚心学习，才能不断创新，实现自我价值。

四、勤奋钻研，精益求精

形象设计师在工作中应勤奋钻研，不满足于掌握基础的技能，应不断获取专业知识信息，钻研技术，勇于创新，牢固树立工匠精神，保持严谨的工作作风，全面提高综合素质。

老子曰："天下大事，必作于细。"形象设计师应具有对每项服务凝神聚力、精雕细琢、追求极致的职业品质。

五、协同合作，大胆创新

形象设计师应具有良好的团队意识，善于团结同事、共同协作，创造和谐向上的集体氛围。在工作中，不要过于计较个人得失，应服从上级安排，积极主动工作，关心帮助同事，相互学习，共同提高，正确处理与同事之间的分歧和意见。

形象设计工作对艺术修养和创新能力有一定要求，形象设计师应具有创新意识，积极学习与形象设计相关的理论知识，不断研究创新方法，全面提高综合能力。

职业模块 2
形象设计基础知识

培训项目 1

形象设计起源与发展

一、形象设计概述

1. 形象设计的背景和概念

（1）形象设计的背景。在生产力高速发展的21世纪，人们开始追求文化审美的提升，希望通过外在形象表达自己的个性和品位。在社会交往中，个人形象已逐渐成为无声的名片和无形的资本。

形象设计是一项新兴行业，是社会经济发展到一定阶段的必然产物，独特的商业价值使其在国际上迅速发展。

（2）形象设计的概念。"形象"是指形状相貌及根据现实生活各种现象加以选择、综合创造出来具有一定思想内容和审美意义的生动图画。由此可见，"形象"广义上是指人和物，狭义上专指人。

"设计"是指根据一定的要求和目的，事先拟定图样和方案，使设计师有目标有计划地进行技术性的创作与创意活动。简而言之，设计就是指设计师把脑中的设想通过合理的规划、有序的步骤、明确的目标创作出来。

形象设计着重研究人的外观造型，其外在形式主要由服饰设计与搭配、化妆设计与造型、发型设计与造型、美甲设计与造型这四大模块构成，其深层内涵则涉及美学、心理学、色彩学、社会学等多门学科。形象设计师需要兼具高超的造型技术和深厚的艺术修养，能根据顾客的具体情况和需求进行全方位形象塑造和管理。

2. 形象设计的起源

关于形象设计的起源，主要有以下几种说法。

（1）繁衍宗教说

1）繁衍说。原始社会中，两性通过装扮自己吸引异性。例如，原始部落的青年男性通过佩戴自己猎获的野兽的牙齿，以显示勇敢威猛；澳大利亚土著妇女在腰间系上羽毛，垂于小腹和臀部，跳一种扭摆臀部的舞蹈，以显示妖娆多姿。

2）宗教说。原始社会中，部落将某种动植物作为本族的图腾加以崇拜，认为佩戴这种动植物形态的装饰品，或装扮成它的样子就可以受到神灵的保护，从而免除灾难。这种动植物守护神的形象被塑造成艺术化的图形和实物，成为该部落日常形象的醒目符号，除了宗教功能外，还具有作为氏族标志的功能。

（2）表现自我说

1）美化体貌。在不同的地域、文化、时代环境中，人们对"美"的认知各不相同。然而，在响应其所处环境的审美标准、用各种手段美化自身、获得社会认可等方面，则具有高度的一致性。例如，在非洲原始部落中，人们在脸上、身上绘制花纹，他们认为这是一种美丽、地位的象征。

2）体现财富地位。妆发精致、衣饰奢华历来被认为是财富地位的体现。在很多社会制度中，人的形象是区分阶级特征的重要依据。例如，中国古代就修有《舆服志》，将身份地位和服饰、出行规格一一对应，形成严格的系统。

3）凸显自我意识。人们的自我意识会驱动人们追求自身形象美的表现——向外能得到周围人的赞叹和钦慕，从而加强自我认同；向内能通过理想的自我形象塑造，提升气质修养。在现代社会中，寻求形象设计服务本身就是自我意识的表现，追求形象设计的"个性"和"美"则是自我意识表达欲望的积极体现。

（3）标志自我说。通过观察人的外在形象，大致能判断其民族、地位、信仰、职业等，这不失为高效的社交沟通方式之一。形象作为自我的标志主要可分为表2-1中的六类。

表2-1 形象的自我标志

类别	说明
民族标志	各个国家和民族都有各自的传统人物形象体系，包括服饰、发型、化妆习俗等，特征鲜明
地位标志	在历史上，各社会阶层在形象上有明确、严格的等级制度，不可僭越。在现代社会生活中，社会角色、身份地位也是形象设计考虑的重要因素，合理的设计能使特定场合中的人物主次分明，符合礼仪，并避免社交误会

续表

类别	说明
信仰派别标志	直至今天，世界宗教仍是多元的。不同宗教派别都有独特的形象标志。宗教相关形象的展示和识别，在国家外交、民间交往等场合的社交礼仪中都是非常重要的
职业标志	职业标志是表现职业性质的形象标志，有共性大于个性的特征
年龄标志	对于不同年龄段的人，其形象应与视觉年龄匹配或小于视觉年龄
性别标志	人物的形象具有与其性别相应的形象特征，包括着装、发型等

3. 形象设计的意义

（1）能准确传达身份信息。形象具有无声语言的功能。根据"TPO"（time，时间；place，地点；occasion，场合）原则，人们的整体形象要与时间、地点、场合相符合，要根据不同的交往目的设计整体形象，给人留下良好的印象。许多成功的政治家、企业家精于此道，善于运用形象设计手段增强领导力和影响力。

（2）能提升职业发展空间。在竞争激烈的人才市场，良好的外在形象是竞争的必要手段。具有良好形象的人更容易获得他人和社会的信任，拥有相对更广的职业发展空间。

（3）能形成个体的个性标志。每个人都是独一无二的，每个人的形象也是如此，个性标志是个体独特性的外在体现。

（4）能推动社会经济发展。作为创意产业和生活服务产业的一部分，形象设计行业的发展能带动其相关的服饰搭配、化妆造型、发型造型、美甲美睫、色彩诊断、陪同导购等分支行业的发展，在带来巨大经济效益的同时，也能促进社会意识形态良性发展和社会审美水平的提高。

二、中国形象设计发展简史

1. 奴隶社会

（1）夏商时期的人物形象。夏朝由于生产力低下、文字记载不成熟，出土的人物形象相关考古依据很少。随着商朝殷墟墓葬群的发掘，以及与夏朝同时代的巴蜀三星堆文化的发现，可以管窥夏商时期的人物形象轮廓。

1)服饰。从出土的玉雕、石雕和陶俑来看,夏商时期社会等级尊卑分明,贵族的服饰一般上身为交领右衽、窄袖及腕、织绣华丽的上衣,腰束宽带,下身为有纹样装饰的下裳。夏商时期的服饰主要如图2-1所示。

商朝圆雕玉像　　　　　　商朝圆雕石人　　　　　　三星堆青铜立像

图2-1　夏商时期的服饰

2)发型与头饰。夏商时期的男性发式大致分为束发、辫发、断发三类(见图2-2)。束发是将头发绕起,在头顶做结,并用笄固定;辫发是将头发编成辫子,盘于头顶或置于身后;断发是将头发剃掉,留顶部断发,形同锅盖,在顶心处编小辫。头饰以冠帽为主,有筒圈冠、筒状头箍式帽、绳圈冠等(见图2-3)。

束发(戴发笄的商朝玉人)　　辫发(三星堆青铜人头像)　　断发(商朝玉人)

图2-2　夏商时期的发型

筒圈冠（商朝玉人）　　筒状头箍式帽（商朝玉人）　　绳圈冠（四川三星堆青铜人头像）

图 2-3　夏商时期的头饰

（2）两周时期的人物形象

1）服饰。周王朝为了维护统治，推行了一套关于服饰的典章制度。"冕服"是中国古代天子、诸侯、士大夫参加重大活动时穿着的礼服，其形制被后世沿用。如图 2-4 所示，冕服主要由冕冠、上衣、下裳，以及蔽膝、绶、佩等构成。"命妇服"是以王后为首的命妇礼服，为上下连接的衣袍，配以高髻，首饰华丽。"深衣"源于春秋战国的中原地区，不论男女、尊卑皆可穿着。如图 2-5 所示，深衣有两种：曲裾深衣上身紧窄、下身宽长，交领右衽，袖有宽窄，衣襟深长，穿着时绕至后背，系以丝带；直裾深衣上下宽窄均衡，长至脚踝，交领右衽，衣襟随领口垂直而下，置于身前，系以丝带。

《历代帝王图》中的冕服　　明鲁荒王朱檀墓九旒冕冠

图 2-4　帝王冕服

曲裾深衣　　　　　　　　　直裾深衣

图 2-5　春秋战国时期的深衣

2）发型。《周礼》规定"女性十五而笄",即女性十五岁即可将头发梳髻,插以发笄,作为成人的标志。春秋战国时期的女性发型如图 2-6 所示。

低髻　　　　　　　　　顶髻　　　　　　　　　斜髻
(河北中山国银首人俑铜灯)　(湖北荆门楚国木俑)　(山东章丘女郎山战国齐墓乐舞陶俑)

图 2-6　春秋战国时期的女性发型

3）妆容。这一时期的女性有完整的化妆体系:用一种名为"脂"的无色面脂护肤;用一种名为"黛"的黑青色颜料画眉;用以米研磨成的"粉"修饰肤色,并在粉中掺朱砂作为腮红;用融入朱砂粉的动物油脂来描画唇;用淘米水清洁头发后,用一种名为"泽"的香膏护发。

2. 封建社会前期

（1）秦汉时期的人物形象

1）服饰。自奴隶社会以来,我国古代的桑蚕丝绸一直在纺织生产中处于领先地位，秦汉时期纺织技术突飞猛进，生产出了精美的各色刺绣和各种丝织品。秦汉时期男女均着袍，袍由春秋战国时期的深衣发展而来，为上下一体的长衣，腰间束带。如图 2-7 所示，袍上身端庄，下身上紧下松，呈喇叭状，显得人修长玉立、气质高雅。男性着袍时，头戴冠或弁，可佩剑；女性着袍时，梳堕马髻、高髻等。袍日常可穿，作为礼服时，只要在外层穿上镶有黑褐色窄衣缘的轻薄襌（也作"禅"）衣即可。如图 2-8 所示是 1972 年在湖南省长沙市马王堆汉墓发掘出土的素纱襌衣，重仅 49 g，是西汉时期纺织技术巅峰时期的作品。

图 2-7　秦汉时期的服饰

图 2-8　素纱襌衣

2）发型

①男性发型。根据礼制，秦汉时期男性发型为束发于顶。秦代官兵为了加固发型，常将碎发编成辫子，紧紧汇总于头顶，不同兵种、军阶的发型位置有所区别。汉代男性多戴冠，头顶发髻的位置配合冠的结构会有所调整。秦汉时期的"士"及以上阶级可戴冠，而平民则戴巾/帻，巾/帻是一种直接覆盖在发髻上、用发绳扎于髻根部的手帕状织物。秦代军士戴的帻如碗状扣于发髻上，两侧有布带系于颔下。秦汉时期的男性发型如图2-9所示。

圆锥形髻（秦步兵俑）　　扁髻（秦步兵俑）　　脑后圆髻（西汉文官俑）

鹖冠（秦将军俑）　　介帻（秦骑兵俑）　　鹊尾冠（西汉文官俑）

图2-9　秦汉时期的男性发型

②女性发型。秦汉时期女性发型主要有两种：一种是梳在脑后、垂于背部的垂髻；另一种是盘于头顶的高髻。垂髻有垂云髻、椎髻、堕马髻等，高髻有反绾髻、惊鹄髻、三环髻、花钗大髻、簪花高髻等，如图2-10所示。

3）妆容。秦汉时期的女性妆容（见图2-11）较为丰富，时兴的铅粉比传统的米粉更显白皙，朱砂粉也被从西域引入的红蓝花替代，"胭脂"正式登上了妆饰史的舞台。秦汉女性妆容盛行不同深浅的红妆，如桃花妆、飞霞妆、慵来妆等，胭脂点唇鲜艳可爱。秦汉时期的女性眉妆也异常丰富，有八字眉、蛾眉、远山眉、长眉等。

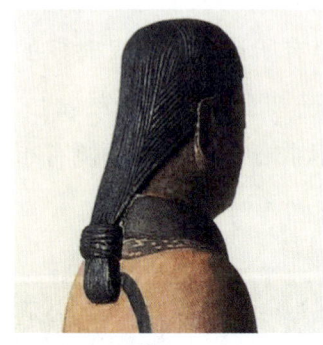
堕马髻（西汉彩绘女俑）

花钗大髻（东汉墓壁画仕女）

簪花高髻（东汉素陶女俑）

图2-10　秦汉时期的女性发型

粗眉红妆（东汉墓仕女）

远山眉素妆（西汉阳陵彩绘陶女俑）

一字眉红妆（西汉彩绘木女俑）

图2-11　秦汉时期的女性妆容

（2）魏晋南北朝时期的人物形象

1）服饰。魏晋南北朝时期的服饰时尚而潇洒，"褒衣博带"风流飘逸，为雅士所钟爱；"上俭下丰"仙姿窈窕，为仕女所推崇。上层社会的服饰以两晋、南朝为典型。如图2-12所示，男性穿着上衣下裳的宽大袍服，头戴梁冠，其侍者也大袖翩翩，头戴漆纱笼冠；女性穿着宽大的胡袖上襦，下着拖地长裙，袍摆缀有带长带的三角形布帛，发髻高耸。

2）发型

①男性发型。魏晋南北朝时期的男性根据身份地位、所处场合选择合适的发型，或束发于顶、绾成小髻，或戴冠帽，或着巾帻，如图2-13所示。

图 2-12 魏晋南北朝时期的服饰

巾帻（北齐士人燕居形象）　　帻冠（北朝文官俑）　　平巾帻（北朝武官俑）

漆纱笼冠（东晋侍官）　　白纱高屋帽（南朝陈文帝）　　风帽（北齐仪仗俑）

图 2-13 魏晋南北朝时期的男性发型

②女性发型。魏晋南北朝时期的女性多梳高髻，发鬟（环）高耸，使整体形象修长挺拔。由于对高耸发型的追求，魏晋南北朝出现了精美华丽的假髻。假髻由人发、马尾等毛发纤维和黑色布帛制成，上饰花钿步摇，使用时罩在发髻上，用发簪固定。魏晋南北朝时期的女性发型如图 2-14 所示。

撷子髻
（北朝砖刻）

双环灵蛇髻
（东晋顾恺之所绘洛神）

十字髻
（北魏彩绘女乐俑）

假髻（六朝侍女俑）

假髻（六朝侍女俑）

假髻（六朝侍女俑）

图 2-14 魏晋南北朝时期的女性发型

3）妆容。魏晋南北朝时期女性的妆容较为多元化，除传统红妆体系外，还有紫妆、白妆、额黄妆、寿阳妆、佛妆、黄眉墨妆等特殊妆容，如图 2-15 所示。其中佛妆以雌黄或金箔贴于额头，显然是受佛教影响；寿阳妆在眉间贴梅花状花钿，辅以八字宫眉，源于南朝寿阳公主的传说。此外，饰于眉间、两靥的小花形贴饰也为当时女性所喜爱。唇妆沿袭汉代的樱桃小口，但色彩除红色之外，源于北方少数民族的黑色、深紫红色的唇妆也一度流行。总体来说，两晋及南朝的女性妆容文静华美，北朝的女性妆容则奔放绮丽。

花钿和面靥（十六国女俑）

梅花面靥（十六国侍女）

阔眉、面靥、花钿（十六国彩绘伎乐女俑）

图 2-15 魏晋南北朝时期的女性妆容

3. 封建社会后期

（1）隋唐时期的人物形象。由于隋朝过于短暂，唐朝则延续了289年，本书介绍人物形象时以唐为主。

1）服饰

①男性服饰。唐朝时期汉人男性服饰分为两类（见图2-16）：一类是继承中原汉族的冠冕衣裳，作为祭祀天地、宗庙、社稷、先农，以及正旦、冬至、圣节、册拜时的衣服；另一类是源自西域习俗的常服，即头戴幞头，身着圆领缺胯袍，腰系蹀躞带，脚蹬黑靴。

朝服（唐太宗像）　　　　　常服（初唐官吏）

图2-16　唐朝的男性服饰

②女性服饰。在花色上，除了单色的"石榴红裙"外，还有两种色彩的布料拼接而成的"间色裙"，两种色彩晕染成条纹的"晕裙"等，上缀小花图案。唐朝的"齐胸襦裙"是典型的常服：上身穿袖口窄小的短上衣，长裙高至胸口，显得人修长窈窕。齐胸襦裙可以搭配活泼干练的半臂短上衣，也可以搭配柔媚庄重的大袖衫。此外，妙龄女性身着男性常服、头戴幞头，策马驰骋的形象也是唐朝独有的风景。唐朝的女性服饰如图2-17所示。

2）发型

①男性发型。唐朝时期男性多采取束发、戴幞头的装扮，幞头式样较多，如图2-18所示。

半臂绿裙

间色裙

石榴红裙

齐胸襦裙搭配窄袖衫、披帛

齐胸襦裙搭配大袖衫、披帛

女扮男装

图2-17　唐朝的女性服饰

圆头软脚幞头

软脚幞头

打结幞头

图2-18　唐朝的男性发型

②女性发型。唐朝女性梳高髻，款式丰富，配饰精美。初唐发式多为款式简洁的高髻，其中不乏假髻，如反绾髻、双刀/单刀半翻髻、螺髻、双环望仙髻等。盛唐一改初唐高髻的雍容华丽，重视丰满卷曲的鬓发修饰，如蝉鬓、云鬓、松鬓等。晚唐女性发型轮廓硕大、新奇古怪、首饰奢华，如抛家髻、堕马髻、乱髻等。

3）妆容。在唐朝女性的妆饰生活中，传统的桃花妆、白妆等文静娴雅的红妆依然流行，而时尚的浓艳红妆也备受追捧。女性将胭脂施于整面，脸颊、眼睑和耳朵都氤氲着红云，名为"酒晕妆"。在脸上涂上红红的胭脂，再罩一层薄薄的白粉，是较为普遍的"红妆"，非常文静。浓艳的红妆一般搭配深红的唇妆、烟氲的黑眉、多彩的花钿，以及耳前新月般的斜红，显得尤为妩媚、富有妆饰的趣味性。中晚唐时期，"粉白黛黑"的审美传统回归，素雅的"白妆"逐渐成为上层女性的新宠。眉妆在唐朝达到了巅峰，花钿、面靥、额黄等面饰在唐朝大放异彩。晚唐时，贵妇仕女们将面靥贴满面部，名为"碎妆"。

唐朝的女性发型与妆容如图2-19所示。

单螺髻、花钿、佛云眉、酒晕妆

双螺髻、斜红、花钿、小山眉、桃花妆

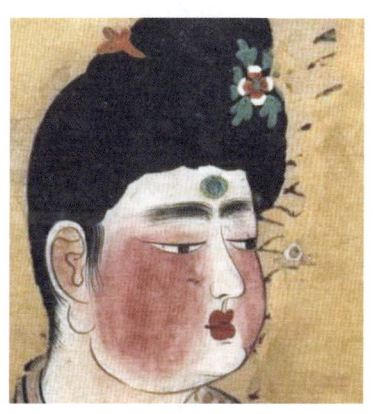
高髻、花钿、阔眉、酒晕妆

双刀半翻髻、斜红、花钿、面靥、连眉

抛家髻、云鬓、酒晕妆

倭坠髻、松鬓、酒晕妆

|高髻、蝉鬓、花钿、白妆|高髻、松鬓、短阔眉、桃花妆|回鹘冠、蝉鬓、碎妆|

图 2-19　唐朝的女性发型与妆容

（2）宋朝时期的人物形象

1）服饰与发型

①男性服饰与发型。宋朝男性服饰以袍为主，主要有两种（见图 2-20）：一种是宽体大袖，正式场合穿着；另一种是紧身窄袖，日常穿着。除了袍服之外，斜襟长衫、上襦下裙的服饰也非常流行，文人雅士穿着时，常在襦裙外加一件对襟大袖长衣（见图 2-21）。宋朝男性有簪花之俗，不论身份年龄，都可在鬓边帽上簪戴花朵（见图 2-22）。

宋真宗赵恒身穿宽袍写真像　　　　日常身穿窄袍的普通男性

图 2-20　宋朝的男性袍服

图 2-21 身穿对襟大袖衫的男性

图 2-22 北宋时期的簪花男性

②女性服饰与发型。宋朝女性的形象平和文雅、纤弱端庄,女性普遍爱穿显得通体修长的服饰。褙子是一种直领衣,长至脚踝,从两侧腋下开衩至衣摆。穿着时内穿吊带抹胸衫,下穿裙或裤,再外穿褙子,头发盘束成髻,上带冠、巾帼等头饰(见图2-23)。

2)妆容。宋朝女性妆容清新淡雅,以薄妆为主。例如,在额头、下巴、鼻子涂白的"三白妆",又如"飞霞妆""慵来妆""檀晕妆"等。宋朝女性的眉式以纤细的长蛾眉、八字眉为主。面饰在宋朝依然流行,宫中后妃喜欢将珍珠玉石制作的面靥贴在眉间、脸颊、酒窝处,塑造"玉净花明"之貌。

宋朝时期的女性发型与妆容如图2-24所示。

图 2-23 宋朝的女性服饰与发型

朝天髻、薄妆、八字眉　　　流苏髻、白妆、长眉　　　双蟠髻、白妆、连山眉

包髻、薄妆、八字眉　　　莲花冠、薄妆、八字眉　　　"一年景"花冠、硬脚幞头、桃花妆、珍珠面靥、佛云眉

图 2-24　宋朝的女性发型与妆容

（3）明朝的人物形象

1）服饰。明朝的男性官服为"补服"，文官补服为飞禽，武官补服为猛兽，头戴乌纱帽，腰束玉带，足蹬皂靴；明朝士人家居时则穿着斜领大襟宽边袖衫，宽边直身，头戴儒巾；明朝命妇冠服为红色大袖衫，身披深青色彩绣霞帔，头戴珠玉金凤冠。民间女性成婚时也可以穿此"凤冠霞帔"，名为"吉服"。明朝女性日常服装主要有袄裙、褙子、比甲、马面裙、百褶裙等；还有一种"水田衣"，是以各色布料拼接而成的长袍服，因如水田一般泾渭分明而得名。明朝的服饰如图 2-25 所示。

2）发型与妆容。明朝时期的女性发式精致、款式丰富，如桃心髻、牡丹头、盘龙髻、环髻、花髻等。假髻在明朝依然流行，以"鬏髻"为代表，上插成套首

官服

斜领大襟宽边袖衫

命妇冠服

袄裙

比甲

水田衣

长褙子

图 2-25　明朝的服饰

饰，或直接以金银制成。此外，"额勒子""卧兔儿"也十分具有时代特色。明朝女性的化妆雅致清淡，体现自然之美。底妆均匀，薄薄地施以肉色"桃花粉"，眉毛纤细略弯，红唇小巧如樱桃，清丽秀美。

明朝时期女性的发型与妆容如图 2-26 所示。

（4）清朝的人物形象

1）服饰

①男性服饰。清朝官服遵循满族服制，男性官服以袍褂为主，袍长至足，圆领，右衽，袖口类似于马蹄形，平时向上翻起，行礼时翻下。皇帝穿明黄色九条龙纹龙袍。官员穿蟒袍，以蟒的爪数、袍上的蟒数、袍服颜色来区别等级。平民男性服饰与发型均遵满制，身穿平袖无衩外袍，名为"一裹圆"，下身穿裤，可搭配短马甲、马褂。清朝的男性服饰如图 2-27 所示。

盘龙髻、桃花妆、八字眉

牡丹头、白妆、八字眉

松鬓扁髻、白妆、倒蛾眉

花髻、飞霞妆、小山眉、额勒子

花髻、白妆、蛾眉、卧兔儿

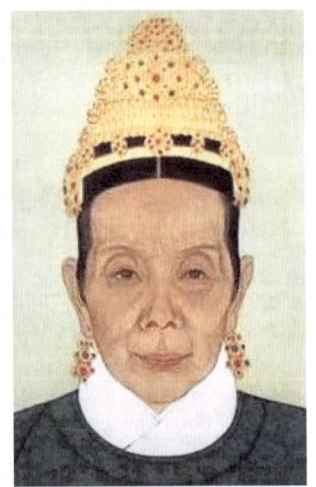
鬏髻（假髻）

图 2-26 明朝的女性发型与妆容

康熙皇帝朝服

清朝官服

长袍马褂

图 2-27 清朝的男性服饰

②女性服饰。清朝满族女性遵循民族传统服制，身穿旗装：内穿右衽长衬衣，长至掩足，袖口宽大，下身穿宽口大裤；外可配两侧开衩的氅衣、坎肩、褂等，也可叠穿；头梳旗头，足蹬花盆鞋。女性旗袍与坎肩、马甲相配，在袖子、衣襟的边缘有宽大的刺绣镶边。清初汉族女性形象基本延续明制，至中后期与满族女装相融合，形成上身穿袄或衫、下身穿百褶裙或裤的样式。清朝的女性服饰如图2-28所示。

清朝皇贵妃朝服　　　　　清后妃常服　　　　　清中期汉族仕女服

图 2-28　清朝的女性服饰

2）发型

①男性发型。清朝男性发型为"金钱鼠尾"，剔去大部分头发，只留后脑一绺，编成发辫垂于身后。

②女性发型。清朝满族女性梳传统的"一字头"，即束发在脑后低处，安装支架，与头顶齐平，将头发固定在支架上，用扁方固定装饰。到了清朝末期，发展为用黑布做成的大型头饰，如同牌楼，固定于头顶，俗称"大拉翅"。无论是"一字头"还是"大拉翅"，均妆饰花朵珠翠、侧面悬挂流苏。在重要场合，命妇还须佩戴一种名为"钿子"的头饰，是一种用黑色丝线或藤条编织成簸箕状的冠饰，可插饰各种珠宝"头面"，极其奢华富丽。

清朝初期，汉族女性发型与明朝无明显区别。清中期之后，汉族女性的发式大多是一种下垂的、集中于脑后的发髻，如苏州撅、如意髻、元宝髻、连环髻、一字髻等。此外，年轻女性注重修饰刘海，有一字式、卷帘式、燕尾式、满天星等。

3）妆容。清朝满汉女性妆容差异不大。清朝女性的眉形以眉头高眉尾低、修长纤细的蛾眉为主。唇妆描绘成圆形的樱桃状，在宫廷中还流行上唇涂满口红、下唇仅在中间点上一点，或者只画下唇的款式。

清朝的女性发型与妆容如图 2-29 和图 2-30 所示。

辫发盘头、白妆、短蛾眉

辫发盘头、飞霞妆、一耳三钳、长蛾眉

一字头、白妆、一字眉、点下唇

包头、白妆、小山眉、点下唇

戴钿子、白妆、一耳三钳

大拉翅、桃花妆、自然眉

图 2-29　清朝满族的女性发型与妆容

牡丹头、飞霞妆、八字眉、樱桃唇妆

钵盂头、桃花妆、小山眉

尖角发髻、白妆、小山眉

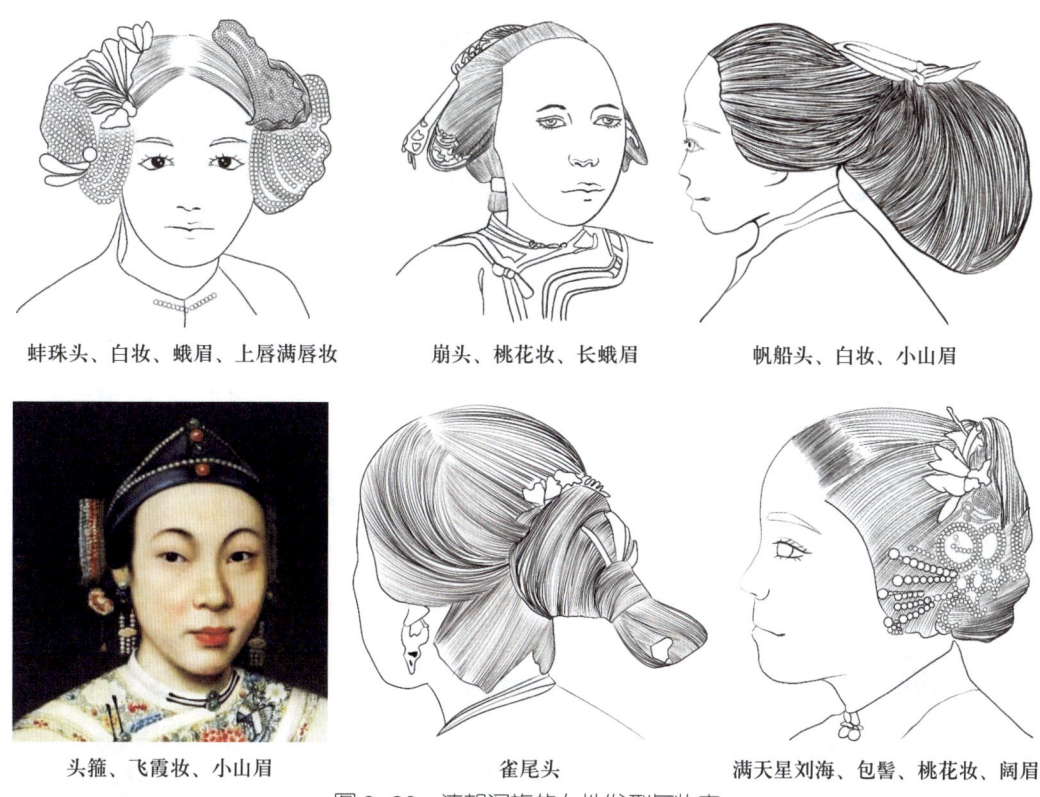

蚌珠头、白妆、蛾眉、上唇满唇妆　　崩头、桃花妆、长蛾眉　　帆船头、白妆、小山眉

头箍、飞霞妆、小山眉　　雀尾头　　满天星刘海、包髻、桃花妆、阔眉

图 2-30　清朝汉族的女性发型与妆容

4. 近现代社会

（1）"中华民国"时期的人物形象。"中华民国"时期从 1912 年起，到 1949 年止，男性日常服装一般分为三类（见图 2-31）：第一类是清朝遗留下来的传统装扮，如上身穿长衫配马褂，下身穿长裤配圆口布鞋，头戴瓜皮帽或礼帽；第二类是西式装扮，如穿西装套装，足蹬皮鞋；第三类是中山装，民国政要、知识分子、年轻学生多有穿着。还有各种运动装、背带裤、工装、职业制服等现代西式服装。

民国时期的女性形象（见图 2-32）根据其所处的地域、身份、意识形态等，较为多元化。民国时期时髦女性的化妆以好莱坞电影中西方美人造型为借鉴，开始追求翻翘浓密的睫毛、立体深邃的眼妆、细长迷人的黑眉、满唇的唇妆。

（2）新中国成立后、改革开放前的人物形象。20 世纪 50 年代，男性形象以朴实的中山装、军便服为主；女性服饰也非常朴素，"列宁"装、小花布棉袄是女性的基本服饰，与民国女装并存。20 世纪 60 年代，军便服受人钟爱，服饰的色彩以灰色、蓝色、军绿为主，朴实无华。男性发型以短平头、短偏分头为主，

穿长衫马褂的传统知识分子　　穿西服的男性　　穿中山装的男性

图2-31　民国时期的男性形象

民国女学生　　穿旗袍的时髦女郎　　穿西服的新式女性

图2-32　民国时期的女性形象

女性梳发辫、剪短发,用黑色发夹、发绳等固定。当时市面上护肤品、彩妆品非常稀少。

（3）改革开放后的人物形象。20世纪70年代末,改革开放的春风吹遍了神州大地,对人们的审美造成了强烈的冲击,人们对自身形象个性与美的渴望空前强烈。风衣、鸭舌帽、蛤蟆镜、喇叭裤、花衬衫等各类服饰纷纷涌现,卷发和化妆也迅速普及。

20世纪80年代至90年代,追求色彩是人物形象的主要特征。女性的彩妆用浓重的色彩塑造五官立体感，深邃浓郁的眼妆、艳丽饱满的红唇广受欢迎，夸张的彩色首饰也非常普遍。女性的发型模仿港台明星，长披发、烫发、波波头短发成为流行的形象符号。20 世纪 80 年代末的人物形象如图 2-33 所示。

2000 年以后，中国本土服装、化妆、美容品牌纷纷崛起，服饰搭配、化妆造型、发型造型已成为人们生活的一部分。2010 年后，医学美容成为"新宠"，男性美发、美容也得到长足发展，当前的人物形象如图 2-34 所示。随着人们的审美品位不断提升，形象设计服务行业的发展条件日趋成熟。

图 2-33　20 世纪 80 年代末的人物形象

图 2-34　21 世纪的人物形象

三、西方形象设计发展简史

1. 古典时期

在西方历史中，古典时期通常是指古埃及、古希腊、古罗马三个时代。

（1）古埃及人物形象

1）服饰。古埃及气候炎热，男女均身穿白色亚麻布制成的衣裙。如图2-35所示，古埃及贵族男性上身赤裸，下身穿包缠式褶裥围裙，脚穿凉鞋或赤足；贵族女性穿长至脚踝的紧身直筒裙，有纤细的褶皱。古埃及贵族常在头部、颈部、耳部、腕部、胸部、腰部佩戴豪华的嵌宝石黄金首饰。平民服饰简陋，男性仅穿短裙，女性穿着吊带及膝裙。

图2-35 古埃及人的服饰

2）发型。古埃及男女将原有的头发剃光，佩戴头巾、帽子、假发，彰显阶级身份。假发一般用羊毛或棕榈纤维制成，男性假发较短，女性假发则长至胸前。古埃及法老戴王冠，王后戴秃鹰冠，上置香油瓶。

3）妆容。古埃及人非常注重化妆，男女均用黑色矿物质颜料描绘粗浓的眼线装饰眼部，同时防止强烈的阳光伤害眼部皮肤。古埃及贵族女性剃除原有的眉毛，用孔雀石制作的青绿色矿物颜料来涂眼影、画眼线。古埃及贵族男性在脸上和身上涂抹橙色底妆品；贵族女性用淡黄褐色的底妆品提亮肤色，并用红色油膏描画唇妆、晕染两颊，用橙色的散沫花涂染指甲。

古埃及人的发型与妆容如图2-36所示。

戴假发的古埃及男女

埃及第十二王朝女性假发

古埃及法老红王冠

古埃及王后王冠

古埃及王后秃鹰王冠

古埃及男性妆容

古埃及女性妆容

图2-36 古埃及人的发型与妆容

（2）古希腊人物形象

1）服饰。古希腊人形象朴素，男女穿着细亚麻布料的服装。服装一般为整块长方形面料，穿着时披挂、裹缠在身上（见图2-37），用别针和衣带固定，让衣褶体现身体自然的线条结构，整体廓形为端庄典雅的"H"形。

披挂系带穿着法　　　　　　　裹缠式穿着法

图 2-37　古希腊人的服饰

2）发型。古希腊男性卷发留须，戴圆形发冠。古希腊女性则多为波浪状长发，从额头正中均匀分开，向脑后绾成发髻。金发是美丽的象征，古希腊女性会将头发染成均匀的金色，并用缎带、花环、发网等装饰发型。古希腊人的发型如图2-38所示。此外，古希腊女性喜爱佩戴首饰，如耳环、项链、戒指、手镯、胸针、徽章等，显得十分华丽。

3）妆容。古希腊女性化妆时，用白色的铅粉提亮肤色，将两条眉毛连接起来，描绘唇妆，晕染淡粉色的圆形腮红。

（3）古罗马人物形象

1）服饰。古罗马人的服饰以多层次裹缠为主，用料奢侈，来自中国的丝绸被古罗马人奉为上品。罗马人穿着一种名为"toga"的长袍，一般用羊毛纤维织成，厚重宽大。贵族穿的外袍颜色主要为深红色、紫色，手上戴各种宝石戒指。古罗马人的服饰如图2-39所示。

短卷发、微须的男性　　　　　戴桂冠的男性　　　　　长发留须的男性

戴花冠的女性　　　　用缎带束发的女性　　　将发卷、发辫盘起的少女

图 2-38　古希腊人的发型

图 2-39　古罗马人的服饰

2）发型。古罗马人十分重视发型的修饰，理发行业非常兴旺。古罗马男性一般为短发短须，也常见不留胡须者。古罗马女性的发型样式极为丰富华丽，她们往往把头发染成金色或红色，用金属框架支撑结构将卷曲的长发绾成各种高耸的样式；或将前区的头发做成均匀的小卷，堆成扇形，像戴了一顶王冠；或将后区头发束起、在枕骨处盘成发髻，将前区的头发左右均分，以均匀有序的纹理向两侧梳理成型。有时，古罗马贵妇人甚至直接戴假发，并在头发上撒上金粉，用珍珠宝石、金线发网装饰头发，以示尊贵。古罗马人的发型如图2-40所示。

图2-40 古罗马人的发型

3）妆容。古罗马人贵族女性有专人为其提供美容化妆服务，如沐浴后按摩、涂抹护肤品、修眉染发等。润肤膏、增白剂等美容产品在古罗马女性生活中非常普遍。古罗马女性以白为美，用含铅的化妆油膏修饰肤色，描绘鲜艳的红唇妆，并涂抹各种红色的腮红。她们为了掩盖脸部的斑点，会用月牙形的小妆饰片贴在脸上。

2. 意大利文艺复兴时期

意大利文艺复兴时期以复兴古希腊、古罗马时期的艺术文化为主旨，其核心是肯定人的价值，把人从中世纪宗教的束缚中解脱出来。这种自由的、革新的思潮和活力也体现在人物形象上。

（1）服饰。意大利文艺复兴时期的服装款式进入了服装史上的立体时代，服装符合人体结构，并根据人们的形象需求进行局部夸张处理，强调男性的威武魁梧、女性的丰满华贵。男性形象廓形强调"上重下轻"的比例，服装在身体上半部的肩部、胸部用填充物垫起，形成肩部平齐、胸部饱满的视觉效果，下半身穿着短裙、灯笼裤、紧身裤袜，头戴小帽。这种造型突出男性上身宽大魁梧、下身劲瘦挺拔的形态（见图 2-41）。女性形象强调"下重上轻"的比例，用紧身胸衣塑造纤细的上身，用饱满夸张的裙撑塑造丰满的下身效果，极致的腰臀比体现女性的特征，表现柔弱窈窕的风韵（见图 2-42）。此外，人们用拉夫领装饰颈部，衬托面部。

（2）发型。男性发型长度为短、中长，注重胡须的修饰。女性烫小卷发，向上梳成蓬松高耸的发型。为了体现发型效果、彰显高贵身份，贵族女性使用假发，

图 2-41 意大利文艺复兴时期的男性服饰

图 2-42 意大利文艺复兴时期的女性服饰

并漂染成各种颜色。红色、金色的发色较受欢迎。时髦男女钟爱无檐或窄檐帽，以及用珠宝、羽毛装饰的华丽帽饰。意大利文艺复兴时期的发型如图 2-43 所示。

戴羽毛帽饰的短发男性

精心修饰胡子的短发男性

戴嵌宝石帽饰的中长发男性

戴红色假发的贵妇

剃去额发、佩戴珍珠帽饰和发针的贵妇

剔去额发、梳高髻的贵妇

戴珍珠顶冠的贵妇

戴珍珠王冠、高盘发的贵妇

戴缀有珍珠宝石发网的贵妇

梳心形发髻、戴月形帽的贵妇

戴珍珠、羽毛装饰的无檐帽子的贵妇

戴小檐帽的贵妇

图 2-43 意大利文艺复兴时期的发型

（3）妆容。意大利文艺复兴时期的女性化妆大量使用白色铅粉、各色口红与腮红，如图 2-44 所示。化妆研究盛行，还出版了专著，1582 年出版的《人体化妆修饰艺术》中归纳了众多化妆品的配方。

白色底妆、红唇

修饰过的眉毛、自然唇妆

白色底妆、腮红、自然唇妆

图 2-44 意大利文艺复兴时期的妆容

3. 巴洛克、洛可可时期

"巴洛克"本意是指不规则的珍珠，引申为过度装饰的艺术风格。

洛可可风格是巴洛克风格的后期演变。"洛可可"一词原意为用贝壳、石子、珊瑚等材料进行室内装潢的手法，是一种用矫饰的色彩、纤柔的形象、烦琐重叠的装饰构成的风格意象。

（1）巴洛克时期人物形象。巴洛克时期的人物形象主要体现在贵族阶层和中产阶级身上，其形象特点是矫饰华丽、夸张雕琢。巴洛克时期的男性形象强调曲线塑造，显示出男性的形体力度。

1）服饰。男性贵族的外衣为紧身合体、长至膝盖的上衣，内穿收腰背心和蕾丝花边装饰的衬衫；下身穿着长至膝盖的中裤，配紧身袜裤、高跟鞋。巴洛克时期女性服饰为上紧下松的廓形，她们大胆袒露颈胸部和手臂，并将裙子腰线上移，从正面中间分为两半，绾至臀后。巴洛克时期的男女服饰如图2-45所示。这一时期的服装常装饰有复杂的缎带、蕾丝、刺绣、蝴蝶结等。另外，这一时期男女都酷爱穿着高跟鞋（见图2-46）。

图2-45 巴洛克时期的男女服饰

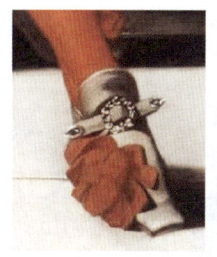   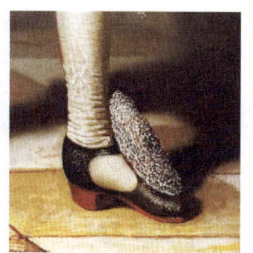

图 2-46　巴洛克时期的高跟鞋

2）发型

①男性发型。这一时期的男性发型以假发为主。男性假发多为前区隆起、格局对称的深色长卷发，并在假发上喷洒大量的香水和金粉，显得华丽非凡，如图 2-47 所示。有些男性甚至为了方便戴假发而剃光真发。

图 2-47　巴洛克时期的男性发型

②女性发型。通常将松软面积的卷发堆积在头顶，并戴高高的帽饰，形成高耸之态；或垂落在两侧，一缕缕长发卷垂落肩头。其中有一种奇特的发髻，称为"方坦基"，使用假发和蕾丝做成波浪状的扇形固定在头上，或以金属丝架子为支撑，用白色的蕾丝、缎带将头发梳成高耸的发髻，饰以各类宝石、珍珠、羽毛等华贵饰品。巴洛克时期的女性发型如图 2-48 所示。

3）妆容。巴洛克时期的男女都热衷化妆，其妆容如图 2-49 所示。女性用白色的铅粉将裸露在外的皮肤涂得苍白，用胭脂在颧骨处涂抹圆形腮红，修饰出红润的肌肤，并用红色唇膏塑造唇妆。值得一提的是，时尚追求者还流行点"美人痣"，即将黑色丝绒或绸缎剪成各种形状的小片，贴在脸部和胸部，衬托出白皙的肤色，更添妩媚。巴洛克时期的男性化妆与女性类似，脂粉气十足。长期使用白色的铅粉也让他们头顶的头发提早脱落。

卷曲绵密的发卷　　　　　高耸于顶的卷发　　　　　耳朵两侧的发卷组合

鲜花头饰与长发卷　　　　羽毛头饰与长发卷　　　　两层方坦基发型

图 2-48　巴洛克时期的女性发型

点美人痣、化浓妆的贵族男性　　梳方坦基发型、点美人痣的浓妆女性　　在眼尾点美人痣的淡妆女性

图 2-49　巴洛克时期的妆容

（2）洛可可时期人物形象

1）服饰。男性服饰较为繁缛，贵族男性上身穿长外衣、紧身背心，下身搭配中裤和紧身袜裤。裙撑在洛可可时期得以改良，塑造成宽大、扁平的裙形，女装

采用柔和的浅色系，饰以大量蕾丝、缎带、鲜花、宝石，被称为"行走的花园"。洛可可时期的服饰如图2-50所示。

图2-50　洛可可时期的服饰

2）发型

①男性发型。男性多戴假发，其典型造型是将发前区两侧头发卷成多层圆筒状，后区头发束于颈后，并编成发辫，系戴蝴蝶结。有些情况下，后侧发辫用黑色丝绸袋子罩住，也有将辫子梳成豚尾式、刺猬式等款式。洛可可时期的男性发型如图2-51所示。

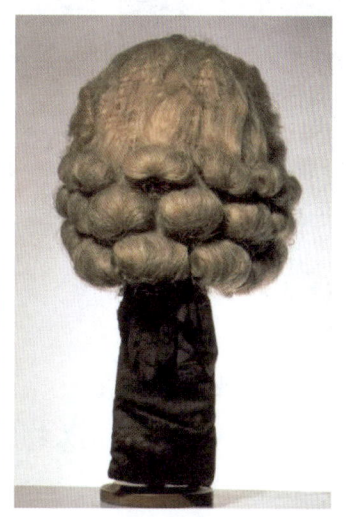

图2-51　洛可可时期的男性发型

②女性发型。洛可可时期贵族女性的发型琳琅满目，穿着便装时梳简洁的低发髻，穿着盛装时梳高大豪华的发型。女性的高发型（见图2-52）用金属支架结合真发、假发制作而成，装饰花朵、蕾丝、缎带、珠宝等，并用加淀粉的润发油固定头发。

装饰羽毛、珠宝、缎带的高发型　　装饰花朵、发辫的高发型　　装饰蕾丝、缎带蝴蝶结的高发型

图2-52　洛可可时期的女性发型

3）妆容。洛可可时期的男性依然有化妆的习惯，"油头粉面"是典型的洛可可男性形象；女性常以白色打底，在颧骨处或太阳穴涂抹腮红，按照原有唇形勾勒出圆润的玫瑰色红唇，但并不注重眼部修饰，如图2-53所示。

男性妆容　　冷色系女性红妆　　暖色系女性红妆　　女性红妆、点美人痣

图2-53　洛可可时期的妆容

4. 工业革命时期

（1）工业革命前期人物形象

1）服饰

①男性服饰。19世纪初，人们追求简约、大方、务实的装束。这个时期出现

了现代意义上的西服，男性服装款式为长款上衣、背心、衬衫、领带、直筒长裤构成的组合套装，色彩为简朴的深色、黑灰色、米色。服饰形象强调男性的健美体形，即上体肩宽腰细、下肢颀长挺拔。简言之，身穿套装，头戴高顶礼帽是当时男性的典型形象，如图2-54所示。

图2-54　工业革命前期的男性服饰

②女性服饰。19世纪的女性整体造型简洁优雅，服装以质感轻盈的素色长款连衣裙为主，腰线提高至乳下，下裙细长多褶，长及地面，修长柔美；披肩、长手套、帽子、头巾是广受欢迎的流行单品，配合长裙显得风姿绰约，如图2-55所示。

自1822年开始，出现了"X"形裙装，与长款连衣裙并行。"X"形裙装腰线下降，重新启用紧身胸衣和裙撑，再度使长裙外形变成大钟形。上衣领口扩展、双肩外露，领口线和袖子的肩线连成一条直线，袖子做成灯笼状或"羊腿袖"，在领口、袖口、裙摆等边缘位置采用各种花边褶裥装饰，如图2-56所示。

2）发型与妆容。男性发型以短发为主，向后梳理或梳成偏分造型，呈现自然卷曲的状态，并注重修饰鬓角和胡须。女性发型有两大类。一类为古典型，即将后区头发束于顶部，编成发辫整齐盘结，前区头发中分、向后固定，在两侧耳边绾左右对称的发环；或模仿古希腊女性发型样式，将卷发盘于脑后，前区有小卷发装饰，用缎带、花环装饰。另一类为东方式，将前区头发烫卷后，中分，在两侧额角固定；后区头发在头顶梳成环状空心发髻，装饰羽毛、花朵、缎带等。

图 2-55　工业革命前期的女性拖地连衣裙

图 2-56　工业革命前期的女性"X"形连衣裙

这一时期女性的化妆风格崇尚自然美，用白铅粉修饰肤色，眉形弧度较小，眼部、唇部色彩为自然的肉红色，素雅干净。

工业革命前期的女性发型与妆容如图 2-57 所示。

发辫装饰的古典式盘发　　　　花朵装饰的古典式盘发　　　　披头纱的卷发

图 2-57　工业革命前期的女性发型与妆容

（2）工业革命后期人物形象

1）服饰。男性穿偏长西服、大衣等长款服装，头戴礼帽，手持文明杖。女性上身穿内有紧身胸衣的贴身上装，下身则穿着有特殊裙撑的裙子，呈长钟形，正面修长，臀部隆起，长裙拖地，在臀部凸起部位有丰富的褶皱、流苏、蝴蝶结装饰，呈现出优美挺拔的"S"曲线形造型（见图 2-58）。1890 年后，上流社会盛行各种体育运动，各种运动服逐渐流行，如骑马服、网球服等，女性的裙子变得更短，还出现了女性穿着的马裤式样。

2）发型

①男性发型。这一时期的男性大多理短发，注重帽饰。例如，夏季外出戴平檐平顶草帽，出席正式场合戴高顶大礼帽，日常出行戴鸭舌帽，如图 2-59 所示。

②女性发型。19 世纪后期女性的发型流行向上梳拢的大型帽盖式，根据发量需要融入假发。女性发型的设计重心在发后区。一般将头发烫卷后向后梳拢，向上梳成高发型，或垂于脑后，做成旋涡状。帽饰在 19 世纪女性发型的配饰中占主导地位，早先流行无檐小帽，用花朵、羽毛、丝带装饰，需要用绸带系扎固定与颌下，后来发展为有檐帽，装饰风格延续无檐帽的样式。工业革命后期的女性帽饰如图 2-60 所示。

图 2-58 工业革命后期的服饰

平檐平顶草帽

高顶大礼帽

鸭舌帽

图 2-59 工业革命后期的男性帽饰

帽盖式发型

轮状发型

中分发型

图 2-60 工业革命后期的女性发型

高盘发、后垂发、无檐帽　　　高盘发　　　低发辫髻、无檐小帽

高盘发、有檐帽　　　高盘发、有檐帽　　　高盘发、有檐帽

5. 20 世纪

这个时期的人物形象更趋于轻便化、多样化、功能化、个性化。此外，随着现代时尚品牌的崛起和迅速发展，时尚更迭频率快，形成了现代的人物形象设计产业。本书把西方 20 世纪的人物形象设计发展分为三个时期，即 20 世纪前期（1910—1949 年），20 世纪中期（1950—1969 年），20 世纪后期（1970—1999 年）。

（1）20 世纪前期人物形象

1）服饰。女性的形象抛弃了紧身胸衣和裙撑，去除繁缛的装饰，转而崇尚自然的人体线条，追求简约便捷的款式。20 世纪 20 年代流行的"蹒跚裙"造型，采用柔软下垂的面料塑造窈窕多姿的茧形造型。"男孩风貌"服饰采用垂感面料塑造平胸、松腰、束臀的"H"形形象；"杰尔逊样式"服饰为上身穿中长外套，下身搭配长至膝盖的百褶裙或各种长短的裤子，内穿丝袜，脚蹬高跟鞋。

20世纪30年代至50年代，女性形象设计从军服款式中获取灵感，出现了缩短裙长、强调肩部的装束，并将军服的口袋、纽扣、肩章等元素融入女装设计，形成了现代样式的时装（见图2-61），让人耳目一新。高级时装在这一时期繁荣发展，其中以香奈儿的套装（见图2-62）最为出名。

图 2-61　制服化的女装

图 2-62　香奈儿的套装

2）发型与妆容。20世纪前期是西方电影史的黄金时期，电影明星的发型与妆容是时尚标杆。例如，好莱坞明星克拉拉·鲍像洋娃娃般精致可爱的妆容风靡一时：用白皙的粉底修饰肤色，并将多余的眉毛拔掉，画上又细又黑的弯眉；涂抹深色的眼影，再刷上浓密的睫毛膏，塑造深邃的眼窝；用椭圆形腮红塑造面部立体结构；嘴唇的形状流行"丘比特弓唇"，刻画精细。这一时期，女性还喜欢用与口红色一致的甲油色彩妆饰指尖。20世纪40年代，女性化妆突出浓黑的眉毛和浓密的眼睫毛，以淡灰色眼影和用深唇线重塑唇形为时尚。贵族女性热衷体育运动，健康的小麦肤色也一度成为时尚风潮。

20世纪20年代至50年代的发型新颖多样，年轻女性流行齐耳短发，注重发梢和刘海形状的修饰，有的甚至将头发剪得极短，被称为"Bob"（鲍勃，波波）发型。长发女性将头发烫卷，披于脑后，或盘成花结涡纹。短发女性将头发烫卷或拉直，佩戴帽饰。这一时期的帽子以小巧为主，如一个深碗扣在头上。

这一时期的发型与妆容如图2-63所示。

图 2-63　20 世纪前期女性的发型与妆容

（2）20 世纪中期人物形象。"廓形风"是 20 世纪 50 年代女性形象的主要特点，源于迪奥在 1947 年"新风貌"发布中推出的优雅纤美的女性形象。20 世纪 50 年代的化妆时尚以玛丽莲·梦露的电影形象为典型：金色的波浪卷发，偏粉红的桃子肤色，超长的眼睫毛和上翘的眼线，撅起的明艳红唇。女性的形象成为时代的象征符号，也激发了波普艺术的灵感。

20世纪60年代的人物形象时尚发生了明显变化。"嬉皮士"风格非常典型：年轻男女穿宽松破烂的上衣，上面印有各种图案，下身穿喇叭裤、裙子，戴色彩缤纷的项链，乱发披肩，男性留着长发、长胡须。此外，还有"波普风""透视装""超短裙""未来装"等，体现了年轻人放荡不羁、标新立异的时尚理念。

20世纪中期人物形象如图2-64所示。

（3）20世纪后期人物形象。20世纪70年代，年轻人热衷"朋克"造型：穿着破洞、印染各种怪异图案的长短不一的上衣，搭配破烂牛仔裤、黑色指甲、文身，或薄厚混搭、内衣外穿（见图2-65）。到了20世纪70年代末，穿花衬衫、喇叭裤，戴蛤蟆镜、烫爆炸头的摇滚乐形象，成为时尚（见图2-66）。20世纪80年代后，发展为"破烂装""乞丐装"，还流行T恤、牛仔裤、热裤、运动服等。20世纪90年代成衣工业迅速发展，流行周期越来越短，东西方的各种文化、艺术门类与人物造型发生了关系，融入金属、塑料、玻璃、碳纤维等新工艺新材料的服装形式层出不穷，表现形态丰富多彩。

图2-64　20世纪中期人物形象

图2-65　朋克风人物形象

图2-66　摇滚风人物形象

20世纪70年代的发型与妆容十分前卫,年轻人梳"莫西干"发型:两侧头发全部剃光,留中间位置的发量,将其染成各种色彩,再用定型胶使之挺立。他们在脸上画出各种图案,并在鼻翼、耳朵、嘴唇等部位穿孔装饰,大面积文身也是这一时代的典型特征。长发的年轻人将头发烫成小波纹卷发,戴上鲜艳的头巾。这一时期的妆容特征是用两三种鲜艳的眼影大色块以块面晕染手法绘制立体眼妆,用大面积腮红晕染塑造面部立体感,大量使用有亮粉的化妆品。

20世纪80年代的男性发型流行飞机头、烫发、前短后长发型、爆炸头等样式,女性则烫体积巨大的发型。

20世纪90年代的发型回归到偏生活的风格。20世纪90年代的化妆风格多样,根据顾客的性格喜好确定风格,塑造符合其身份气质的形象。

培训项目 2

形象设计美学基本原理

一、形象设计要素

1. 形态要素

形象设计中形态要素主要包括点、线、面、体，讲究形态之间的比例、平衡、对比、节奏、推移等视觉引导作用，赋予人们心理和视觉的形态差异。

（1）点。点是指细小的痕迹，代表位置，也是最基本的单位。点既无长度也无宽度，是静态的、无方向的。从形态上讲，点是多样的，可以是一个圆点，也可以是任何图案、形状。点的组合可以是规则的，也可以是自由的。不同的点组合创作出的视觉效果也各不相同，见表2-2。

表2-2 不同的点组合创作出的视觉效果

图示	说明
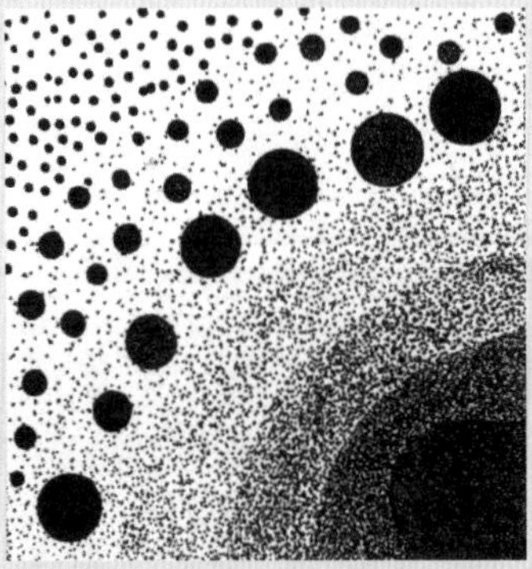	几何形和任意的点：几何形的点强化了庄重感，任意的点突出了活泼、跳跃的特征

续表

图示	说明
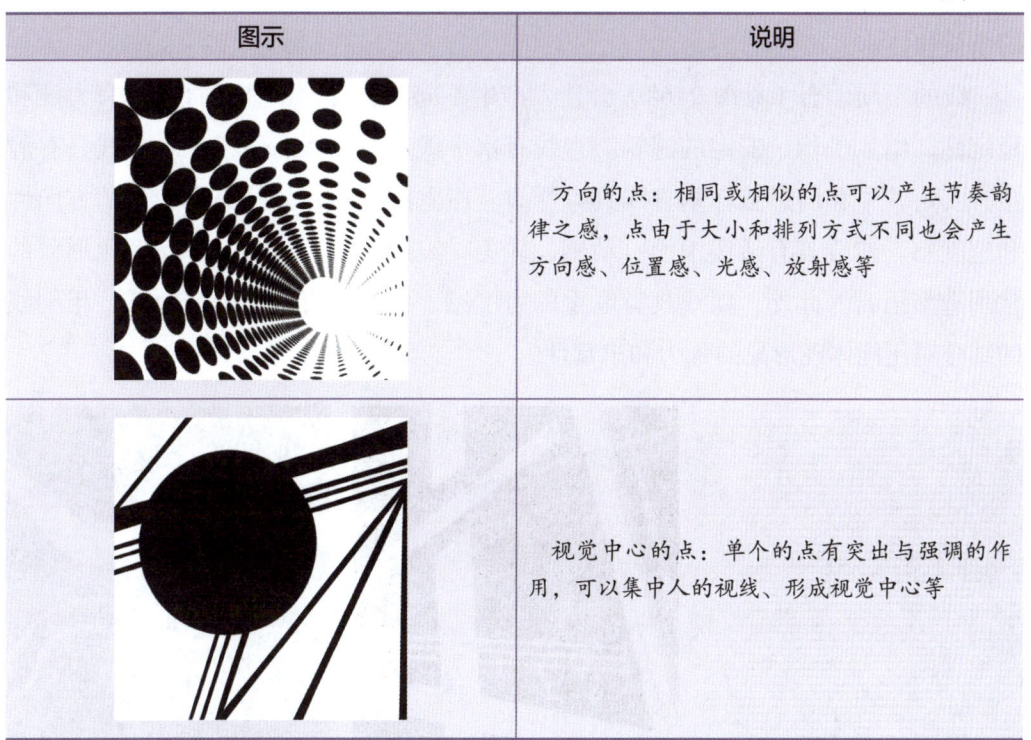	方向的点：相同或相似的点可以产生节奏韵律之感，点由于大小和排列方式不同也会产生方向感、位置感、光感、放射感等
	视觉中心的点：单个的点有突出与强调的作用，可以集中人的视线、形成视觉中心等

形象设计中的点是相对而言的，化妆中突出的点可以起强调作用，体现色彩、形状的对比。但若扩展到与整体形象的关系、整体形象与环境的关系中则逐渐失去强调效应。在形象设计中，妆容局部、配饰都可以起到强调作用，如有新意的眼妆、唇妆，以及纽扣、胸针、耳饰等服饰配饰等，如图2-67所示。

图2-67 点在形象设计中的运用

（2）线。线在平面概念中是点移动的轨迹，在空间概念中是具有长度和位置的细长物体。

线的不同形态（见图2-68）会让人产生不同的感受。例如，直线具有力度和稳定性，给人平稳、安定的感觉。直线有水平线、垂直线、斜线：水平线具有静止、安定、平和的感觉；垂直线具有严肃、庄重的感觉；斜线具有较强的方向性和速度感。曲线具有活泼浪漫、动感、优美、婉约等特征，是表现女性化形象的常用造型语言。此外，粗线具有厚重的力度感，细线具有纤细的精致感，粗细线的结合对比能体现形象的张力和丰富性。

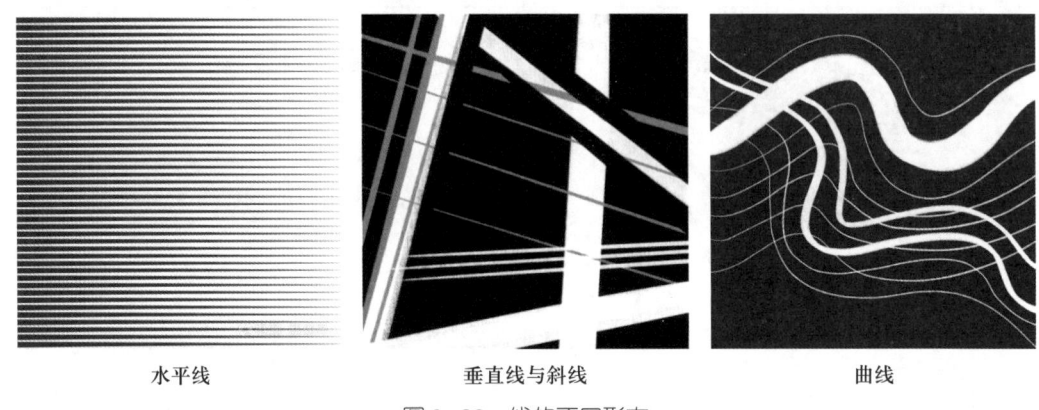

水平线　　　　　　　垂直线与斜线　　　　　　　曲线

图2-68　线的不同形态

线在形象设计中的运用无处不在，服装、发型、化妆中都可以运用线表达人物的风格和气质。例如，中国历代化妆中的眉妆，以不同粗细、长短、方向的线条塑造不同风格的面部形象；西方发型以不同弧度的曲线塑造丰富的发型层次，现代创意发型将直发和卷发的对比作为发型设计表现的要点。如图2-69所示，服装设计中的内外轮廓就是以线构成整体和细节的形象层次，曲线的层叠能体现多变、柔软、有张力的造型，直线的利落感能使服装的力量延伸至人体之外。在人物形象设计中，除了形式美塑造本身外，线条可以根据个体的需求和理念重塑形象风格。例如，平淡的形象可以借助线条来增添变化，不完美的体形和比例也可以通过线条来取长补短。

（3）面。面是线移动的轨迹，是构成各种可视形态最基本的形。点的密集或扩大、线的聚集或闭合都会产生面。面在画面中比重较大，因此面的大小、形态、位置就显得尤为重要。

面有规则面、不规则面（见图2-70）。规则面主要由各种几何图形构成，给人简洁、安定、有序的感觉；不规则面主要体现为手绘、喷洒等自由形象，给人随意、富有变化的感觉，比规则面更具有情趣和新颖性。

图 2-69　线在形象设计中的运用

规则面　　　　　　　　　　不规则面

图 2-70　面的形态

在形象设计中，人们常常将整体形象的各个部位视为几个大的面，将其按比例有变化地组合起来，构成整体的形象轮廓，并在处于主体地位的服装上再次以大小形状不同的面进行组合对比，形成丰富的层次。在化妆设计中，面也具有极强的表现力，以五官的基本形状为基准，用不同的色彩和合理的色块比例重构面部的视觉形象，呈现独特的反差美和创意美。面在形象设计中的运用如图 2-71 所示。

面在整体形象中的运用　　　　　　　　面在创意化妆中的运用

图 2-71　面在形象设计中的运用

（4）体。体是三维立体的造型形式，由多个面有机组合而成。体有规则体、不规则体。规则体如正方体、圆锥体、柱体、球体、三棱椎体等，不规则体有平面与曲面交错、多种形态面组合等形式。体表现的是一种量感，规则的大体积具有稳重、端庄的视觉感受，不规则体具有自然、生动、活泼的视觉感受，如图 2-72 所示。

规则体　　　　　　　　　　　　不规则体

图 2-72　体的形态

体的存在和表现贯穿于形象设计的基本要素中，形象设计的对象——"人体"就是立体的形态，且始终处于运动状态。人体是服饰、发型的载体，同时也是一个极为复杂的多面体，个体差异极大。因此，形象设计必须建立在对人体立体结构的认知基础之上，才能设计出符合人体形态及运动变化需要的形象。如图2-73所示，蓬松的材质制成的前部凸起的帽饰在头部的立体结构外营造松软的、轻盈的大体量感，有独特的创意美；剪裁合身的女士上装与人体贴合，下身裙子自然散开，松紧对比适度，显得优雅窈窕。

图2-73 体在形象设计中的运用

2. 色彩要素

色彩在形象设计领域中表达的含义是广泛的，色彩能使造型更具视觉冲击力，更具抽象性格特征，体现人物形象的情感风格。

（1）色彩的冷暖感。色调搭配有冷暖之分。冷色使人联想到海洋、天空、夜晚等，给人沉静、悠远的印象；在炎日的天气下，冷色元素的融入给人舒适感。暖色则会使人联想到太阳、火焰，给人温暖、活泼的印象。如图2-74所示，在同样的款式基础上，红色、蓝色的设计能分别使造型体现出宁静、热烈的观感，正蓝和正红色都具有庄重感，风格偏正式。

（2）色彩的轻重感。色彩的轻重主要取决于明度：明度高的色彩感觉轻，明度低的色彩感觉重。如图2-75所示，人物形象也可以利用色彩的轻重感改变形象的视觉分量：深蓝色（明度低）的服饰与皮肤的色彩形成强烈的明度对比，显得庄重、沉稳；银色（明度高）的服饰与皮肤色彩对比弱，整体色彩轻盈，具有未来感和浪漫氛围。

图 2-74　色彩的冷暖感

图 2-75　色彩的轻重感

（3）色彩的体量感。不同的色彩在视觉上有膨胀和收缩的效应，在形象设计中可以利用这一属性。色彩的体量感除了与色相、明度有关系，也与纯度相关，纯度高则色彩膨胀，纯度低则色彩收缩，如图 2-76 所示。

图 2-76　色彩的体量感

（4）色彩的距离感。不同的色彩在视觉上有前进和后退的效应。纯度高色彩前进，纯度低色彩后退。暖色前进，冷色后退。图底明度反差大，色彩前进；图底色彩反差小，色彩后退。如图 2-77 所示，背景的蓝色和橘色系的服饰均属于高纯度色彩，但由于色相本身的冷暖属性，蓝色背景后退，橘色服饰前进；红色背景和绿紫搭配的服饰图底反差小，故而在视觉上较为均衡，无显著的前景色彩前进、背景色彩后退的现象。

图 2-77　色差的距离感

3. 肌理和质感要素

（1）肌理与质感的特征

1）粗糙与细腻。质地粗糙的面料给人自然、亲切、踏实的感觉，质地细腻的面料给人精致、华丽、高贵的感觉。如图 2-78 所示，粗纺的亚麻布给人质朴、原始之感；精纺的亚麻布给人柔软、细腻、高雅之感。

图 2-78　粗糙与细腻的质感对比

2）柔软与坚硬。如图 2-79 所示，织物纤维、皮毛等给人柔软、温和、富有人情味的感觉，石材、金属、玻璃等给人坚固、厚重、耐用的感觉。

图 2-79　柔软与坚硬的质感对比

3）平面与立体。如图 2-80 所示，PC（聚碳酸酯）面料的平面肌理给人单纯感、湿润感、未来感，草编绳带的立体肌理可以生动表现出层次感、深度感、沧桑感。

图 2-80　平面与立体的质感对比

4）有光泽与无光泽。如图 2-81 所示，表面有光泽的材料如玻璃、金属等能反射周围的景物，给人科技、现代、时尚之感；表面没有光泽的材料如木头、石头、皮毛等吸收光线，给人自然、柔和、质朴之感。

图 2-81　有光泽与无光泽的质感对比

5）有规律与无规律。如图 2-82 所示，人工材料表面纹理有规律，表现出整齐、可控、有秩序之感；天然材料表面纹理无规则，表现出自由、洒脱、真实之感。

6）透明与不透明。如图 2-83 所示，透明、半透明的材料给人明快、通透、丰富之感，不透明的材料给人厚重、实在、封闭之感。

图 2-82 有规律与无规律的质感对比

图 2-83 透明与不透明的质感对比

（2）肌理与质感在形象设计中的运用

1）皮肤的肌理与质感。皮肤表面的纹理、质感可以根据皮肤颜色、形态、色泽、质感来综合评价，见表 2-3。

在形象设计中，设计师可以用皮肤肌理和色泽表现人物的风格、气质。表现青春活力的形象时，塑造红润、有光泽的皮肤质感；表现优雅、端庄的形象时，塑造均匀、亚光的皮肤质感。

2）头发的肌理与质感。头发的肌理与质感是指头发的曲直、色彩、光泽等要素的表现情况，见表 2-4。

表 2-3 皮肤的肌理与质感

图例	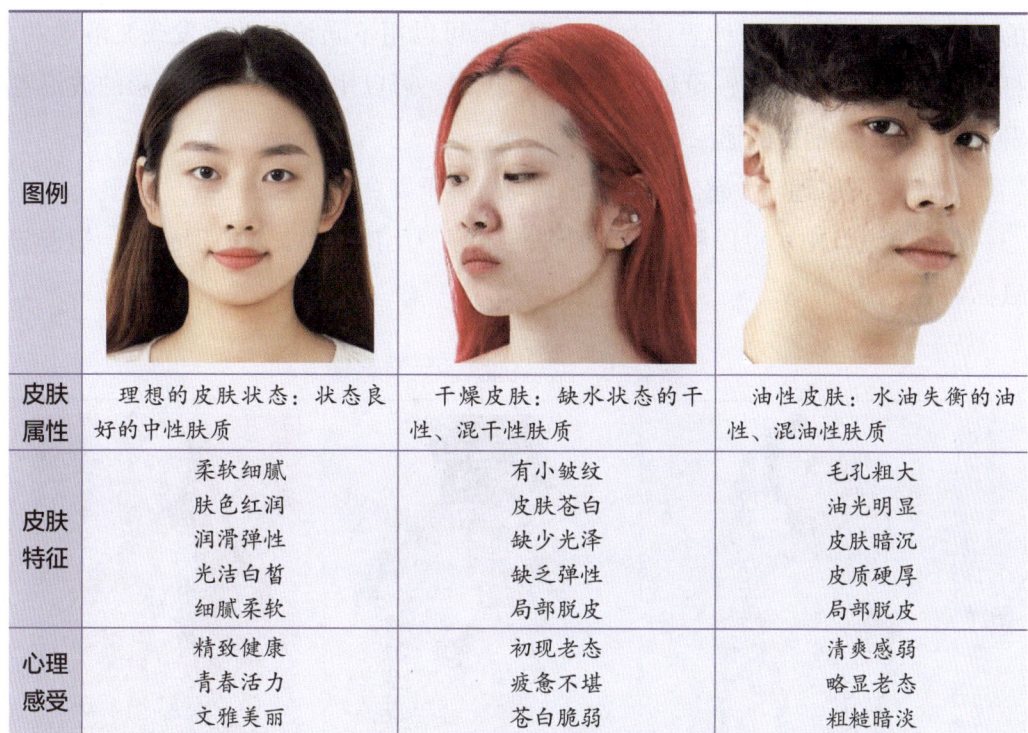		
皮肤属性	理想的皮肤状态：状态良好的中性肤质	干燥皮肤：缺水状态的干性、混干性肤质	油性皮肤：水油失衡的油性、混油性肤质
皮肤特征	柔软细腻 肤色红润 润滑弹性 光洁白皙 细腻柔软	有小皱纹 皮肤苍白 缺少光泽 缺乏弹性 局部脱皮	毛孔粗大 油光明显 皮肤暗沉 皮质硬厚 局部脱皮
心理感受	精致健康 青春活力 文雅美丽	初现老态 疲惫不堪 苍白脆弱	清爽感弱 略显老态 粗糙暗淡

表 2-4 头发的肌理与质感

图例			
头发曲直	直发	波发	卷发
头发特征	乌黑亮丽 顺滑干净 线条简洁	色泽光润 整齐柔顺 轻微弧度	发色丰富 蓬松饱满 弹性十足
心理感受	干练整洁 优雅大方 庄重果断	轻松飘逸 典雅温柔 知性浪漫	甜美可爱 俏皮灵动 热情活力

在形象设计中，设计师可以利用头发的不同肌理塑造不同年龄、职业、气质的人物形象。例如，设计职业女性造型时，可以用不同长短的直发或波浪卷发，打造优雅、沉稳的形象；设计活泼少女形象时，可以用不同长短、色彩的波浪卷发，打造活力、俏皮的形象等。

3）服装的肌理与质感。服装的肌理与质感千姿百态，见表2-5。

在形象设计中，可以利用服装肌理与质感，及其带给人的心理感受，塑造与目标风格匹配的形象。

表 2-5 服装的肌理与质感

图例			
面料属性	织物	毛绒	PC
面料特征	弹力顺滑 轻薄细腻 透气吸汗	滑糯柔软 柔韧饱满 抓放自如	防水性强 轻薄耐用 抗压抗褶
心理感受	轻松飘逸 庄重典雅 精致浪漫	柔软温暖 朴实温馨 异域风情	科技感强 时尚个性 外观独特

二、形象设计的形式美原则

形式美原则是人类在创造美的过程中对表现美的形式和规律进行的抽象概括。在形象设计应用中常见的形式美原则有统一与变化、对称与均衡、节奏与韵律三种。

1. 统一与变化

统一是指画面各要素之间的关系达到和谐的状态，具体表现为形状、色彩、肌理等方面相同或相似，具有明显的秩序感。统一能产生宁静、和谐、井然有序的美感，但过于统一会则会显得单调、呆板、缺乏生气。

变化是指画面各要素间的差异对比所形成的动态感，具体表现为形状、色彩、肌理等方面的差异对比。变化能产生兴奋、新奇、活泼的感受，但是无序的变化会显得杂乱、琐碎、生硬、缺乏条理。

（1）统一与变化的概念。统一与变化是一对辩证关系，在形象设计实践中要在元素的变化中寻求统一，在整体的统一中创造变化。理想的关系是：统一是大多数的、全局的；变化是少量的，局部的。

（2）统一与变化在形象设计中的运用。在形象设计中，对统一与变化的运用大致有两种运用策略：一是在统一的前提下寻求变化，如图2-84所示，人物形象风格和色彩统一情况下，通过服装穿着方式的变化、局部的胸花设计来体现不一样的风格，二是在变化之中寻求统一，如图2-85所示，服装作为人物形象的主体，纷繁的图案会显得杂乱，运用同样色彩进行合理编排，能体现造型的层次感和秩序感。

图 2-84　统一中寻求变化　　　　图 2-85　变化中寻求统一

2. 对称与均衡

（1）对称与均衡的概念。对称是指两个形态互为镜像。对称在大自然中随处可见，如植物对生的叶子、蝴蝶的造型等。对称给人的感觉是稳固、安静、庄重。均衡是指中轴线或中心点上下左右的纹样等量不等形的状态。如图 2-86 所示，不同体量的视觉模块可以通过距离的编排来体现均衡感，体量类似的视觉模块可以对称分布，但彼此性质的不同能打破对称的单调，形成均衡的效果。均衡可以看做是对称的变体，富有变化，形式自由，构图生动活泼、富于变化，比对称的形式更具有活力。

图 2-86　均衡

（2）对称与均衡在形象设计中的运用。一般情况下，对称稳定理性，多用于正式场合的形象设计，适合庄重、高贵的气质风格。如图 2-87 所示，对襟长袄的款式即是对称设计，体现女性端庄的气质。均衡有活泼、感性的特点，多用于体现活泼俏皮、富有个性的气质风格。如图 2-88 所示，女性服装运用黑白色块的错层编排，在体量上大致均衡，形成奇特的、活泼的现代感。

图 2-87　对称的形象设计

图 2-88　均衡的形象设计

3. 节奏与韵律

（1）节奏与韵律的概念。形象设计中的节奏是指点、线、面、形、体、色等设计元素有规律地重复，给人秩序感、运动感。节奏感强的设计给人规整、稳重、有力之感。韵律是节奏的变化形式，能赋予重复的图形优美的律动感，让节奏更富有冲突和趣味性。如图2-89所示，柱的长短、距离形成视觉上的起伏变化。

（2）节奏与韵律在形象设计中的运用

1）同一元素的重复运用。同一元素的重复运用是指选取1~2项设计元素进行有规律的间隔性重复，大致体现为同形、同质的设计元素在不同的部位出现，或同样的色彩、花纹的重复等，形成上下、内外、左右呼应的效果。

图2-89 节奏与韵律的形态表现

如图2-90所示，半圆形水波纹图案被不断重复，在服装各部位以不同疏密、大小、形状变化出现，形成统一又丰富的美感，达到节奏和韵律美的统一。

2）体积、疏密的渐变运用。渐变运用是指造型设计呈现出有规律的节奏韵律美。渐变是一种很微妙的表现形式，无论怎样极化的对立要素，只要采用渐变的手段加以过渡，两极的对立就会转化为统一关系。如图2-91所示，上身和裙摆形状体积的大小对比极端，通过渐变将两者连接起来，而达成秩序与变化的统一，从而产生节奏韵律之美。

3）发射状形态的运用。发射状形态的运用即某一形状围绕一个中心点，以发散式走向排列叠加，形成类似光芒的效果。如图2-92所示，羽毛元素以旋转式的发射状造型为骨架，进行元素的叠加、排列，形成三维立体的多层次造型；当整体造型为离心式的发射形式时，显得辉煌炫目、华丽高贵，极具现代感。

图 2-90　同一元素的重复运用　　　图 2-91　体积、疏密的渐变运用

旋转式　　　　　　　　　　　离心式

图 2-92　发射状形态的运用

培训项目 3 形象设计分类

一、生活形象设计

1. 商务形象设计

商务形象主要是指人在职场活动中的形象。商务形象包括得体的着装、妆容、发型，以及端庄优雅的谈吐、积极从容的精神风貌等。

（1）正式职场形象。正式职场形象主要是指参加重要职场活动的形象，突出职业属性、强调共性，弱化个性和性别特征，具有高严谨度。正式职场服饰造型简约流畅、修身大方、工艺考究；正式职场妆容、发型要求干净整洁、精简干练。

（2）时尚职场形象。时尚职场形象主要是指在一般职场活动中的形象，对严谨度要求相对偏低，整体造型可以融入休闲装的设计元素，但不能过于表现个性和性别魅力。时尚职场形象的服装廓形较宽松，但仍能保持职场造型端庄、得体的风貌。时尚职场妆容、发型要求干净整洁、自然柔和。

2. 社交形象设计

（1）婚礼形象。婚礼形象有固定的范式，应符合婚礼典雅、浪漫、喜庆的氛围。婚礼形象一般分为西式、中式两大类。

（2）宴会形象。宴会形象应符合社交目的，适应社交场合。参加规模较大的正式宴会时，人物的形象应庄重，穿着质地考究、气质端庄的礼服。参加规模较小的非正式宴会时，人物的形象可以轻松、时尚，穿着精致的小礼服，表现个性气质。

（3）休闲聚会形象。休闲聚会包含了工作之外的所有社交场合，如逛街、运动、约会等。休闲聚会的形象应符合个体的气质、喜好、身份，以舒适、自然为主，整体形象健康、整洁、自由洒脱。

二、舞台影视形象设计

1. 舞台形象设计

舞台形象设计属于艺术表演形象设计范畴，狭义的舞台形象则专指为戏剧舞台服务的形象。随着艺术表演形式内涵的发展，需要现代舞台形象设计工作者根据不同的演出形式、演出环境、演出风格进行创作。按照演出性质，将舞台形象设计分为话剧、戏曲、歌舞剧、儿童剧四种形象的设计。

（1）话剧形象。对话剧形象设计来说，剧本是前提，导演是主导，表演是归宿。话剧形象设计须根据剧本和导演风格要求剖析角色性格内涵，从而进行形象设计体现。

在设计实践中，话剧形象设计可分为表2-6中的三类。

表2-6　话剧形象设计的类别

类别	说明
年龄形象设计	通过对演员发型、身体结构进行化妆，并搭配符合角色年龄、身份的服饰，使之符合角色年龄的形象特征。一般情况下，演员和角色之间的年龄相差较大，会遇到将年轻演员塑造成中老年角色形象或将老年演员塑造成中青年角色形象两种情况
种族形象设计	形象设计时首先要了解不同国家或地区、不同种族人们的生理特征、相貌特征、妆饰风俗、服饰文化，才能有效抓住整体形象特征
性格形象设计	将人物性格中最突出的特点提炼出来，用强烈简明的形式表现在人物的妆容、发型、服饰上，具有夸张性。性格形象设计的服饰设计以角色的身份、职业为设计依据，配合妆容、发型体现整体形象

（2）戏曲形象。中国戏曲人物形象有完整的系统，至今已经非常成熟，其服饰、化妆、发型都有固化的形式。

角色行当是中国戏曲特有的表演体制，生、旦、净、丑都有各自的谱式。在戏曲形象设计时，应尊重现有的各行当形象谱式，保持其基本特征。

1）戏曲形象的四大行当（见表2-7）

表 2-7 戏曲形象的四大行当

行当	图示	说明
生		扮相清秀俊美，通常脸上略施脂粉，描眉画眼，吊眉梢。老生角需要带髯口
旦		扮演女性角色，分为正旦、花旦、老旦、武旦、刀马旦、彩旦等，扮相各异。其妆容与生相似，眉毛略细，注重眼妆和唇部的刻画，梳大头、吊眉梢
净		扮演性格突出、符号化的人物角色。脸谱根据其色彩及谱式的不同，夸张有力地表现出人物的性格特点和精神面貌。例如，红色代表忠诚，黑色代表正直，白色代表奸诈，蓝色、绿色代表勇猛，金色、银色代表神妖等
丑		扮演滑稽风趣的小人物。脸谱运用白色块面凸显眉、眼、鼻、口各部的神态。具有漫画性质，和丑角诙谐的表演风格密切结合

2）谱式的色彩运用。不同剧种的脸谱存在一定的差异，但对于角色的善、恶、邪、正，以及所要表现的个性，脸谱设计的色彩是有力的表现语言，如图2-93所示。

红色：忠勇侠义

白色：阴险狡诈

黑色：勇猛鲁莽

黄色：骁勇凶猛

绿色：顽强暴躁

蓝色：刚强骁勇

图2-93 戏曲谱式的色彩运用

（3）歌舞剧形象

1）歌剧形象。歌剧人物形象具有较强的类型化特征，整体造型简洁、夸张，用形象语言将角色的性格特征、身份属性尽可能直观地表达出来。由于歌剧演出中，主要演员演唱时间很长，歌剧的服饰通常采用轻便材料表现华丽、厚重的视觉效果。歌剧的妆容浓烈，女性角色通常会佩戴夸张的假睫毛。

2）舞剧形象。舞剧是纯以舞蹈和音乐表达剧情、塑造人物形象的表演模式。当代舞剧主要有古典舞、芭蕾舞、民族舞、现代舞等。舞剧形象设计须遵循以下原则：一是形象设计要兼顾舞剧角色表现的运动功能，二是形象设计要充分利用化妆的表现力，三是舞剧形象要注重形式美感。

（4）儿童剧形象。儿童剧的题材非常广泛，有现实生活题材，也有神话剧、童话剧、寓言剧等浪漫题材。儿童剧的儿童角色通常由成人担任，通过服饰、化妆、发型等形象设计手段，将成人塑造成故事中的儿童或卡通形象。

2. 影视形象设计

影视形象设计综合性非常强，涉及绘画学、色彩学、解剖学、发型技术等。

（1）影视形象的特性

1）电影人物形象的特性

①真实性和精致性。电影屏幕很大，人物形象的瑕疵很容易暴露，因此对人物形象的真实性要求很高，尤其是化妆和毛发制作方面。电影形象设计需要注重细节，尽可能减弱造型痕迹。

②三维性。电影人物形象在任意角度去观察都应是真实的、立体的。

③兼容性。电影形象设计应综合考虑场景、照明、表演、摄影等因素与形象的兼容性，这也是体现形象设计师水平的重要方面。

2）电视人物形象的特性。电视屏幕采用横向扫描的方式，使物体有被拉宽的视觉效果，因此电视形象的妆容设计应注重立体感的塑造，纵向拉伸五官和面部立体结构，以缓解上镜后脸部轮廓变胖的问题。发型设计应注重层次感塑造，提高正面发型的高度。服装设计可以通过丝巾、服装切割线、胸针等造型元素缓解身体轮廓变阔的问题，使比例更修长。

形象设计应强调面部和身体的轮廓塑造，加强妆容的明暗对比，强调服饰的纵向线条。对色彩的饱和度控制要有预见性，避免高饱和度的红色、绿色、蓝色的使用，涉及抠像技术时应避免使用绿色、蓝色。

（2）影视剧形象的分类。影视剧形象设计是将演员形象和影视剧角色形象有机地融为一体的造型艺术，是构成影视剧中人物形象性格化特征的主要因素。

1）都市影视剧形象。都市影视剧是指以现代的城市生活为题材的电影、电视剧，往往以都市为背景，内容多为爱情、家庭、伦理等。都市影视剧的人物形象贴近生活，电影和电视的人物形象在细节上略有差别。都市题材电影的人物形象真实，注重质感刻画，风格朴素，色彩内敛；都市题材电视剧的人物形象在真实生活的基础上偏时髦，对色彩的控制并不严格。

2）乡村影视剧形象。乡村影视剧是指以农村为大背景的电影、电视剧，往往具有年代感，以及特殊时代的社会生活、文化背景。乡村影视剧人物形象追求真实性、朴实性，具有浓重的时代感和乡土气息。

3）古装影视剧形象。古装影视剧形象设计以中外历代服装史、妆饰史为基础，结合现代人的审美情趣，在色彩和造型局部进行创作，表现角色个性，具有观赏性和辨识度。除整体造型风格外，因古装影视剧形象在色彩控制、肌理塑造、细节塑造等方面也有很大差别。

4）神话影视剧形象。神话影视剧形象是指以神话故事为题材的影视剧，如以游戏、网络小说为创作背景的玄幻仙侠剧、神话剧等。神话影视剧的人物形象设计具有很大的自由度，风格也更为浪漫，形式上介于古装剧造型和游戏人物设定之间，可融入神话元素、奇花异草、珍禽异兽等元素。

3. 电视节目主持人形象设计

电视节目主持人形象分为新闻类、综艺类、谈话类、服务类四种。电视节目主持人的形象应端庄、靓丽，并与节目的内容、风格、录制条件等因素相协调。

（1）新闻类节目主持人形象。新闻类节目主持人又称新闻主播，其形象端庄稳重，给人专业、可靠的感觉，其对着装、发型、妆容的严谨性有很高的要求。

（2）综艺类主持人形象。综艺类节目具有娱乐性，内容和形式多样，有晚会、歌舞、访谈等。综艺类主持人形象要根据节目的内容、风格，并结合主持人的气质，进行综合定位。综艺类节目主持人形象可融入流行元素，穿着时装，给人轻快、时尚的感觉。

（3）访谈类的节目主持人形象。访谈类主持人形象强调亲和力和真实感，着装、妆容、发型等应自然、淡雅，给人亲切之感。

三、时尚展示形象

1. 极简时尚形象

极简时尚本身就是当代时尚理念的产物，简洁而不简单，给人干净、现代、精致、中性、进取向上之感。极简时尚的形象表现极为简约，是所有的局部联合而成的有机整体，彼此之间形式逻辑性强，有"增一分太多，减一分太少"的效应，见表2-8。

2. 复古时尚形象

复古时尚是指撷取过去某个时期的人物形象的整体特征，融入现代设计元素，形成崭新的、具有古典意味的形象风格。在复古时尚的形象表现中，设计师常在设计中添加复古装饰元素，营造一种神秘而独特的感觉，见表2-9。

职业模块 2　　形象设计基础知识

表 2-8　极简时尚的形象表现

图示	说明
	服饰：服装款式简约，线条流畅，结构分明，色彩单一，少装饰性的配饰，以无彩色和冷色系为主，廓形多为强调直线、曲线的形式感和几何形张力
	发型：造型简洁，梳辫发、马尾，或留中长披肩发
	妆容：以裸妆为主，强调面部轮廓的立体感，整体妆容风格简洁、大方、优雅。皮肤质感强调哑光色泽；眼妆以简单的线条勾勒造型，以黑色、银色、棕色眼影晕染结构；以棕橘色腮红强调面部的线条；弱化唇线，采用裸色口红或透明唇膏着色

表 2-9 复古时尚的形象表现

图示	说明
	服饰：设计时代特征明显，面料华贵富丽，造型撷取 20 世纪初女装的廓形，在款式细节、帽饰方面进行变化，材质采用天鹅绒、锦缎等名贵面料，加以珠宝镶嵌、纹样刺绣、蕾丝褶皱等，体现精致豪华的古典感
	发型：干净端庄，与整体造型和谐统一，低盘发结合卷发造型整洁、丰满、富有纹理变化，非常具有古典韵味，前区的波纹式卷发与后区盘发过渡链接自然，可佩戴头饰
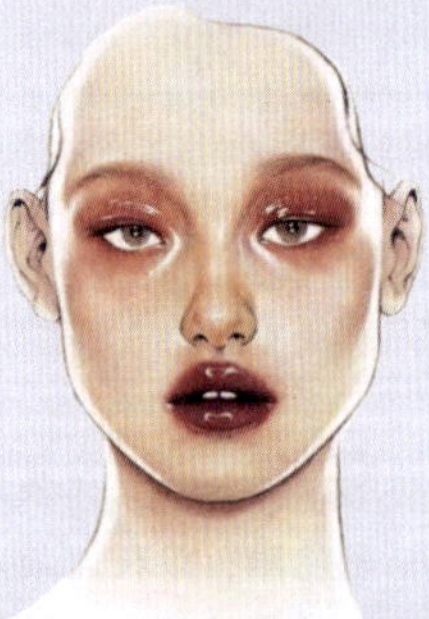	妆容：优雅、端庄，具有古典韵味，突出女性美；底妆白皙，皮肤质感光滑无瑕；眼部以深色眼影塑造柔和的晕染妆效果，并辅以亮闪元素，突出眼部神采，表现性感、神秘的气质；眉妆柔和、流畅、清晰，浓淡与眼妆匹配，唇妆用车厘子色，以柔和的唇线勾画唇形，用高亮唇釉塑造亮泽感，突出女性性感、妩媚、高贵的气质

3. 民族时尚形象

民族时尚是指撷取某一民族的文化，运用前沿时尚设计理念，打造具有民族风的时尚造型。在当代的时尚舞台上，民族风格的设计日趋成熟，表面化的设计越来越少，而体现民族文化内涵的作品更为多见，民族时尚的形象表现见表 2-10。

表 2–10　民族时尚的形象表现

图示	说明
	服装：运用廓形、结构、细节等方式体现鲜明的民族个性，造型撷取中国贵州少数民族几何化的廓形风格，以当地土布条纹为灵感，塑造大领、喇叭袖、低层次叠加的着装模式，色彩统一、形式简约、细节丰富，棉麻外衣的硬挺厚重与内裙的纱质面料构成软硬对比的视觉效果，脚蹬以贵州民族木屐为灵感设计的凉鞋，整体造型统一，非常具有现代性
	发型：采用特定民族的发型形式，佩戴该民族特有的发饰，造型采用中国藏族的风格，发饰可根据设计需求进行简化处理，整体造型鲜明简洁
	妆容：妆面立体，强调眉骨、眉弓、唇线的设计。眉毛色彩浓厚、形状鲜明；口红色深、有光泽，体现华丽感；采用鲜明的红色、黄色晕染，体现类似光影的奇幻感，并在右侧眉毛下方以翠绿描画双重眉形，表现妆容张力，塑造对比强烈的妆容色彩效应

四、艺术创意展示

1. 抽象艺术风格

"抽象"是与"具体"相对应的概念,具体是事物多种属性的总和,而抽象则是由具体事物的多种属性中舍弃了若干属性,透过表面现象,抽取出共同的、本质特征的思维活动。

抽象在形象设计领域中,常用于表达艺术理念的创意形象设计领域,即在人体的基本形态基础上,以自然界的事物、艺术品、建筑风格等为灵感来源,将灵感来源的外在特征和内在精神加以提炼,形成设计元素,以服饰、化妆、造型等手段表现在人物形象设计中。创意形象设计可以单纯地以人为载体,设计夸张的形象,甚至完全改变个体的本来面貌。

2. 现代派艺术风格

现代派艺术风格受20世纪前卫艺术思潮影响,将日常生活中的最平凡的素材、材料作为创作灵感来源,并对其进行重构,设计视觉效果鲜明,具有尖锐、反叛意味的作品。现代派艺术风格在形象设计中多用于时尚展示领域的艺术形象设计中。

现代派艺术形象设计的发型具有很大的创作自由度,常以大廓形塑造发型的整体形态。造型以帽饰形式为主体,融入彩色毛线,构成类似毛发的体量感,形成整体造型中的"发型"元素。

3. 毛发创意艺术风格

在艺术创意形象展示中,发型设计因具有更大的形状和体积,在视觉表达上比化妆更有力度,能更好地与服饰配合,形成富有冲击力的整体造型。因此,艺术创意形象将毛发创意作为重点内容进行研究和实践,必要时将其作为表现整个人物造型的设计亮点。

职业模块 ③
素描与色彩

培训项目 1

素描基础

一、素描的基本概念

从字面上理解,"素"有单纯、质朴、真实的意思,"描"有写、画、描绘、临摹、写生以表达事物形象的意思。"素描"是单色绘画的表现形式,是指用单色绘画工具来描绘物体的形象。

素描是一门关于认识和表现形体的学问,是一种指导表达造型艺术基本的、辩证的、逻辑严密的思维方式,是一门独立的造型艺术。素描是造型艺术的基础,是绘画及设计的训练手段。

二、学习素描的意义

素描反映画者对所描绘事物形态特征的观察力、捕捉力及空间造型能力。由于素描考验人对构图、形体结构、比例关系、位置、质感、运动、线条、色调等造型因素的观察研究能力,因此成为各种造型艺术专业训练学生造型能力的基础课程。

素描可以锻炼形象设计师观察的敏锐性与整体性、造型的形式感受及形态塑造的表现能力。

三、素描造型的基本因素

1. 形体

形体是客观物象存在于空间的外在形式。形体属于素描造型的基本依据和不变因素。要认识素描造型因素中的形体,就必须树立立体空间观念。任何复杂的形体都可以概括为基本的几何形体,即立方体、球体、圆柱体、圆锥体等。把握观察对象的基本几何形体,就抓住了其形体特征,而准确把握物象的形体特征便奠定了素描造型的基础。刚开始练习素描时,往往通过临摹石膏几何体来观察、认识形体塑造。

（1）形。形是只具有长度和宽度的二维视觉轮廓，形的复杂变化基于长度与宽度的二维关系。形包括形态的外轮廓、内轮廓，以及形体各个部位的比例关系等。只有准确把握好形，才能准确描绘对象。

客观世界的万千物象可概括为三种基本形，即方形、三角形、圆形，如图3-1所示。

图3-1　三种基本形

（2）体。体是物体在空间中的立体体量，是具有长度、宽度、深度的三维关系，包括整个形体以及各局部的体积关系。观察物体时，应把复杂的形体几何化、立体化，便于把握形象的结构特征和体积关系，找准形体结构的转折线。

形与体的构架呈现如图3-2所示。

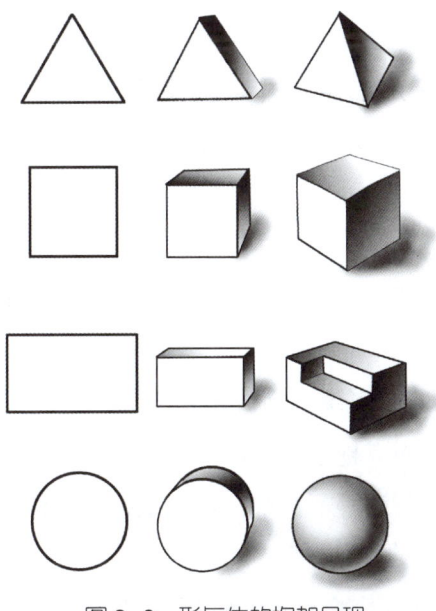

图3-2　形与体的构架呈现

2. 结构

素描的结构主要是指物象的内部构造和组合关系。结构是形成物象外貌的内在依据，不了解结构就无法准确把握物象的一系列外表特征。

素描中对立体形象的把握通常是从分面开始的。分面是对物象形体的概括，是对结构的分析。面的概括构成了物象的立体框架，面与面的转折形成结构线。找准结构线，就可以轻轻地用辅助线画出形体的立体框架结构。例如，头部是立方体，鼻子是梯形体，眼睛是球体，唇部如同环状的曲面体，耳朵是楔体等，如图3-3所示。

图3-3 头部的立体框架结构

3. 比例

比例主要是指物体与物体之间或物体本身各部分的大小、长短、高低、宽窄、厚薄、深浅等方面的比较。只有借助比例才能实现物体造型的准确性，比例与形体有密切的关系。

在画素描的时候，为把物体的特征表达得准确，既要注意画面整体布局的比例关系，又要注意比较观察物体自身各部位形体的比例特点，还要注意观测并反复比较物体与物体之间、物体与环境之间的位置关系。

4. 透视

自然界物象呈现的近大远小的空间现象就是透视现象。用科学的原理和方法把透视现象准确地表现在画面上，使物象的形象、位置、空间与实景感觉相同，这就是绘画透视。透视是绘画时制造空间感的主要手段，造型准确性在很大程度上受透视准确性的影响。

（1）透视的特点。透视使物象呈现近大远小、近长远短、近实远虚的特点。

（2）透视的表现技法

1）空气透视法。物体距离越远，形象越模糊。远距离的景物受到空气环境的影响，色彩会偏蓝灰，且距离越远，色彩对比越弱。

2）色彩透视法。因空气阻隔，同一颜色物体若距离近则色彩鲜明，若距离远则色彩灰淡。

（3）透视的基本概念。透视的基本概念有视点、视线、心点、视平线、灭点等。其中,视点、心点、视平线的示意如图 3-4 所示。

1)视点:画者眼睛的位置。

2)视线:目光投射的直线,也是视点与眼睛所看到的物体之间的连线。

3)心点:视域的中心,也是画者眼睛正对视平线上的点。

4)视平线:经过心点的水平线,随眼睛的高低而变化。

5)灭点:物体由近及远产生透视变化,最后集中消失的点。

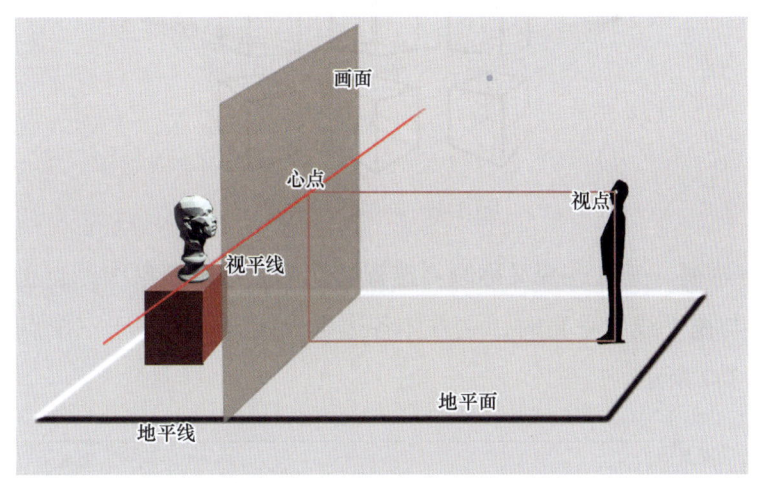

图 3-4 视点、心点、视平线

(4)透视的主要画法。透视的主要画法有一点透视、两点透视、三点透视等。

1)一点透视。一点透视又称平行透视。当一个立方体的其中一面与观测者的面部平行,其上下两条边界与视平线平行时,其灭点只有一个,并且正好与心点重合,如图 3-5 所示。

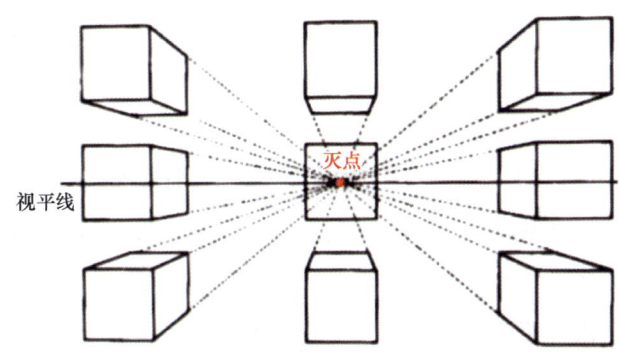

图 3-5 一点透视原理

2）两点透视。两点透视又称成角透视。当一个立方体斜放在人体面前且其上下方向的各边界与视平线垂直时，它的上下两条边界就产生了透视变化，其延长线分别消失于视平线上的两个点，即有两个灭点，如图3-6所示。

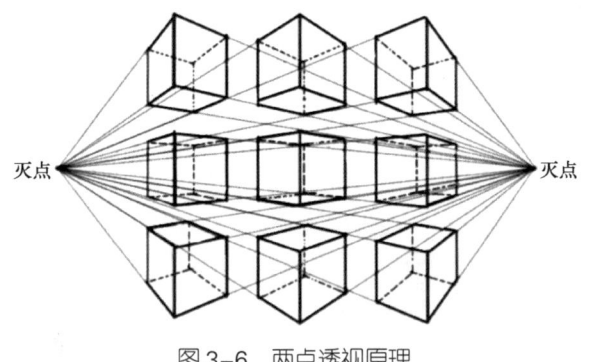

图3-6 两点透视原理

3）三点透视。三点透视又称倾斜透视。在两点透视现象中，当立方体上下方向的各边界与视平线不垂直时，立方体各边延长线分别消失于三个点，即有三个灭点，如图3-7所示。

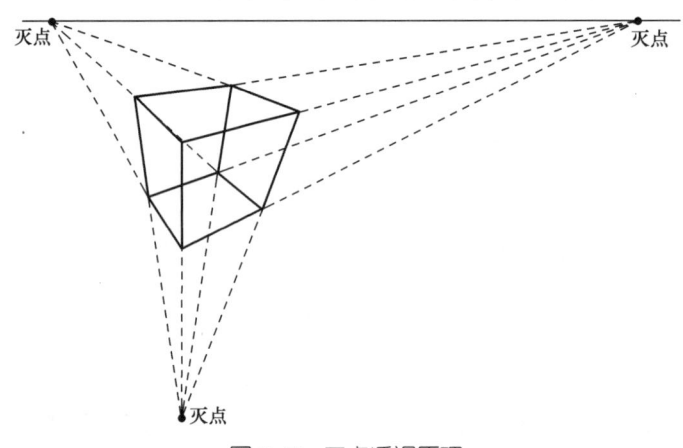

图3-7 三点透视原理

5. 明暗

明暗是描绘物象立体与空间效果的重要因素。任何物体在光的照射下都会呈现一定的明暗关系。光源的强弱、距离光源的远近及照射角度的不同都会使物象呈现不同的明暗关系。

物体的明暗层次可概括为三大面、五大调，如图3-8所示。三大面包括亮面、暗面和灰面，五大调包括高光、灰调、明暗交界线、投影和反光。它们以一定的色阶关系联结成一个统一的整体，这就是明暗变化的基本规律。

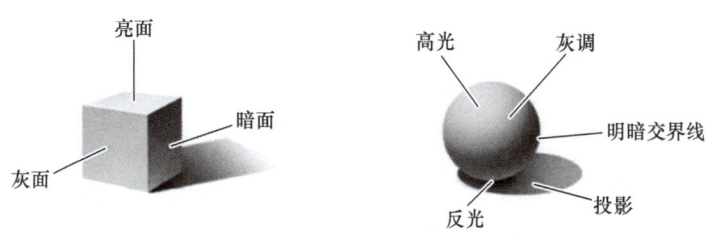

图 3-8 三大面、五大调

四、素描工具的选用

铅笔、炭笔、木炭条、炭精棒等都可以用于画素描。对于初学者而言，铅笔素描是比较容易掌握的。在铅笔素描中，通常要备齐素描铅笔、橡皮、纸擦笔、画板/画夹、画纸等，如图 3-9 所示。了解这些工具的性能，掌握它们的使用技巧，能提高作画效率，取得良好的画面效果。

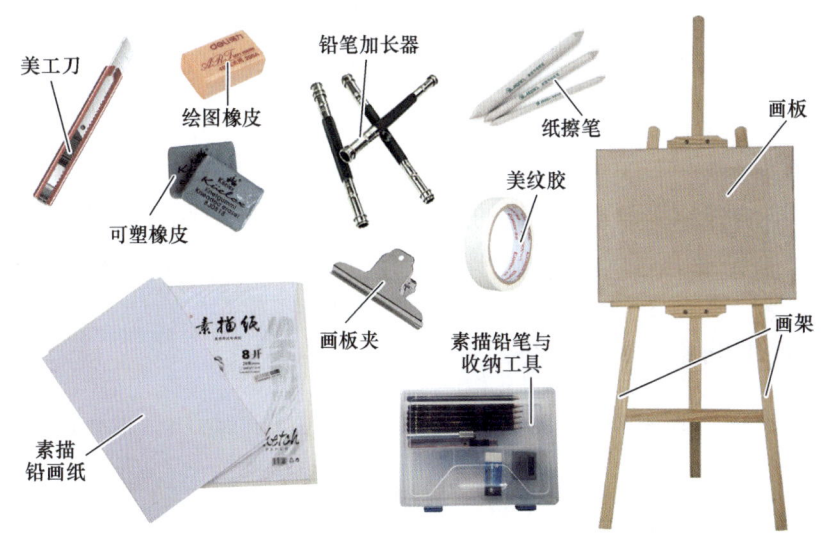

图 3-9 素描工具

1. 素描铅笔

素描铅笔的铅芯有不同等级的硬度，用不同等级硬度的铅笔画出的颜色深浅不一样，如图 3-10 所示。"H"表示铅笔的铅芯较硬，如 1H、2H、3H、4H 等，前面的数字越大，表示铅芯越硬，颜色越浅；"B"表示铅笔的铅芯较软，如 1B、2B、3B、4B、5B、6B 等，前面的数字越大，表示铅芯越软，颜色越深；"HB"表示铅笔的铅芯软硬适中。初学绘画的人可从 HB 到 6B 中选择不同硬度类型的铅笔来表现素描造型的虚实效果。

2. 橡皮

素描用的橡皮一般是适合绘画使用的较软的绘图橡皮和可塑橡皮。可塑橡皮如同橡皮泥一样可塑，十分适合用于画面的柔和处理。另外，现在市场上也有硬度较高的高光橡皮，专门用于高亮部提亮。

3. 纸擦笔

纸擦笔的使用效果类似于可塑橡皮的使用效果，不同的是其质地软而干燥。纸擦笔的作用包括：擦拭过于生硬和杂乱的铅笔痕迹，使之虚化柔和；用铅笔铺设完明暗调后，可以用纸擦笔使笔痕柔和，能快捷地使色调变得统一，同时从整体上拉开色调差，使细节富于变化，加快作画速度。

图 3-10　不同等级硬度的素描铅笔及其绘制效果

4. 画板/画夹

画板/画夹有不同的型号，大小选用可随画幅而定，初学者选用 4 K（594 mm × 420 mm）画板/画夹为宜。画板比较坚固耐用；画夹则方便携带，是外出写生的好工具。

5. 画纸

素描用的画纸以纸面不太光滑的素描铅画纸为宜（图画纸的质地较松软，初学者不容易掌握）。素描铅画纸的附铅性强，且质地坚实，可反复擦改，不易损坏。

五、正确的素描作画姿势

正确的素描作画姿势有助于整体观察和表现方法的运用，也有助于绘画技能的提高。

1. 正确的身体姿势

在绘画时，身体应与画板/画夹相距一臂左右，画板/画夹应与视线垂直，这样能保证在画的过程中，视线始终能照顾全局，也避免由于视角的原因造成透视错误。画者与写生对象之间的最佳距离通常是写生对象高度或宽度的 3~5 倍。

2. 正确的握笔姿势

画素描时的握笔姿势与平时写字时的握笔姿势是有区别的。通常使用的握笔姿势是：拇指、食指和中指捏住铅笔，画长线条时，手腕保持不动，靠臂力带动手与笔；画短线条时，小指作为支点支撑在画板/画夹上（或悬空），靠手腕的移动画出线条，如图 3-11 所示。

正确姿势　　　　　　　　　　错误姿势

图 3-11　握笔姿势

六、素描造型的基本方法

1. 线条的基本画法

在素描中，线条的形式灵活多样，直线是最基础的构形元素。直线的画法是落笔轻、中间重、收笔轻，整个动作一气呵成，形成两头虚、中间实的效果。这样画出的线容易衔接，也方便在画的过程中把握整体效果。线条的排列练习（即排线练习，如图 3-12 所示）应用迅速排列长短均匀、间隔均匀的直线的绘画方法来铺设画面的光影层次。排线的方法可以用来表现一个面，线的轻重变化形成面的虚实、凹凸、明暗等复杂变化。

图 3-12　线条的排列练习

排线是初学素描必需的练习。虽说画无定法，但在没有达到一定水平时，讲究线的排放不但有利于循序渐进地学习素描，而且有利于养成良好的学习习惯，掌握良好的学习方法。

2. 构图的基本方法

构图也称布局。对于初学者，在没有把握的情况下，不妨先画几张小稿，在小稿上画出对象的大致比例及雏形，选出画纸空间利用的最佳方案，然后根据小稿的构图效果在画纸上布局，确定绘画对象位置的最高点和最低点，再根据这些点确定构图的基本形，分析画面构图中对象形体的主次位置和整体比例关系。

构图的基本要求如下：

- 构图不能太小（会让人觉得画面不够饱满）；
- 构图应注意重心平衡，不能太偏（太偏会让画面有一边重、一边轻的感觉，造成构图不稳）；
- 构图应注意透视变化及比例关系；
- 构图不应有残缺；
- 构图时，应使视觉重心在画纸的物理中心偏上一些。

3. 整体与局部的处理方法

素描初学者难免忽视整体与局部间的相互关系。造型能力培养是指对造型对象予以全面调整（主要指形体结构，还包括色调、质感、空间、主次等），做到有所取舍、突出主体。素描造型的整体是由若干个局部组成的，一幅没有局部的画是不真实的。

素描练习主要培养一种造型艺术思维的"意境"和如何观察事物的"想法"。因此，局部与局部、局部与整体的关系就显得十分重要。要处理好这种关系，就要靠比较的方法，即比较色调（深浅），比例（长短、宽窄、大小），透视关系（远近、虚实）。

七、几何体的素描造型表现

1. 球体

球体的素描步骤如图 3-13 所示。

（1）构形。画球体的第一步是先画出一个正方形（用直线在画纸上定出最高点和最低点，以及等量长度的宽，注意构图的位置重心应在纸张的中心略偏上），然后用直线依次逐步"削"去其角，逐步使其趋于圆形。

图 3-13 球体的素描步骤

注意：画圆一定要用直线来画，不能直接以弧线来画，更不能运用圆规，这样做意在锻炼眼力和塑造形体的能力。

（2）找出明暗交界线。在球体上，明暗交界线是弧形，同样用短直线相衔接来表现。

注意：明暗交界线在球体上并非截然分明，而是较模糊的，并且受反光影响，其明度也并非一成不变，应注意观察，避免将画面明暗效果处理得过于僵硬。

（3）铺设明暗基调。在表现明暗时，最好把处于暗部的明暗交界线、暗面、反光和投影统一起来画，即先统一为一体，再在明暗交界线等地方逐步加以强调，使之在统一中体现变化、对比和联系。在亮面靠近明暗交界线的地方是亮灰面，其明度应沿明暗交界线向高光部位的方向依次提高，并始终高于暗面。高光的地方留白。

注意：为突出球体的体积感，应强调明暗对比，特别是明暗交界线的表现。

（4）深入刻画与整体调整。在深入刻画中，难免会出现和整个明暗调不和谐的地方，甚至是某些局部的形表现得不够准确，这些都会影响整体效果。在调整环节，要针对这些进行修改，使其形体准确，色调和谐。

在调整过程中，应使最初的辅助线融入形体中，特别是最初所画的圆的轮廓线、表现明暗交界线的弧线应融入所属的面中，并擦去多余的辅助线。

2. 立方体

立方体的素描步骤如图 3-14 所示。

图 3-14 立方体的素描步骤

（1）构形。立方体有六个面，但在一般情况下，人眼只能看见三个面，不同的视角会使同样大小的面显得大小不同，表现出透视变化。在绘制立方体时，要保证透视结构的准确性，反复比较立方体每一个透视面的比例关系，观察面与面的透视变化规律，通过辅助线构建立方体的透视特征。

（2）铺设明暗基调。立方体的受光面为亮面，背光面为暗面，明暗交界线为亮面和暗面的相接处。立方体的投影是画面中的背光暗部，与实体衔接处投影最暗，离物体越远，明暗关系越要虚化、弱化。物体明暗交界线之后的暗面受环境反射光的影响出现了反光。在刻画立方体时，一般要把明暗交界线的暗面和投影进行统一处理。

（3）深入刻画与整体调整。通过观察比较逐步深入刻画细节，加强线条与块面的虚实强弱对比，加强画面的整体空间感。注意始终要进行整体比较和观察，使层次的表现更严谨合理。

3. 圆柱体

圆柱体是平面和弧面的结合体。圆柱体的素描步骤如图3-15所示。

图3-15 圆柱体的素描步骤

（1）构形。圆柱体可看作由长方体变化而来，也遵循透视规律。绘画时，通常以长方形（基本形）作为辅助手段，找到其造型的规律与特点，塑造圆柱体的形体结构。先确定圆柱体基本的高宽比例关系，用长直线画出左、右两边，分出顶面与底面。确定构图位置后，根据顶面、底面及中线画出中间的圆面，表现出圆柱体的结构关系。同时，观察分析圆面透视原理，圆面距离视平线的倾斜度越大，其弧度越大。

（2）铺设明暗基调。相较于立方体，圆柱体的明暗五大调过渡要含蓄得多，其明暗交界线处的灰色变化更为丰富。应根据对明暗交界线的分析，铺出圆柱体的明暗基调和投影，表现整体的光影关系，体现基本的空间效果。

（3）深入刻画与整体调整。通过不断观察比较逐步深入刻画细节，加强线条的虚实强弱对比，使画面的整体空间感逐渐加强。深入刻画细节不能拘泥于局部描画，始终要进行整体比较和观察，使细节的表现更严谨合理。

4. 组合几何体

变化复杂的几何体可以通过形体的简化或拆分来解析其造型原理与规律，如：斜面柱体是将圆柱体斜切一部分形成，十字体可以理解为由两个相同的长方体穿插组合而成，十字圆锥体可以理解为由一个圆柱体与一个圆锥体穿插组合而成。画者可通过观察与分析形体的内在结构来掌握组合几何体的素描步骤，如图3-16所示。

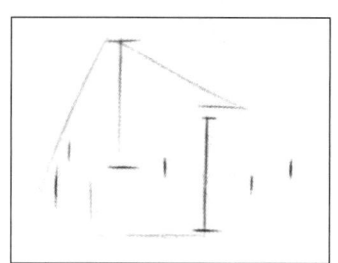
1. 构图定点，明确比例关系

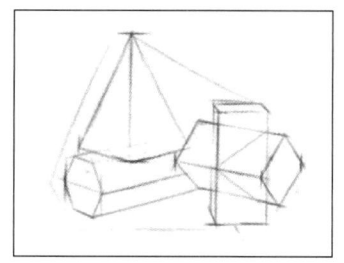
2. 从整体出发，调整几何体的构形

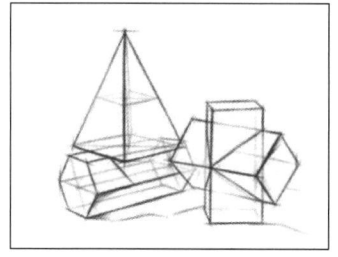
3. 刻画几何体的结构，分析其透视规律

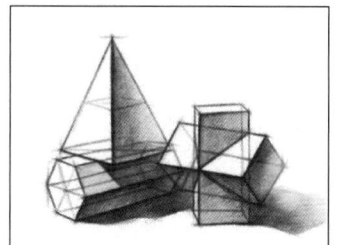
4. 铺基调，深入刻画组合空间关系

图3-16 组合几何体的素描步骤

八、人物造型素描

刚刚接触造型素描的学习者应先从观察研究石膏几何体的造型结构开始，学会分析五官石膏体的造型结构，循序渐进地增进对人物五官结构与造型规律的理解。人物面部的五官并非是平面的，它们有着高低起伏的形态特征和动态特征，往往体现人物形象的特点与风格。

对五官石膏体的观察写生与描摹能帮助学习者从对几何形体的认知角度来探究其造型特点与规律。通常画室里提供的五官石膏体是米开朗琪罗的雕塑作品《大卫》的五官复制品，《大卫》五官结构如图3-17所示。西方人物的五官骨骼结构突出，棱角分明，能帮助学习者加强对五官的视觉认知。

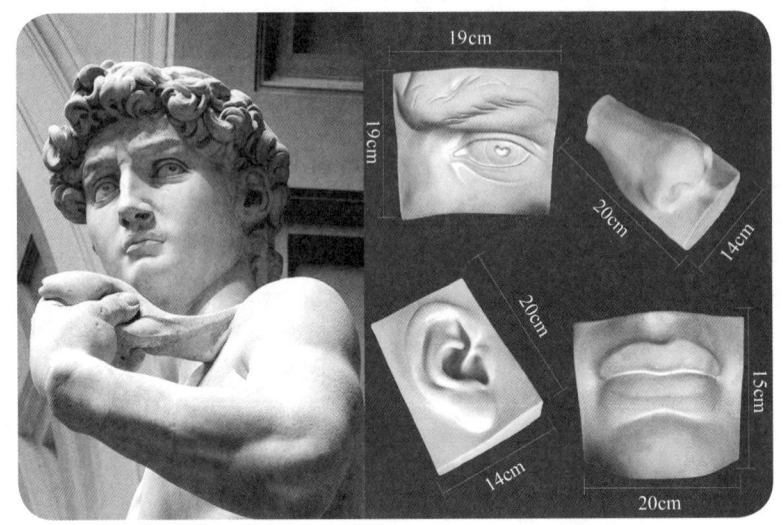

图3-17 《大卫》五官结构

1. 眼睛的结构分析与素描表现

眼睛的结构分析与素描表现如图3-18所示。

（1）眼睛的结构分析。眼睛是五官中运动较为频繁的器官。

从外观看，眼睛由眼球、上眼睑、下眼睑、眼眶和泪囊组成。眼球呈球体，嵌在头骨深凹的眼眶内，通过上、下眼睑构成的眼裂露出。上眼睑比下眼睑宽且长，位置也靠前，覆盖着眼球的大部分。

表现眼睛不能只局限于描绘眼睛本身，还应注意眼睛周围的形体表现。与眼睛结构关系比较大的是眉弓和眶上缘。眶上缘是眼眶与额头结合处较大的结构转折，眉弓使转折的边缘产生了多块面的变化，学习者可以通过观察和触摸来感知眼窝的深陷度和眉弓的突出感。观察描摹静态的眼睛石膏体，并将之与真实眼睛部位的结构进行比较，可以帮助学习者建立对眼睛比例与结构的初步理解。

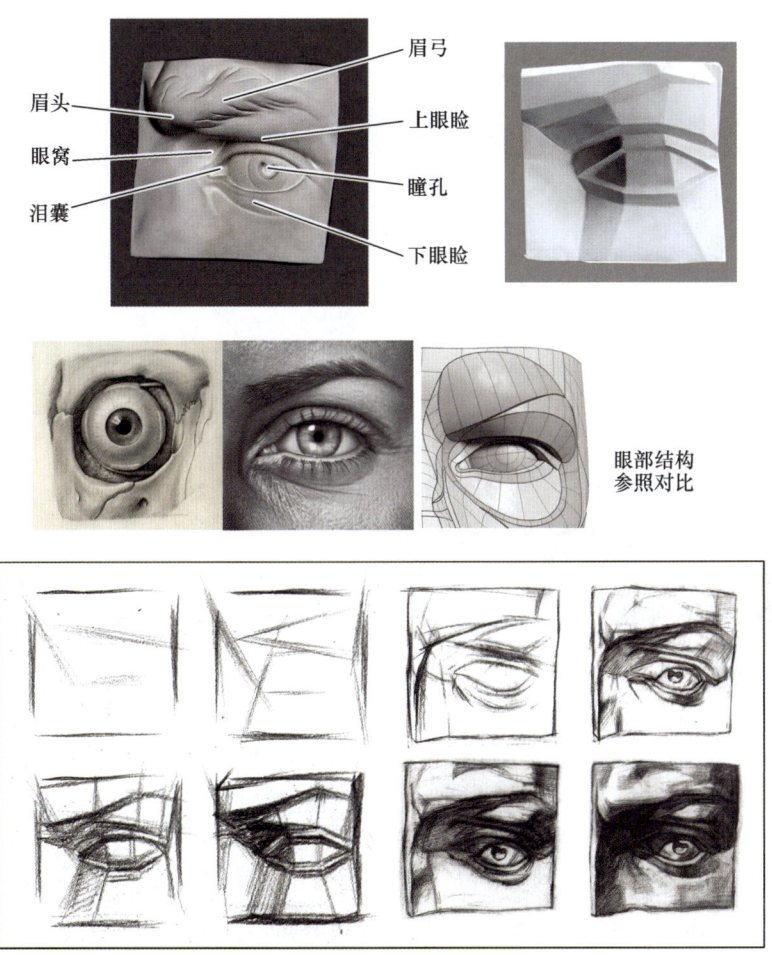

图 3-18 眼睛的结构分析与素描表现

（2）眼睛的素描表现。进行眼睛的造型素描时，不仅要观察眼睛的结构特征，还要观察其质感特征，如眉毛的蓬松感、眼珠的灵动感、睫毛的卷翘度等，这些都应综合体现在眼睛的造型设计意图中。

根据真人的眼睛图片，试着按照图 3-19 所示的步骤来学习眼睛的素描表现方法。

在进行眼睛素描的过程中要特别注意以下几个方面。

1）作画的整体性与完整性是造型素描学习的关键，构图与构形的步骤不容忽略，切记不要只画局部，忽视了与相关联部位的比较和调整。

2）注重不同部分的色差、透光性与反光性，体现明暗交界线的变化，是表现质感的好方法。每次深入刻画都可从眼睛的暗部开始，不断调整黑、白、灰的色差层次和虚实感，着重刻画要突出的部位，对要弱化的地方进行虚化处理。

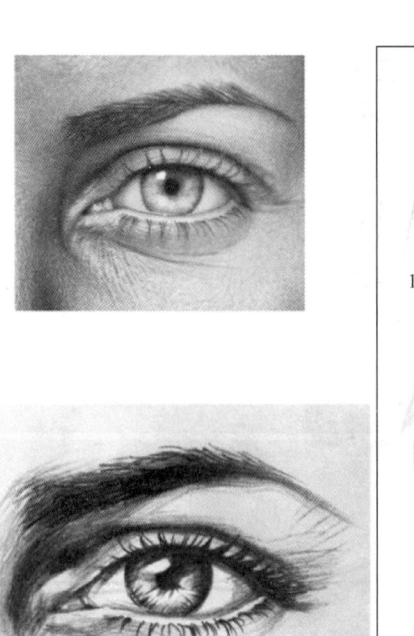

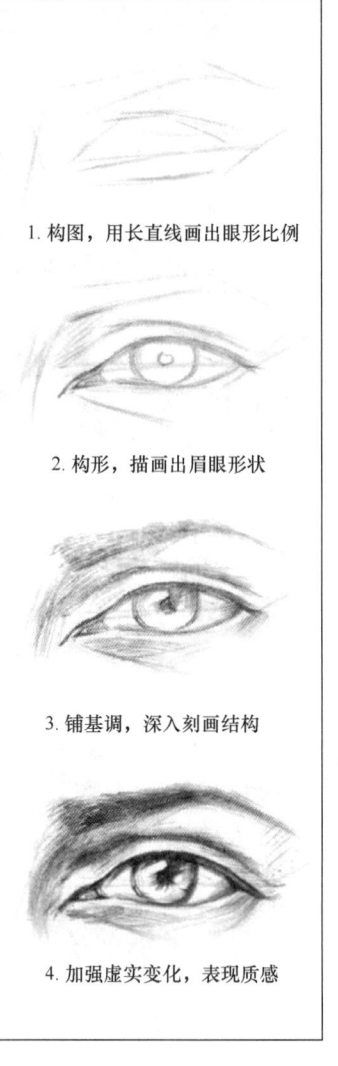

勾画睫毛是画龙点睛的一步，要多加练习，由睫毛根部向外画出，线条由粗至细变化，随着睑缘弧度呈扇形排开

图 3-19　眼睛的素描步骤

3）睫毛、眼角边缘、眼瞳高光往往是画龙点睛之处，不要操之过急。用线条表现睫毛、眼角边缘以及细节时，要突出自然真实感。技巧的熟练掌握往往与线条的变化练习是分不开的。

4）眼睛随着观察视角的变化而生出很多种造型姿态，学习者应观察并分析眼睛结构在不同视角下的透视规律，从大量的摹写训练中掌握其动态造型技巧。眼睛透视变化素描写真如图 3-20 所示。

2. 鼻子的结构分析与素描表现

鼻子的结构分析与素描表现如图 3-21 所示。

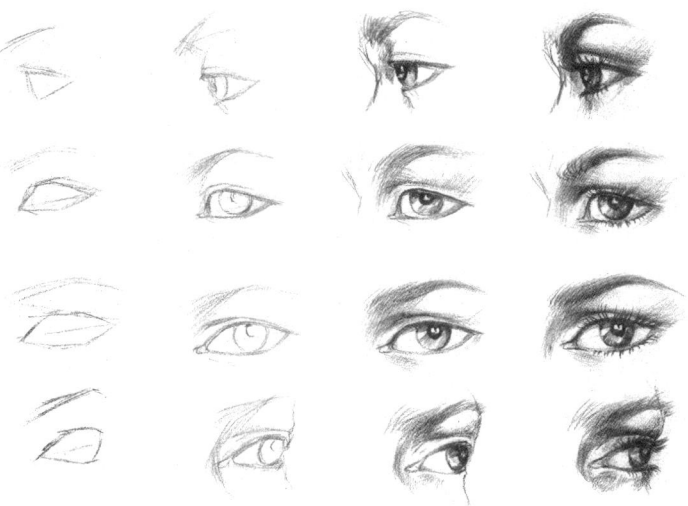

图 3-20 眼睛透视变化素描写真

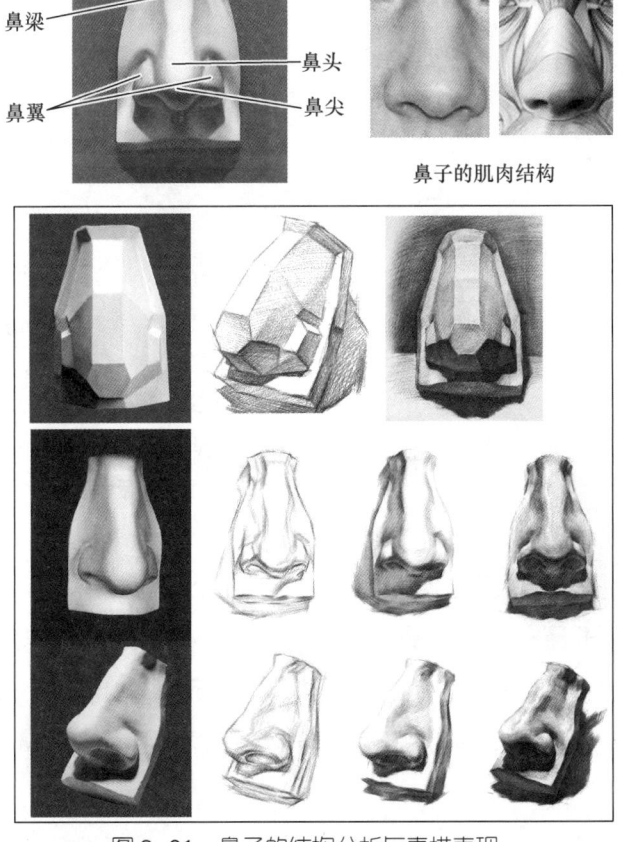

图 3-21 鼻子的结构分析与素描表现

（1）鼻子的结构分析。鼻子在面部的正中轴上，是面部最突出的结构。

鼻子由三个部分组成：鼻骨和软骨组成的鼻梁，鼻头，两个向外下方倾斜的鼻翼。鼻子的最高点是鼻头的顶端，又称鼻尖，它是人物面部比例关系的观测点。鼻子的低洼位置是连接眉眼结构的鼻根，鼻子从鼻根处开始纵向升翘。鼻子的形体结构决定面部的平衡感。如果鼻子的造型出现问题，将直接影响眼睛和嘴部的连贯性，使面部扭曲。鼻子的形态可以被理解为一个上窄下宽的梯形体，一个突出于面部表面、有厚度、有体积的梯形体。在表现鼻子的结构关系时，一定要注意眉弓与鼻根的上下落差及鼻梁部分的上下起伏，以及翘起来的鼻头与鼻翼所形成的微妙的块面转折变化关系。

（2）鼻子的素描表现。根据真人的鼻子图片，试着按照图3-22所示的步骤来学习鼻子的素描表现方法。

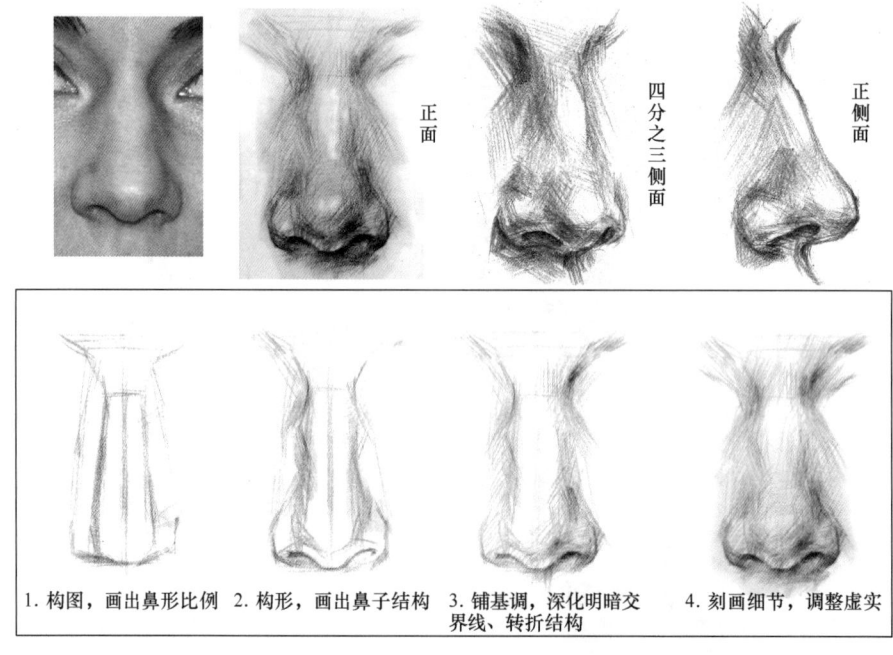

图3-22 鼻子的素描步骤

在进行鼻子素描的过程中要特别注意以下几个方面。

1）鼻根是鼻子最窄、转折最"急"的部分，它与眼部的连接转折也很"急"，因此这一部分的对比变化比较大，但因为鼻根与眼睛靠得很近，一般不要过分强调它的变化，以免削弱眼睛的表现力，通常只强调其靠近眼部结构处的起伏关系。

2）鼻梁位于鼻子的中段，近似标准的梯形体，有三个明显的平面（一正面、两侧面)。对这一部分的刻画要注意三个面的形状和结构变化,还要注意整个梯形体的体积感和与其相邻部分的衔接方式。

3)鼻头分为鼻尖和鼻翼两个部分。鼻尖形似球体,两个鼻翼形似半球体,两者在形体特征上与鼻梁有明显的区别。鼻头是面部的高点,且距离眼部较远,因此可以将其当作面部的第二个重点(第一个重点为眼睛)进行仔细刻画。

4)在素描过程中特别要注意鼻头与鼻底的形体塑造,其不同于眼睛刻画,眼睛刻画时有鲜明的色差关系,而鼻子的表面是皮肤,描画时处理转折变化要柔和,让灰部的层次更丰富。

3. 唇部的结构分析与素描表现

唇部的结构分析与素描表现如图 3-23 所示。

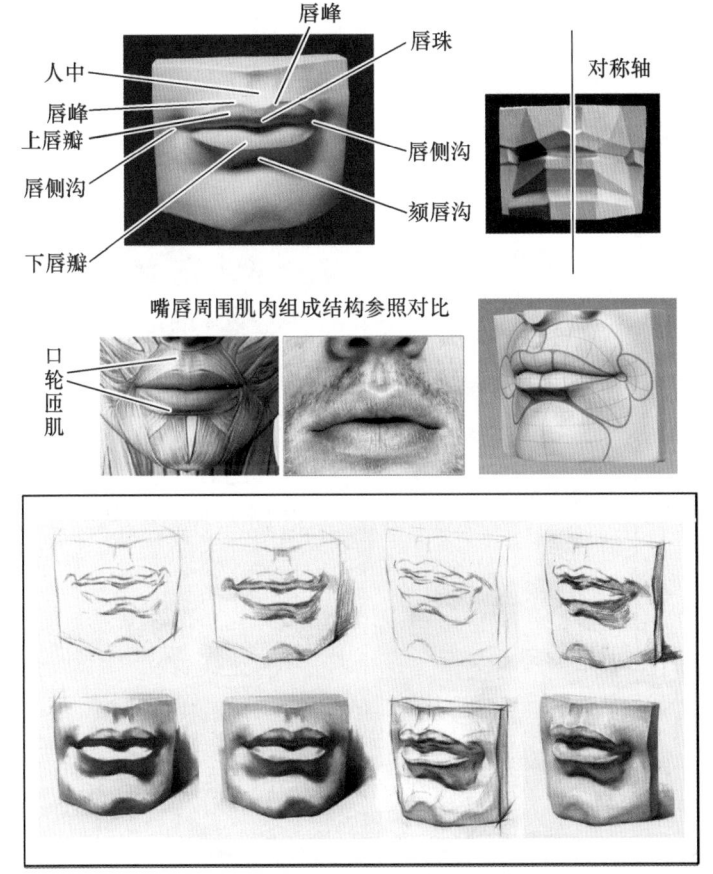

图 3-23 唇部的结构分析与素描表现

(1)唇部的结构分析。唇部是五官中表达感情的一个重要部分,其动态变化非常丰富,能直接表现人物的情绪与情感。

唇部整体呈一个微拱的弧形，可以将其理解为半个圆柱体。唇部周围由口轮匝肌环绕，塑造唇部形体时应表现口轮匝肌的结构，以体现整个唇部的立体感。唇部在造型上由唇瓣、口缝线、人中、颏唇沟等构成。唇部左右均等。口缝线是上、下嘴唇闭合时形成的波状线，它连接左、右嘴角，是唇部表现情绪的重要部分。嘴唇分为上下两部分，为弧状曲面，面的转折处也是唇部的明暗交界线所在之处。刻画唇部结构时，不要被嘴唇边缘轮廓限制，应用松散的虚实对比来表现柔和的块面转折关系。

（2）唇部的素描表现。唇部素描要注意上嘴唇边缘线的曲直及深浅，不要将其处理成简单的弧形。嘴角是唇部与脸颊衔接中非常重要的地方，上嘴唇的明暗交界线由嘴角处穿过嘴唇边缘线与人中、唇周的肌肉结构相连接，在形体上形成丰富的明暗关系，这是唇部一个非常重要的刻画细节。下唇线底部由于结构的落差转折会有较深的投影。

根据真人的唇部图片，试着按照图3-24所示的步骤来学习唇部的素描表现方法。

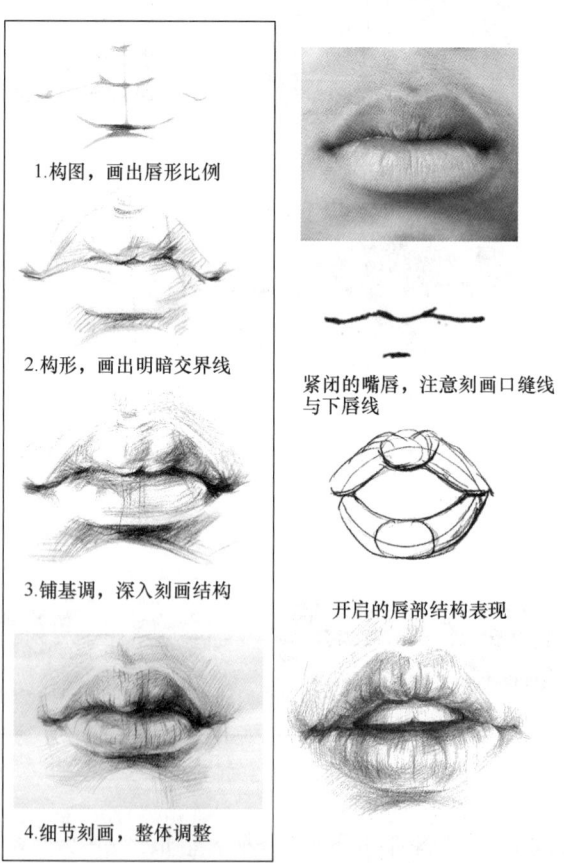

图3-24　唇部的素描步骤

在进行唇部素描的过程中要特别注意以下几个方面。

1）在进行结构造型时不要受限于唇部外轮廓线的勾勒，而要着重观察唇部周围的块面，如侧面、底面等，只有准确理解这些转折结构才能准确表现明暗，塑造唇部的立体感。在初学素描时，画者往往会急于勾勒外轮廓线，而把握不好唇部的体积感与质感的表现。

2）唇部的动态是神态刻画的重点，口缝线的转折变化反映上、下唇相互依存的空间关系。要表现唇部的质感和趣味，就要注重口缝线的刻画，可以通过虚实线条来进行深入刻画。唇部的动作十分丰富，如要描绘开启的嘴唇，就要注意唇开口和暴露的牙齿的前后关系，不要画出牙齿间缝线，而是要将整个牙床和牙齿视作半弧面，表现出唇在牙齿面上的投影与虚实变化。

3）注意铺设基调时的整体性，不要只关注加深唇色，忽略其明暗交界线的转折变化。高光和唇纹的表现是点睛之笔，通常在最后调整虚实细节时进行着重修饰。

4）观察角度不同，唇部描绘的透视效果就会不同，画者要学会在观察中找到造型规律。由于唇部是对称的形体，人中至下颌的中线为对称轴，对称轴的推移变化会使近大远小的透视规律产生作用。唇部透视变化素描写真如图3-25所示。

图3-25　唇部透视变化素描写真

4. 耳朵的结构分析与素描表现

耳朵的结构分析与素描表现如图 3-26 所示。

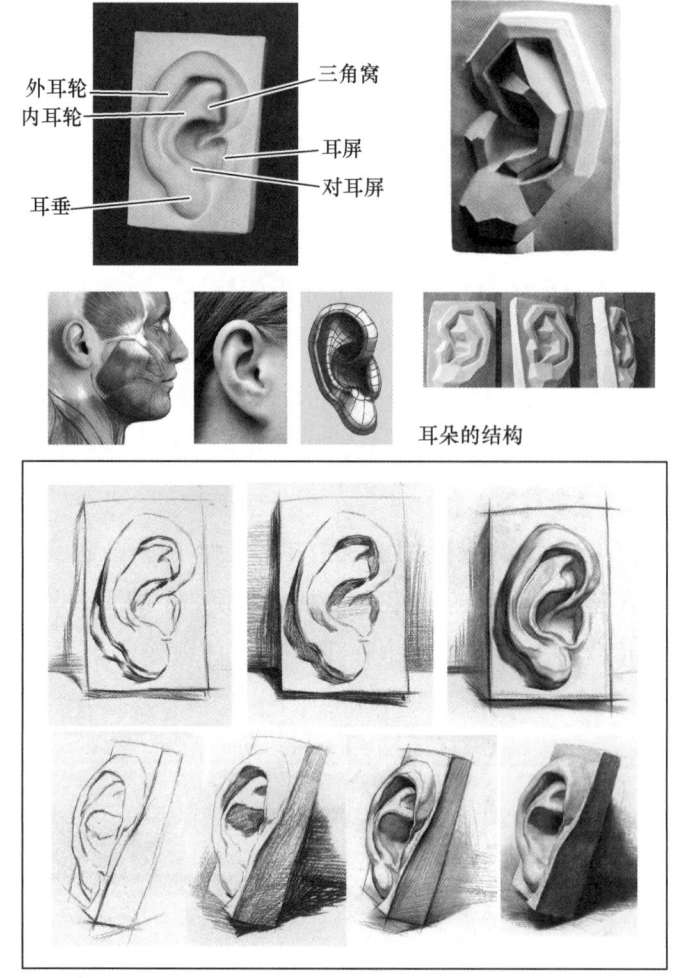

图 3-26 耳朵的结构分析与素描表现

（1）耳朵的结构分析。平视人物面部时，耳朵上缘的位置大致在眉眼之间，下缘的位置大致与鼻底齐平。当人物面部呈正侧位时，人眼才能看到耳朵的完整结构与轮廓。耳朵的基本形状为斜椭圆形，由附在脑颅上的软骨支撑，一般斜长在头部两侧，极少是垂直或平贴于头部两侧的。耳朵的主要外观结构为耳轮、耳屏、耳垂等。耳朵的透视随着人物头部的透视变化而变化，并通过耳朵与其他五官的高低位置比较、耳朵的长短宽窄来表现。

（2）耳朵的素描表现。耳朵侧立在人头部的左、右两侧，位于颧骨后侧，相较于其他位置的五官，常常处理得比较虚，在形象造型时容易受到忽视，但耳朵其实是平衡面部五官比例不可或缺的组成部分。在描绘耳朵时，要观察清楚耳轮、耳屏、耳垂等的主要位置与结构。

根据真人的耳朵图片，试着按照图 3-27 所示的步骤来学习耳朵的素描表现方法。

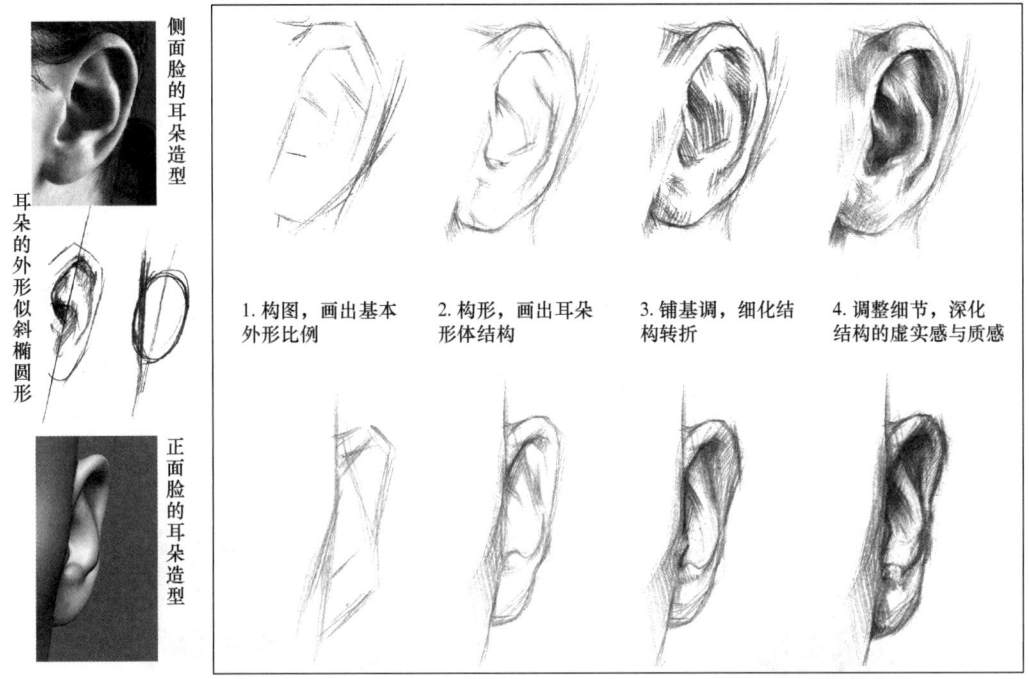

图 3-27　耳朵的素描步骤

在进行耳朵素描的过程中要特别注意以下几个方面。

1）进行耳朵构形时，找准其位置非常重要。耳朵的位置和鼻子的位置差不多水平，耳朵长度和鼻子长度相当，最宽处的宽度约为长度的一半。

2）按步骤循序渐进地深入刻画细节，注意整体的虚实关系。

素描造型能力的培养并不是一蹴而就的，要在临摹和写生的过程中不断加强观察力和分析力，因此需要较高频次的实践练习。画好五官的形态特征能为日后绘制人物造型设计效果图、培养色彩造型与造型审美力打下扎实的基础。

培训项目 2

色彩基础

一、色彩学

光是色彩产生的基础,没有光就没有色彩。物体本身并不具备色彩,是因为吸收并反射了不同波长的可见光才呈现出不同的色彩。

1. 色彩的分类

丰富多样的色彩可以分成无彩色和有彩色,其表现状态如图 3-28 所示。

图 3-28 无彩色系和有彩色的表现状态

无彩色是指白色、黑色和由这两种色彩调和形成的各种深浅不一的灰色。无彩色按照一定的变化规律可以排成一个系列,即由白色渐变到浅灰色、中灰色、深灰色、黑色,称为无彩色系,色度学上又称为黑白系列。理想的完全反射光的物体是纯白色,理想的完全吸收光的物体是纯黑色。无彩色系的色彩只有一种基本性质——明度,不具备色相和纯度的性质,也就是说,其色相与纯度在理论上都等于零。

有彩色是指红、橙、黄、绿、青、蓝、紫等色彩,不同明度和纯度的这类色彩构成有彩色系。有彩色是由光的波长和振幅决定的。

2. 色彩的三大属性

色彩的三大属性为色相、纯度、明度。根据色彩三大属性的规律，可设计色彩体系模型，即色立体，如图 3-29 所示。

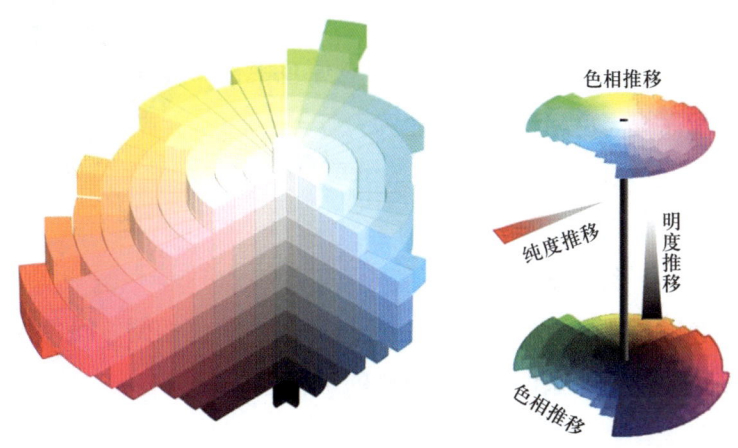

图 3-29 色立体

（1）色相。色相是指色彩的相貌，可以较为确切地表示某种色彩的色别，如玫瑰红、橘黄、柠檬黄、钴蓝、群青、翠绿等。对于单色光来说，色相完全取决于该光线的波长；对于混合色光来说，色相取决于各种波长光线的相对量。物体色彩是由光源的光谱成分和物体表面反射或吸收的特性决定的。基本色相的秩序以色相环形式体现。

（2）纯度。色彩的纯度是指色彩的纯净程度，它表示色彩中所含有色成分的比例，也称为艳度、彩度、鲜度或饱和度。含有色成分的比例越大，色彩的纯度越高；含有色成分的比例越小，色彩的纯度越低。

（3）明度。色彩的明度也称为亮度、深浅度等。色彩的明度有两种情况：一种是同一色相不同明度，如同一色彩在强光照射下显得明亮、在弱光照射下显得灰暗模糊，同一色彩加黑或加白以后也能产生各种不同的明暗层次；另一种是各种色彩的不同明度，每一种纯色都有与其相应的明度，黄色明度最高，蓝紫色明度最低，红、绿色为中间明度。

色彩的明度变化往往会影响纯度。例如，红色加入黑色后明度降低，纯度降低；红色加入白色后明度提高，纯度降低。

3. 色相环

色相环是一种圆形排列的色相光谱，色彩是按照光谱在自然中出现的顺序来排列的。色相环分十二色相环（见图 3-30）、二十四色相环等。色相环通常是由原色、二次色和三次色组合而成。

（1）原色。原色指色彩中不能再被分解的三种基本色彩，通常说的三原色为红、黄、蓝。三原色可以混合出所有的色彩，三者等量相加为黑色。

（2）二次色。二次色又称为间色，由三原色中任意两色等量调配而成。色相环中的间色为：

黄 + 红 = 橙

黄 + 蓝 = 绿

红 + 蓝 = 紫

图 3-30　十二色相环

（3）三次色。三次色又称为复色，是用原色与间色相调、间色与间色相调而成的色彩。复色包括了除原色和间色以外的所有色彩。

二、造型色彩

1. 色彩的观察写生

色彩是绘画中十分重要而富有魅力的艺术语言。色彩写生是再现自然、再现生活的强有力的手段。在作画过程中，正确地观察和掌握客观物体的色彩规律能提高人对色彩的分辨能力和使用色彩造型的能力。因此，画者要提高色彩写生水平，不仅要强化色彩意识，还要掌握色彩写生的整体观察方法和表现方法。

（1）色彩材料。色彩材料一般包括水彩、丙烯颜料、水粉、色粉、彩铅、马克笔等，如图 3-31 所示。

水彩　　　　　丙烯颜料　　　　　水粉

色粉　　　　　彩铅　　　　　马克笔

图 3-31　色彩材料

（2）观察与理解形体色彩。形体的色彩主要来自构成色彩关系的三方面，即光源色、环境色、固有色。如图 3-32 所示，光源色是肉眼所能感知到的光的颜色，常见的光源色有日光色（中性冷色），灯光色（冷白、暖黄）等。固有色是物体表面本身的色彩，在光源作用下为肉眼所感知。环境色是周围环境影响下物体表面产生的色彩变化。色彩关系的构成以物体的固有色为主。

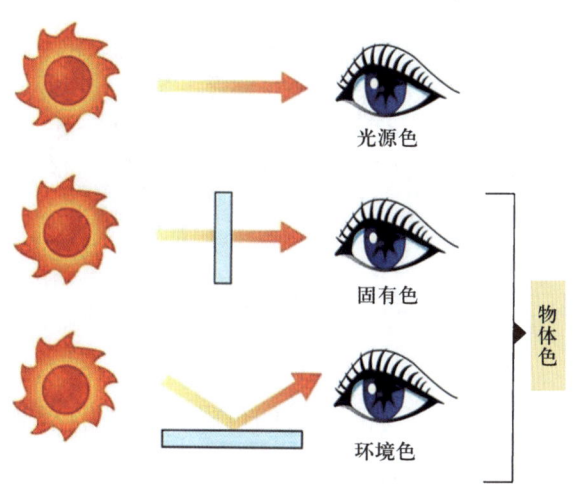

图 3-32 通过观察体验不同的色彩

（3）把握空间色彩与色彩透视。由于光波的长短和散射程度不同，色彩在空间的传递中会产生变化。空间距离近的物体轮廓清晰，明暗色调差别大；空间距离远的物体轮廓模糊，明暗色调差别小，明暗面层次不清且色调统一。同时，受空气和其他空间因素的影响，不同距离物体的色彩纯度和冷暖也不同。空间距离远的物体，其色彩偏灰或偏冷。

空间色彩的基本规律是：近暖远冷、近纯远灰，近鲜明、远模糊，近对比强、远对比弱。利用色彩与空间的关系，可以在二度空间上表达出具有长、宽、深的三度空间。

（4）强调色彩写生的整体观察和表现。任何物体的色彩都不是孤立存在的，认识色彩的正确方法是整体观察、互相比较，分析和发现色彩的主次关系。整体观察是指对描绘对象的整体进行全方位观察，把握和控制画面的基本色调和整体色彩关系；互相比较是整体观察的深化，是认识客观对象的重要手段。只有通过对物体间的色相、明度、纯度等进行反复比较，分辨色彩倾向，寻找色彩之间的微妙变化和差异，才能掌握描绘对象的色彩特征和造型方法。色彩写生范画如图 3-33 所示。

图 3-33 色彩写生范画

2. 色彩对比

（1）色相对比。因色相的差别而形成的色彩对比称为色相对比，如图 3-34 所示。色相对比是一种相对单纯的色彩对比，视觉效果鲜明、亮丽。色相对比可借用色相环做辅助说明。根据色彩在色相环中的排列顺序，可把色相对比归纳为四种类型，以说明其规律及视觉效果。

图 3-34 色相环与色相对比

1）同类色对比。同类色对比如图 3-35 所示，其中两种色彩在色相环上位置十分相近，相距 15°左右。两种色彩中的同种因素多，产生的对比效果弱，从视觉角度也可称为弱对比，如红橙色与橙色对比。同类色对比显得柔和、和谐、雅致、文静，但也给人单调、模糊、乏味、无力的感觉，可以调节明度差来加强效果。

图 3-35　同类色对比

2）邻近色对比。邻近色对比如图 3-36 所示，其中两种色彩在色相环上的位置相距 45° 左右，距离较近，色差不大。邻近色对比从视觉角度看属于中弱对比，如红色与黄橙色对比。与同类色对比相比较，邻近色对比显得统一中有变化，变化中不失和谐。邻近色对比的视觉效果较活泼，但又不失统一、雅致。

图 3-36　邻近色对比

3）对比色对比。对比色对比如图 3-37 所示，其中两种色彩在色相环上相距 100° 左右，距离较远，两种色彩之间的共同因素相对减少，从视觉角度看属于中强对比，如黄绿色与红紫色对比。对比色对比的视觉效果强烈、醒目、活泼、丰富，但不易统一而显得杂乱、刺激，易造成视觉疲劳，一般需要采用多种调和手段来改善对比效果。

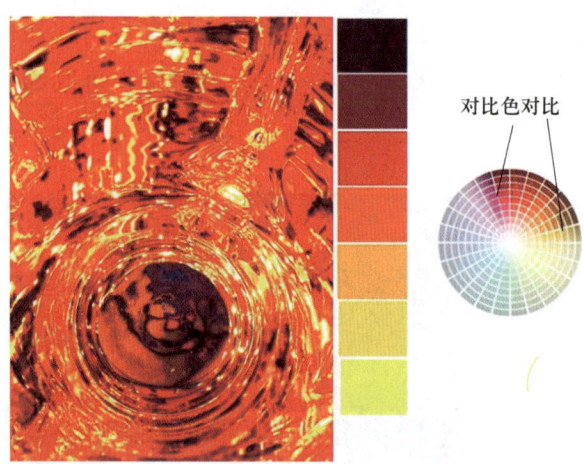

图 3-37　对比色对比

4）互补色对比。互补色对比如图 3-38 所示，其中两种色彩位于色相环直径的两端，是色距最远的两个色，相距 180°，从视觉角度看属于强对比，如红色与蓝绿色对比、黄色与蓝紫色对比等。互补色对比的视觉效果强烈、炫目、极有力，但若处理不当，易产生幼稚、原始、粗俗、不安定、不协调等不良感觉。

图 3-38　互补色对比

（2）明度对比。因明度差别而形成的色彩对比称为明度对比，如图 3-39 所示。

根据明度色标，明度在一度至三度的色彩称为低调色，四度至六度的色彩称为中调色，七度至九度的色彩称为高调色。色彩间明度差别的大小决定明度对比的强弱。三度差以内的对比称为短调对比，三至五度差的对比称为中调对比，五度差以上的对比称为长调对比。需要注意的是，以上属于理论上的明度划分，在实际情况中，色彩之间的关系会使画面明度对比效果增强或减弱。

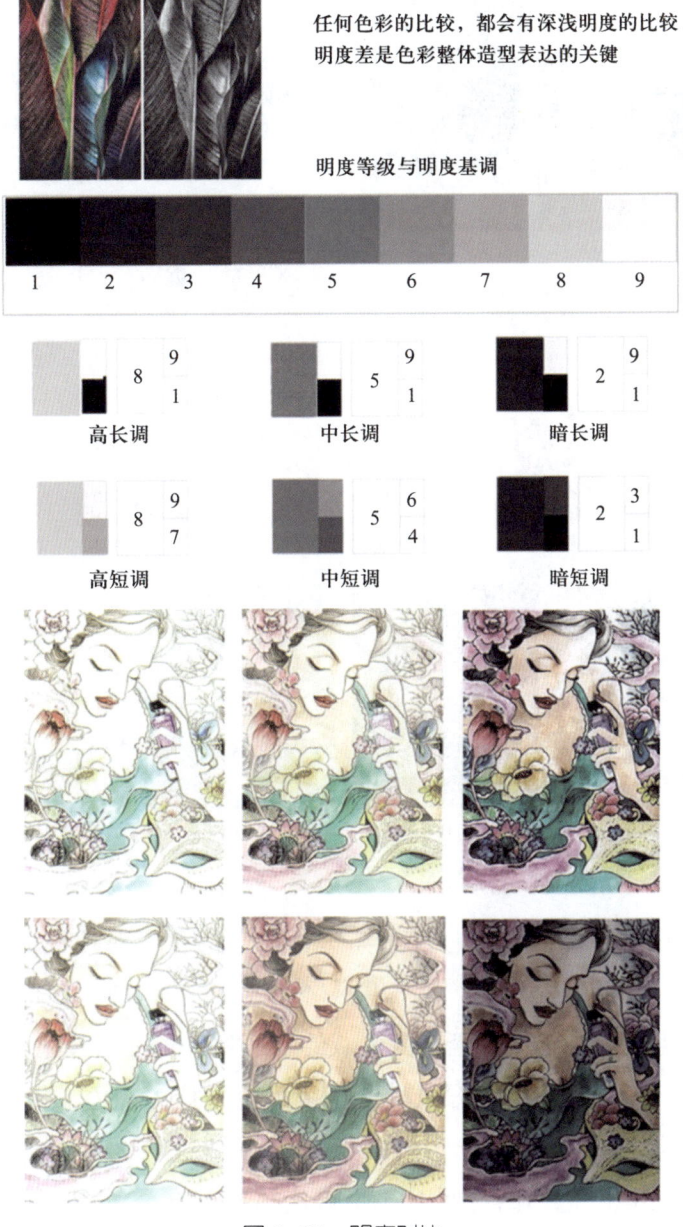

图 3-39 明度对比

（3）纯度对比。因纯度差别而形成的色彩对比称为纯度对比，如图 3-40 所示。对于不同色相的纯度，很难规定一个统一的划分标准，但可以采用明度色标的设计方法和计算方法：将明度的高调、中调、低调，类比为纯度的鲜、中、浊；将明度对比强度中的长、中、短，类比为纯度对比中的强、中、弱。需要注意的是，以上属于理论上的纯度划分，在实际中，色彩之间的关系会使画面纯度对比效果增强或减弱。

图 3-40 纯度对比

（4）冷暖对比。将色彩的色性倾向进行比较的色彩对比称为冷暖对比，如图 3-41 所示。仅就色彩而言，其本身并不存在冷暖区别。在可见光中，以红色（低频端）为起点，延伸到橙、黄区域的一系列色彩称为暖色；以蓝紫色（高频端）为起点，延伸到蓝、蓝绿区域的一系列色彩称为冷色。从色相环上来看，间色的绿色和紫色是整个色相环的中性色彩，而蓝色与橙色又是色相环中极冷与极暖的一对补色。色彩的冷暖对比不可能孤立存在，色相、明度等因素必然与之相关。冷暖对比是相对而言的，将绿色放在黄绿色中，绿色便显得冷；将绿色放在蓝色中，绿色便显得暖。冷暖对比也有强弱之分。冷暖属性越邻近的色彩，其冷暖对比就越弱；冷暖两极的色彩则形成最强的冷暖对比。冷色基调给人寒冷、清爽的感觉，暖色基调给人热烈、热情、刺激、喜庆、有力量的感觉。

（5）面积对比。色彩的面积是与其形状和位置是同时出现的，三者在色彩对比中都是具有较大影响的因素。

图 3-41 冷暖对比

在面积对比中,当两种色彩面积相等时,色彩对比强烈;随着一方的面积增大,另一方的力量就相应削弱,整体的色彩对比也就随之减弱;当一方的面积扩大到足以控制整个画面色调时,另一方的色彩就成为这一色调的点缀,如图 3-42 所示。

图 3-42 面积对比

3. 色彩调和

（1）色彩调和的概念与意义

1）色彩调和的概念。色彩调和是指两个或两个以上的色彩有序、协调地组合在一起，如图 3-43 所示。

2）色彩调和的意义。使有明显差别的色彩构成和谐统一的整体必须经过调整，即色彩调和，以使之能组织构成符合目的性的色彩关系。色彩之间相互作用可以使画面由单调变得丰富，使色彩的张力更充分地呈现出来。

图 3-43　色彩调和

（2）色彩调和的方法

1）类似调和。类似调和不仅指同类色和邻近色的调和，也指通过建立色相、明度、纯度三种属性中某些要素的同一性或相似性来统一画面色彩的整体基调，如图 3-44 所示。

　　原画色调　　　　　类似色相调和　　　　类似明度调和　　　　类似纯度调和

图 3-44　类似调和

2）渐变调和。有秩序的色彩容易调和。若两色对比强烈，可采用色阶过渡的办法，在两色之间插入一些色阶，使相互对比的色彩有序过渡，达到调和目的。色彩要素等差、等比渐变推移，即依靠色相的自然推进、明暗的协调变化以及纯度的逐渐减弱来使色彩对比变得柔和，是形成色彩调和效果的有效方法，如图 3-45 所示。

3）面积调和。对比色彩的双方面积相当时，互相之间产生抗衡作用，对比效果强烈而刺激。此时，可调整双方色彩在画面中所占面积的比例，使其中一色的面积增大,以绝对的优势"压倒"对方,形成主色与辅色的关系而取得调和。当面积大小悬殊时,则产生烘托、强调的效果,称为优势调和法。如图3-46所示,将主图中强烈对比的色彩提炼后进行面积比例调整,可以发现:等量配比时,相交的边缘处带来强烈的视觉刺激感;条状分布时,由于是等量对比,互补色的接触面更多,更具视觉冲击力;用大面积蓝色隔断橙色,使橙色呈点状有规律分布时,点状橙色更加醒目,画面主次分明。

图 3-45 渐变调和

图 3-46 面积调和

4)隔离调和。隔离调和是指以隔离色调和,即使用无彩色系的黑、白、灰或中性色彩来区分不同的色彩区域,以消除各色相之间的排斥感,如图3-47所示。通常在各属性过于接近的色彩之间插入一种隔离色会使它们的色彩关系变得清晰明了,而在差别过大的一组色彩中使用隔离色可以起到平衡色彩关系的作用。

图 3-47 隔离调和

5）同色调和。在各纯色之中混入同一色相的色彩可以起到调和的作用，使不同的色彩有共性因素，同时改变色彩原有的纯度或明度，如图 3-48 所示。在对比色对比和互补色对比中会有色彩的补差现象，即对比色和互补色配色刺激跳跃时，试着在其中一色中加入其补色，这一色彩就会向其补色趋近，同时明度与纯度也会改变，从而凸显色彩的虚实层次感。

图 3-48 同色调和

三、色彩视觉与心理

多个色彩组合在一起形成一定的色调，色彩与色彩之间由于对比与调和产生相互作用，让人产生共情与联想。

一切以色彩为表现手段的创造活动，其意义在于通过某种色彩组合引起的视觉感受使人产生一种心理的联系与共鸣。研究色彩对比与调和规律、色彩构图关系，提高设计实践中运用色彩的创意能力，是色彩造型设计学习的永恒主题。

1. 色彩与情感

（1）色性的情感影响。色相冷暖属性的差异，会让人产生不同的情感心理。

1）暖色系。通常红色、红橙色、橙色、黄橙色、红紫色等色彩会让人联想到太阳、火焰、热血等，产生扩张的视觉感受，形成温暖、热烈、刺激、感性、活泼、开放等感觉。

2）冷色系。通常蓝色、蓝紫色、蓝绿色等色彩会让人联想到太空、阴影、冰雪、海洋等，产生严谨、收敛的视觉感受，形成寒冷、平静、透明、稀薄、理智、文雅、保守、忧伤等感觉。

3）中性色彩。由于色彩的冷暖是相对而言的，绿色和紫色在色相环中处于冷色系与暖色系交汇的位置，因此这两者属于中性色彩。绿色使人联想到草、树等植物，产生青春、和平等感觉；紫色使人联想到花卉、水晶等物品，产生高贵、神秘等感觉。

（2）色彩属性的视觉质感。色彩属性不同，会对色彩本身的视觉质感产生不同影响。

1）轻与重。轻与重的视觉质感主要与色彩的明度有关。明度高的色彩使人联想到蓝天、白云、彩霞、花卉、棉花、羊毛等，产生轻柔、飘浮、上升、敏捷、灵活等感觉。明度低的色彩易使人联想到钢铁、大理石等，产生沉重、稳定、降落等感觉。

2）软与硬。软与硬的视觉质感主要与色彩的明度有关，同时与纯度也有一定的关系。明度越高感觉越软，明度越低则感觉越硬。明度高、纯度低的色彩有软感，中纯度的色彩也有软感，因为其易使人联想到皮毛、绒织物等。极高纯度和极低纯度的色彩都呈硬感。色相与色彩的软、硬感几乎无关。

3）进与退。各种不同波长的光在人眼视网膜上的成像有前后，因此不同的色彩也会呈现不同的进与退的视觉质感。一般来说，在同样的距离内，红色、橙色等容易让人感觉到迫近，蓝色、紫色等容易让人感觉到滞后。一般暖色、纯色、高明度色、强对比色、大面积色、集中色等有前进感，冷色、浊色、低明度色、弱对比色、小面积色、分散色等有后退感。

4）张与收。张与收是指色彩的膨胀与收缩感。一般暖色、高明度色、高纯度色等会有扩大、膨胀感，冷色、低明度色、低纯度色等会有缩小、收缩感。

（3）色彩肌理。色彩肌理是指物体表面的色彩特征，类似色彩基调会因材质与图形肌理不同而产生迥异的视觉质感，如图3-49所示。

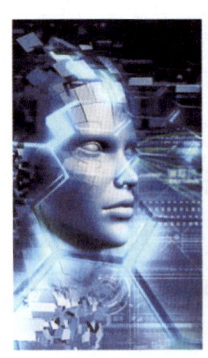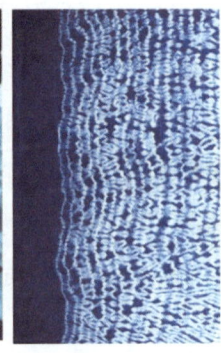

图3-49 因材质与图形肌理不同而产生的色彩肌理变化

1）材质。色彩肌理的形成和色彩材料的使用息息相关。色彩材料的不同质地使物体表面的组织结构产生不同的吸收与反射光的能力，从而影响物体的色彩呈现，引起丰富的视觉效果。例如，水彩材料表现出透明滋润的色彩肌理效果；水粉材料含有粉胶成分，呈现不透明状态，因此表现出厚实的色彩肌理。化妆品的色彩肌理效果也与其材质密切相关。有的色粉中添加了珠光粉，因此反光性就比较强。色料材质颗粒的粗细不同，肌理效果也会不同。

从物体材质特性来看，光滑的物体表面反光能力强，使色彩呈现不够稳定，明度提高；粗糙的物体表面反光能力弱，使色彩呈现比较稳定，明度降低；物体表面粗糙到一定程度后，色彩的明度与纯度比实际低。因此，同一种色彩在不同材质上会有不同的色彩肌理效果。

2）图形肌理。图形肌理是影响视觉肌理的主要因素，是指眼睛所看到的图形组合肌理。在平面设计中，视觉肌理是规则或不规则的形态经过群化或密集处理成面的形态后所体现的视觉图形形式。视觉肌理表现为图形视觉上的纹理质感。图形肌理能营造视觉上的粗糙感、光滑感等（即视觉肌理），但这并不等于触觉上的质感。

排列整齐、密集的肌理能营造严谨、冷峻之感；凹凸感强的肌理能营造厚重、结实之感；高低错落的肌理能营造活泼、新颖之感。

2. 色彩配置实践

在学习完色彩基础知识后，可尝试进行一些色彩配置训练。

（1）色彩借鉴。可从自己喜欢的图片色调中提取、归纳主要用色，进行主体色、底色、辅色、点缀色的重组配置练习，形成多风格色调，如图3-50所示，并分析其对比与调和的规律。

图3-50　色彩借鉴配色练习

（2）根据对春、夏、秋、冬的色彩印象与心理感受，以图3-51为线稿模板进行配色训练，并说明配色设计的意图。

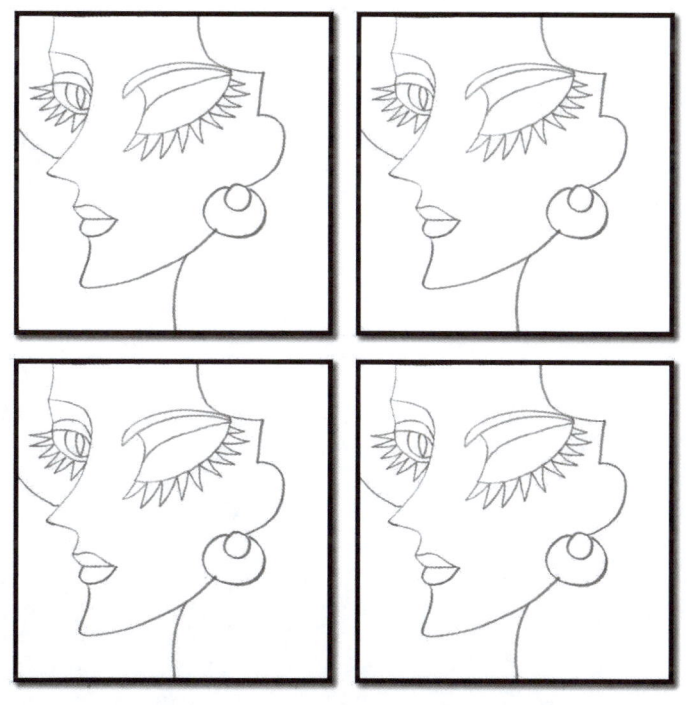

图3-51　四季色彩配色练习线稿模板

职业模块 ④
服装基础

培训项目 1

服装的起源与发展规律

一、服装的起源

1. 保护说

这一学说认为，服装的产生源于人类的根本生存需求，是为了抵御恶劣的自然环境，如寒冷气候、自然界的外物伤害等。

周口店猿人为了抵御寒冷、保护身体，以树叶、草葛遮身，用兽皮裹身。生活在热带的原始人虽然不需要用服装来御寒，但面对烈日暴晒、虫蛇啃咬、风雨袭击，也需要采取一些措施保护自己的身体。据考古发现，无论地处寒带还是热带的原始人，为了保护生殖器不受外物伤害，都会采用兽皮、树叶等制成短裙围裹在腰间，从而产生了人类早期的服装样式，如埃及早期围裹在臀部的半裙、苏美尔人的羊毛围裙等。

2. 装饰说

这一学说认为，人类在进化的过程中，嗅觉减退，但视觉却进一步增强，对色彩、形象的感受更加敏锐。人类有了自我意识以后，希望自己能更富有魅力，因此开始关注自己的形象，并通过各种手段来装饰身体。原始部落土著文身、制造疤痕、在身体上穿孔等，就是典型的装饰行为。后来有了服装材料，就通过制作各种造型的服装来达到装饰目的。通过对身体的装饰，可以达到彰显地位、符号化身份的作用，同时这种美化自身的行为会散发性别魅力，达到吸引异性的目的。

3. 羞耻说

这一学说认为，人类穿衣行为的根本动机源自于人的羞耻心，是为了遮掩身体。在现代文明社会中，服装首要的作用是遮掩身体，在大部分场合下，过度暴露身体的服装会给人很不雅观的感觉。但如果我们从当下的道德观念中抽离出来，用包容的心态去看待不同的文化习俗，会发现我们固有的道德观念并不适用于所有的地域文化。

二、服装的发展规律

1. 服装发展的起因

纵观古今中外的历史服装和当代不断推陈出新的流行服装，会发现人们着装的变化与文化、经济、科技等息息相关。

不同地区文化的差异在服装上有所表现，文化的传播直接影响服装的变化。由于文化的差异，中西方服装有明显不同。西方传统服装以表现人体美、人为塑造出立体的空间效果为主要特征；中国传统服装则以平面裁剪的形式，配以精致的镶、嵌、绲、绣等工艺，展现内敛、含蓄的美感。伴随东西方文化交流，中国传统服装形式尝试融入西方文化。以20世纪30年代的旗袍为例，随着西方人文主义思想的传入，旗袍开始注重表现人体的曲线美，采用了西方女装连衣裙的造型方法，加入了省道的设计，使旗袍呈现出崭新的面貌。随着中国经济的发展，国际交流越来越频繁，受国际流行思潮的影响，旗袍呈现出更为丰富多彩的变化，出现了低领、无袖、露背等西方服装元素。

服装是一个国家或地区经济水平的体现。20世纪70年代，我国经济相对不发达，服装色彩单一，款式多以朴素、实用为主。改革开放以后，我国经济取得了飞速发展，人民生活水平大幅提高，服装形式呈现日新月异的变化。

科技的进步对服装也有直接影响。工业革命之前，服装以手工缝纫为主，色彩单一，服装生产水平低，款式更新也比较慢，一种风格可以延续很长时间。随着缝纫机和化学染料的出现，服装款式更迭频繁，服装设计、制造开始步入产业化的进程。在当代，新型面料的问世给服装开拓了一条新的发展途径，涌现出一股新风潮。

2. 服装发展的演变形式

服装的流行演变是从廓形开始的。纵观西方服装发展史，每个时代都会有流行的廓形风格，如古希腊和古罗马时期的H形、文艺复兴时期的X形、巴洛克时期的S形等。梳理近代流行的历史，从20世纪20年代开始，几乎每十年都会有新的廓形风格出现。

色彩容易烘托氛围，引起人们的情感共鸣，在每年的流行预测中也是非常关键的内容。服装的色彩与审美、文化、社会思潮都有直接的关系，每个时代都有代表性的色彩和搭配组合出现。

面料是服装设计的核心要素，服装要体现丰富的思想内涵，离不开面料的选择。相同的款式，若采用不同的面料会有截然不同的效果。随着科技的进步和工艺的发展，服装面料越来越丰富，一些高科技的功能面料改变了人们对服装面料的认知。例如，尼龙面料比天然面料更加耐磨，复合防水面料比浸蜡棉更加实用，这些面料为户外服装的发展提供了新的方向。

在服装发展演变中，服装细节的变化也不可忽视。服装细节包括领形、袖形、口袋、裙摆、腰线、绣花、褶皱、纽扣、开衩、流苏等。服装细节设计可以起到强化风格、烘托氛围的作用，不同时代、不同风格的服装都会有不同的细节特征。

培训项目 2 服装的基本廓形与面料

一、服装的基本廓形

从 20 世纪开始，女装真正进入现代形态，其基本廓形主要分为 X 形、H 形、O 形、A 形、T 形，见表 4-1。通过字母的形象来规划服装的外形较为形象和直观，且具有一定的科学性和适用性。

表 4-1 服装的基本廓形

图示	说明
	1. X 形 X 形服装也称沙漏形服装，通过夸张肩部、扩大下摆来强调腰部的曲线，突出胸和臀的丰满。整个廓形具有明显的起伏变化，是一种具有女性色彩的服装造型，常应用于传统女式礼服，以及优雅、浪漫风格的现代女装中
	2. H 形 H 形服装的肩、腰、臀、下摆的宽度接近，整体呈现流畅的直线造型。这类服装显得简约修长、线条硬朗、轮廓清晰，带有中性化色彩。H 形是适用性最强的廓形，广泛应用于职业装、运动装、休闲装中

续表

图示	说明
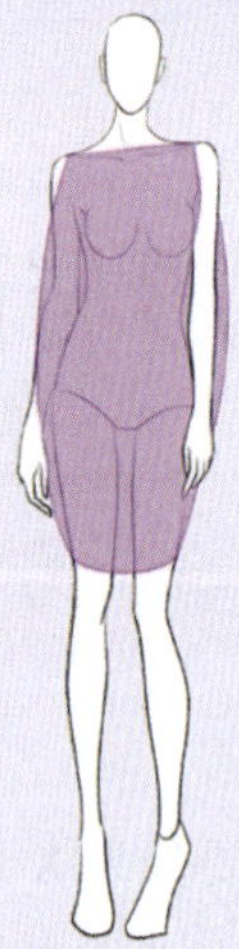	3. O形 O形服装通常是肩部比较合体，下摆收紧，腰部线条松弛，呈现出一种圆润的轮廓印象。这种廓形的服装具有很强的随意性和休闲性，给人轻松、活泼的感觉，广泛应用于运动装、休闲装中
	4. A形 A形服装的肩、胸部位较为合体，下摆逐渐打开，呈现上窄下宽的金字塔式造型。这类服装给人年轻、活泼、浪漫、个性的感觉，经常应用于休闲装、少女装、创意性时装中
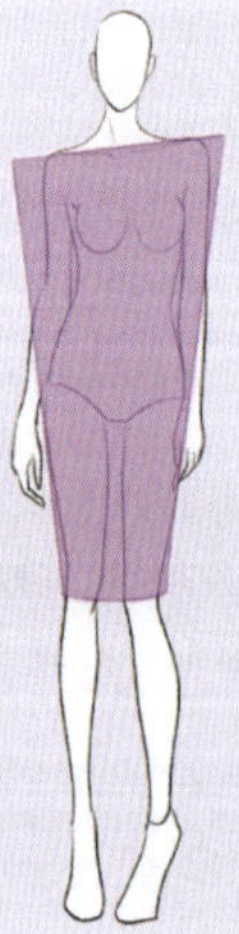	5. T形 T形服装的特点是上宽下窄，肩宽大于胸围和下摆，形成倒三角的形状，具有一定的力量感，给人洒脱、帅气、威严、干练的感觉 这种廓形主要应用于男装，也应用于中性化的女装中

二、服装的面料

合适的面料选择是优秀服装设计的基础，恰当的面料可以更好地呈现服装的色彩效果，塑造更理想的廓形。一般把面料分为天然纤维和化学纤维两大类。

1. 天然纤维

天然纤维主要来自天然的动物纤维和植物纤维。四大天然纤维为棉、毛、丝、麻。棉、麻属于植物纤维，毛、丝属于动物纤维。

（1）棉。在天然纤维中，棉花的产量高、价格低，棉织物具有柔软、舒适、透气的特点，是天然纤维中应用较广的纤维。但传统的棉织物也具有易缩水、易褪色、易起皱等缺点。要想达到理想的着装效果，需要经过进一步的加工处理来改良面料的特性。现代技术可以提高棉织物的抗皱性，降低缩水率，提高棉纤维面料的光泽度、强度、柔软度等。

（2）毛。毛织物属于动物纤维，主要包括羊毛、兔毛、驼毛等。自人类文明开始，人类就与羊毛产生了联系，羊毛是较早用于纺织的动物纤维。羊毛织物质地厚实，具有良好的弹性、保暖性、耐磨性，且穿着舒适，在日常服装中应用广泛。毛织物还可以分为精纺毛织物和粗纺毛织物，精纺毛织物外观平整、光滑，织物结构清晰，经常用来制作剪裁精致的正装、礼服等高档服装；粗纺毛织物较精纺织物表面质地粗糙，通常用来制作外套或时装。

（3）丝。丝织面料具有华丽的质感、飘逸的悬垂感，自身带有光泽，具有浓郁的女性色彩，是高档女装和晚礼服设计中不可缺少的理想面料。丝织物以蚕丝为原料，主要分为桑蚕丝织物和柞蚕丝织物。桑蚕丝手感细腻顺滑，吸湿性和透气性好，色彩明亮艳丽，光泽度好，是高档女装的首选面料。柞蚕丝的天然色泽为黄褐色，相比桑蚕丝，柞蚕丝质地略显粗糙，但牢固性和回弹性略好于桑蚕丝，价格相对低廉，更适合制作中低档的服装。

（4）麻。麻织物主要分为亚麻织物和苎麻织物。麻织物的特点是吸湿性、透气性较好，舒适性好。亚麻具有天然的褶皱肌理感，光泽古朴雅致，颜色浅淡柔和，给人随性自然的感觉，带有历史和文化的积淀感。

2. 化学纤维

化学纤维又称化纤，品种比天然纤维丰富，其经过化学加工而成，随着纺织业的发展，化纤面料越来越精细，用途越来越广泛。根据所用的原料，化学纤维可以分成人造纤维和合成纤维。

（1）人造纤维。人造纤维利用一些不能直接纺织的天然纤维，如木材、棉秆、大豆、甘蔗渣等，提取含有纤维素的纤维原料，通过化学处理，制成能够用来纺织的纤维。因为人造纤维所用的原料为天然纤维，有与天然纤维相似的性能，具有良好的透气性和吸湿性，手感柔软，富有光泽，是一类重要的纺织材料。黏胶（人造丝、人造棉）、莫代尔、三醋酸、天丝等都是纺织领域中常见的人造纤维材料。

（2）合成纤维。合成纤维面料在生活中较为常见，如尼龙、腈纶、锦纶等。在潮湿的环境下，尼龙的抗拉伸强度优于丝绸和人造丝。腈纶保暖性好，但多次拉伸后容易变形，如袖口、领口处变形。锦纶通常用来与天然纤维、再生纤维混纺，增加面料的耐磨性。氨纶/聚氨纤维则经常作为少量添加纤维，增加服装的弹性。涤纶/聚酯纤维常用于制作夏装，是一种易干、免烫、易打理的材料。

天然纤维面料和化学纤维面料各有优缺点，化学纤维面料成本较低、价格便宜、色彩丰富、耐磨性好，但缺点是透气性差，穿着的舒适程度不如天然纤维面料。天然纤维面料的抗皱性、耐磨性相对较差，成本也比较高。因此，人们又研制出天然纤维和化学纤维混合纺制的面料。混纺综合了天然纤维和化学纤维的特点，其制成的面料既舒适美观，又经济实用，如莱卡就是常见的混纺面料，既有棉质面料的舒适性和透气性，又有良好的弹性。

培训项目 3

服装的色彩

一、服装色彩的基本配色方法

要准确描述色彩,必须对色彩的基本属性进行分析,也就是色相、明度和纯度。国际通用的色彩体系(如 PCCS、NCS、蒙赛尔色彩体系)都是以色彩三属性为前提进行色彩归类的。

1. 色相配色

色相配色是以色相为主的配色方法,通过调整色相环上两个色相间距离的关系,达到一定的配色效果。通常色相间距离越近,在色相环上形成的夹角越小,越容易取得和谐、稳定的配色效果;距离越远,在色相环上形成的夹角越大,色相之间的反差越大,容易产生刺激、对比的视觉效果。色相配色不受明度和纯度的限制。根据配色效果不同,可以分为稳定统一、和谐变化、对比强烈三种类型。

(1)稳定统一的配色效果

1)同一色相配色。同一色相配色是指同一色相中,通过调整明度、纯度的数值进行搭配(见图 4-1)。这是一种简单且安全的配色方法,色彩的整体感协调。但要注意,使用同一色相进行搭配的时候,应尽量拉开两色的明度或纯度的差异,若两个颜色之间明度、纯度的差异过小会使配色缺乏活力,使服装显得单调、呆板。

2)邻近色相配色。邻近色相配色是指色相环上连续的两个色相的配色,如图 4-2 所示 1:pR(泛紫的红)和 24:RP(泛红的紫)搭配。这两种色彩在搭配时,色相非常接近,需通过明度和纯度的调整来加大色彩之间的对比,取得调和的配色效果。

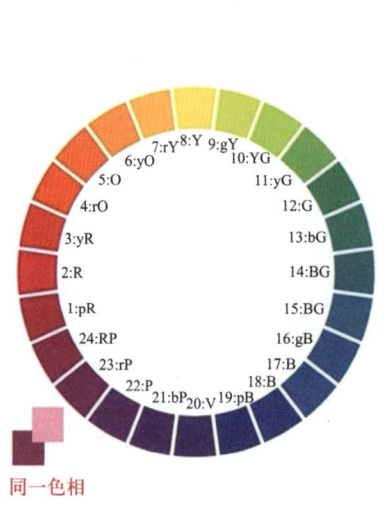

图 4-1 同一色相配色

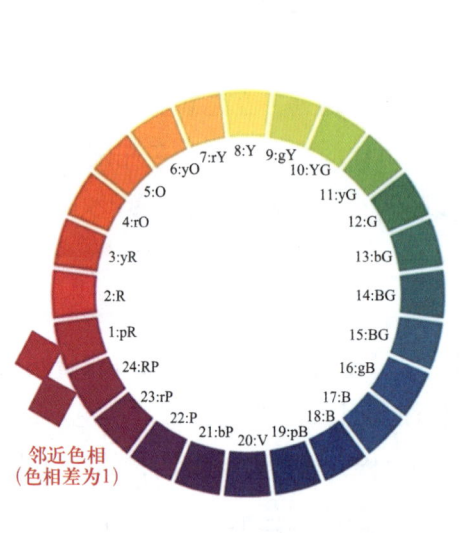

图 4-2 邻近色相配色

3）类似色相配色。类似色相配色是指色相环上夹角不超过45°、色相差为2~3的色相配色，如图4-3所示的3：yR（泛黄的红）和5：O（橙）搭配。相比同一色相配色和邻近色相配色，类似色相配色的差异相对明显，配色效果显得更加活泼、更具朝气。

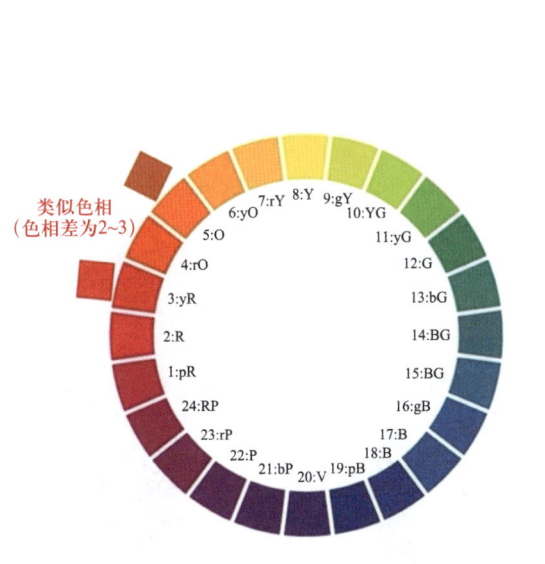

图 4-3 类似色相配色

（2）和谐变化的配色效果。要想取得明快又不过分冲突的配色效果，可以采用中对比的色相来进行色彩搭配，也就是中差色相配色。中差色相配色是指PCCS色相环上夹角为45°~100°的色彩，色相差为4~7的色相配色，如图4-4所示5：O（橙）和12：G（绿）搭配。

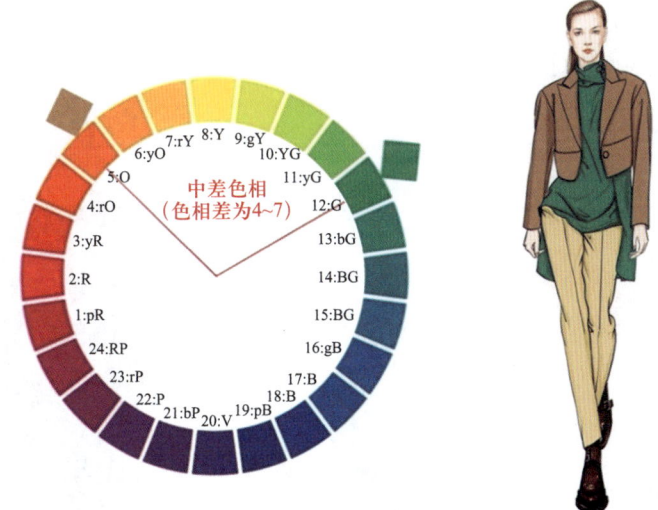

图 4-4 中差色相配色

（3）对比强烈的配色效果。要想达到对比强烈的配色效果，可以采用对照色相配色和互补色相配色两种方法。色相差越大，对比效果越强烈。

1）对照色相配色。对照色相配色是指PCCS色相环上夹角为110°~150°的色彩，色相差为 8~10 的色相配色，如图 4-5 所示 5：O（橙）和 14：BG（蓝绿）搭配。使用对比色相配色时，尽量避免高纯度、高明度、同面积的组合，要形成一定的差异，以免喧宾夺主。

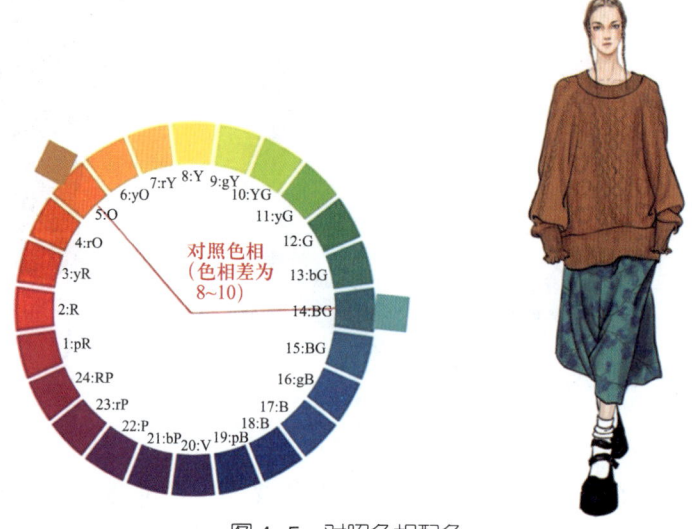

图 4-5　对照色相配色

2）互补色相配色。互补色相配色是对比色相搭配中最强烈的配色形式，是指 PCCS 色相环上夹角为 180° 的色彩，色相差为 11~12 的色相配色，如图 4-6 所示的 5：O（橙）和 17：B（蓝）搭配。要想使互补色得到适当的调和，可以改变某一色相的明度或纯度或面积对比来缓和色彩关系。

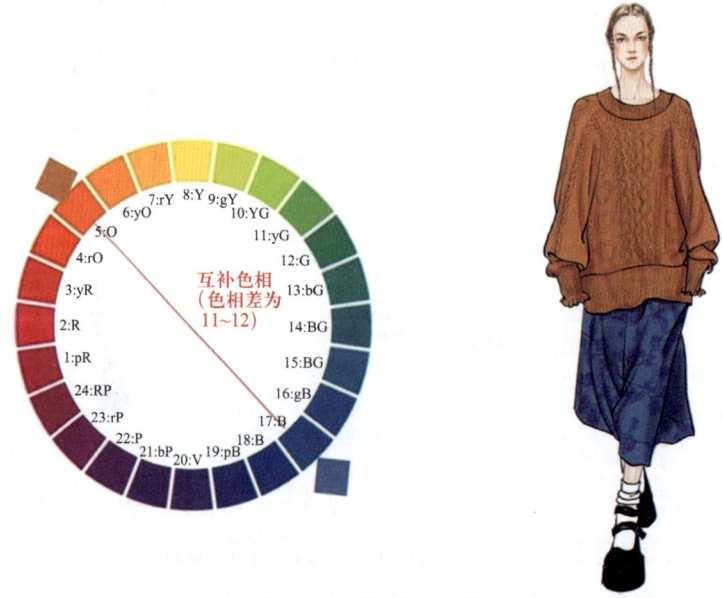

图 4-6　互补色相配色

2. 明度配色

明度配色就是以明度为主的配色方法，通过调整色相深浅变化，达到理想的配色效果。在色立体中纵向距离越远的色彩明度差越大，反之则明度差越小。通过调整明度，可以产生稳定统一、和谐变化、对比强烈的配色效果。

（1）稳定统一的配色效果。明度一致的配色设计能使整体搭配产生稳定统一的配色效果。明度一致的配色分为高明度色相与高明度色相搭配、中明度色相与中明度色相搭配、低明度色相与低明度色相搭配三种情况。如图4-7所示，在明度一致的配色设计中，即使色相不同、纯度不同，但是由于明度的共通性，仍可以使整体配色效果呈现和谐一致的效果。

图4-7　明度一致的配色

（2）和谐变化的配色效果。高明度与中明度、中明度与低明度的色彩搭配，为明度差异中等的配色，在视觉上产生和谐变化的效果。如图4-8所示，高明度和中明度的配色给人明快、清晰、舒朗的印象，中明度和低明度的配色通常给人沉稳、含蓄、神秘的印象。

（3）对比强烈的配色效果。如图4-9所示，高明度与低明度的色彩搭配营造出对比强烈的视觉效果，给人利落、鲜明、锐利、引人注目的感觉。

图 4-8　高明度和中明度的配色

图 4-9　高明度和低明度的配色

3. 纯度配色

相对于明度与色相，纯度能对人的心理感受产生更大的影响。纯度高，给人强烈、兴奋、刺激的印象；纯度低，给人沉稳、朴素、柔和的印象。以纯度为主的配色，根据对比效果，可以分为表 4-2 中的类型。

表 4-2　纯度配色效果

图示	说明
	（1）稳定统一的配色效果。不管色相的数量有多少，只要采用统一纯度就可以取得视觉上稳定统一的配色感受。高纯度与高纯度的色彩搭配，单个色彩的张力都很强烈，色彩与色彩间的冲突会让人感受到强烈的对比，给人一种强而有力的视觉印象；低纯度与低纯度的色彩搭配，单个色彩的色相变得模糊，即使是有对比关系的色相，整体也容易达到视觉上的和谐效果；以中间纯度统一色彩，除了带来具有一致性的配色关系外，还能给人稳重、朴素的感觉
	（2）和谐变化的配色效果。高纯度和中纯度色彩搭配、中纯度和低纯度色彩搭配，在视觉上既不会过于含混，也不会过于对比强烈，而是带来一种悦目、和谐变化的感觉。高纯度和中纯度搭配会产生明媚、清晰的感觉，中纯度和低纯度搭配则给人朴素、稳重的感觉
	（3）对比强烈的配色效果。由于低纯度的色彩色相感比较弱，因此高纯度和低纯度的色彩搭配时，具有近似于无彩色和有彩色搭配的效果，在对比的同时会产生一种稳定感，并随面积对比的变化而产生不同的视觉感受

4. 色调配色

色调是明度和纯度综合的结果。如图4-10所示，PCCS色调图上无彩色有白、浅灰、中灰、暗灰、黑这5个色调；有彩色有鲜艳色调，加白的明亮色调、浅色调、淡色调，加黑的深色调、暗色调、暗灰色调，以及加灰的强烈色调、轻柔色调、浊色调、浅灰色调、灰色调这12个色调。与色相、明度、纯度配色一样，色调配色可以通过调整色调之间的远近关系来达到稳定统一、和谐变化、对比强烈的效果。

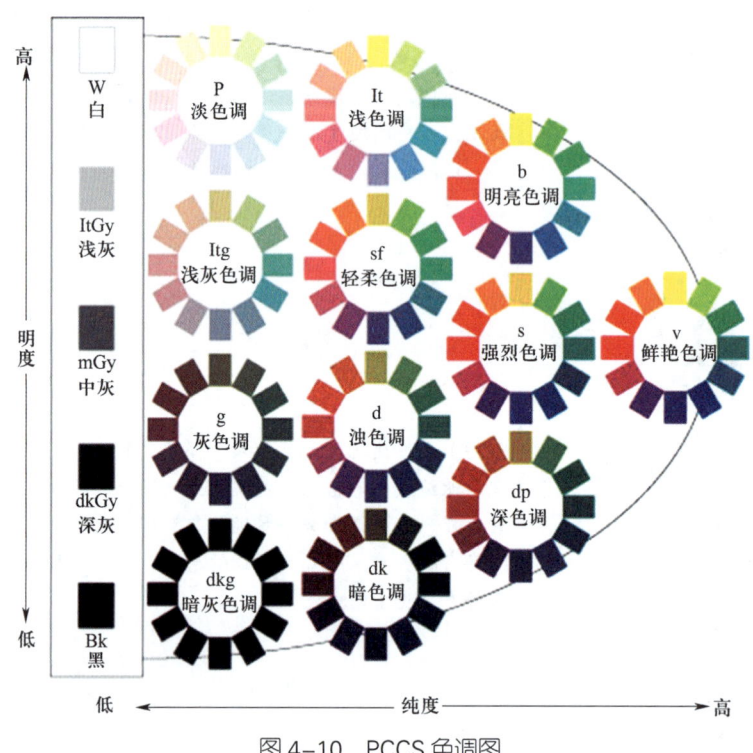

图4-10 PCCS色调图

（1）稳定统一的配色效果。PCCS色调图中每一个色相环中有24个不同的颜色，但它们的明度和纯度是一致的，有共同的色感特征，能产生共同的色彩印象。如图4-11所示，使用同一色调的不同色相进行搭配，可以产生稳定统一的视觉效果。

（2）和谐变化的配色效果。在邻近的色调之间进行配色，容易取得既和谐又有变化的配色效果。如图4-12所示，上下相邻的色调搭配纯度一致，而明度会产生一定的差别，相比同一色调配色会产生更加清晰的配色效果。

（3）对比强烈的配色效果。色调距离越远、色调差越大的配色越会产生对比强烈的视觉效果。纵向对比的色调纯度一致，会在明度上产生较强的对比效果。横向对比的色调明度一致，会在纯度上产生强烈的对比效果。如图4-13所示，斜向对比的色调在明度和纯度上都会有很大的差异。

职业模块 4　服装基础

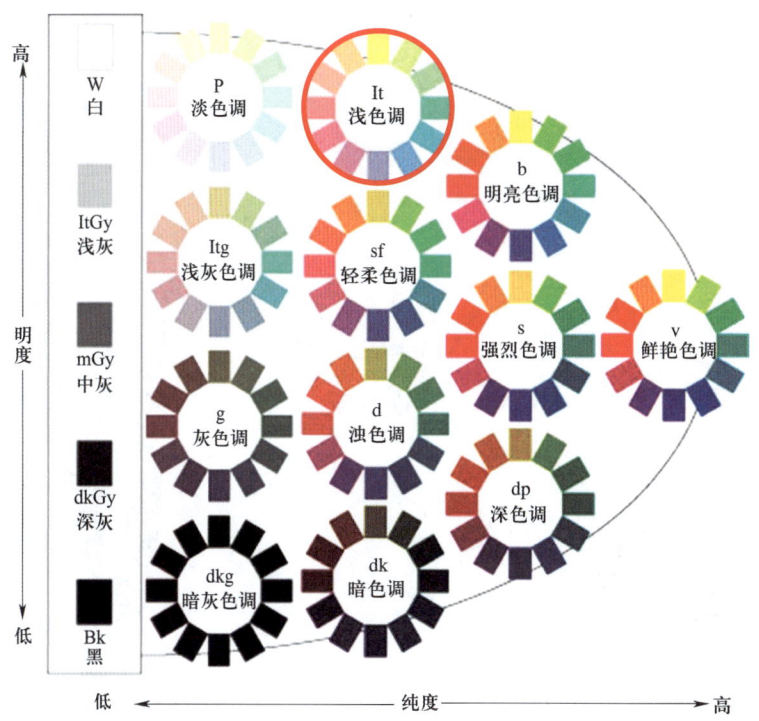

图 4-11　相同色调配色

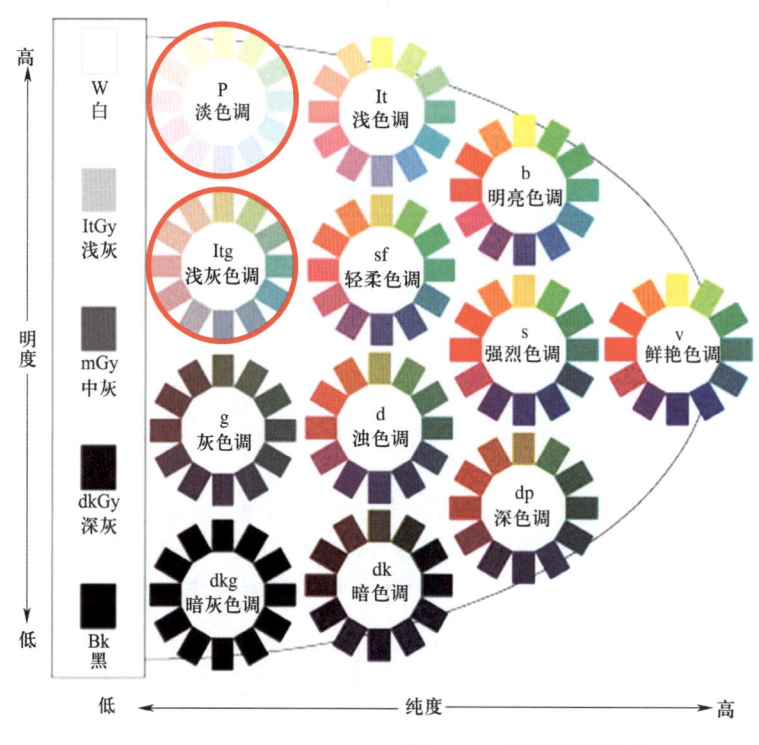

图 4-12　邻近色调配色

137

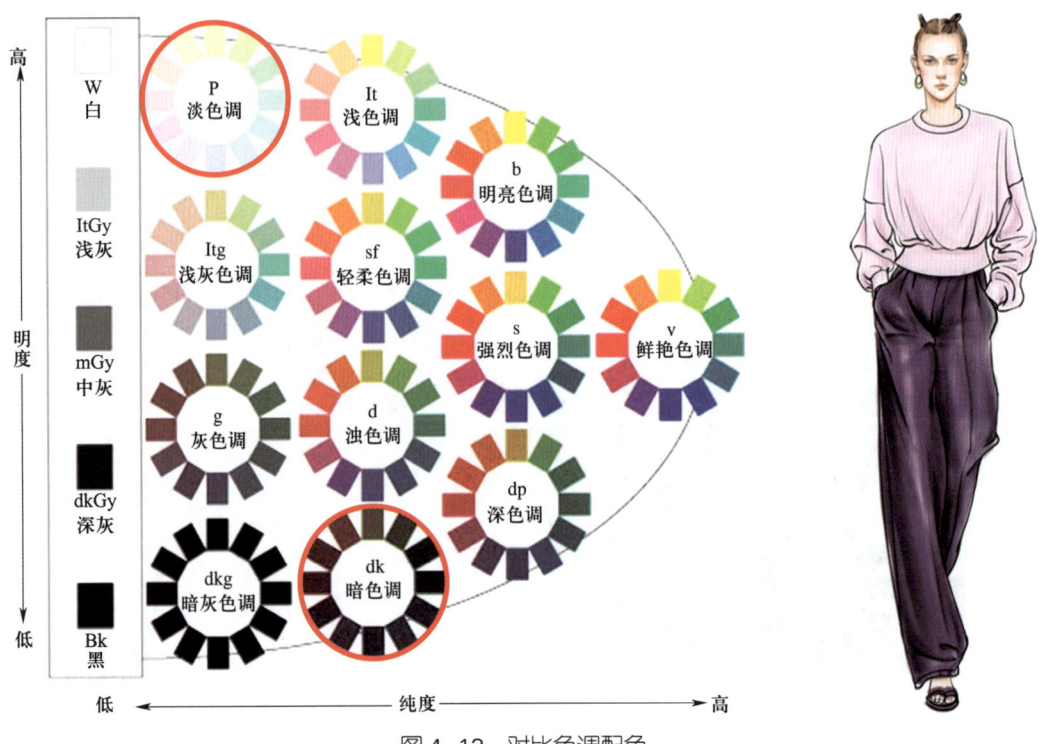

图 4-13 对比色调配色

二、服装色彩的风格表达（见表 4-3）

表 4-3 服装色彩的风格表达

图示	说明
	1. 古典风格 古典风格也称经典风格，是指具有典雅、和谐、理性特点的服装款式 古典风格的服装在形式上需要遵循单纯、适度、明确、简洁、对称、平衡、有秩序感的基本规律，适合选择中低明度、中纯度的色彩，配色要相对单纯，不适合过于复杂的、高对比度的配色效果

续表

图示	说明
	**2. 优雅风格** 优雅风格也称柔美风格，是指具有温柔、端庄、贤淑等女性气质的服装款式。优雅风格的服装多表现为有曲线感的廓形、优美的线条、精致的面料以及柔和简洁的色彩 色彩中加入一定的灰度，会给人成熟的品质感。在配色时通常采用邻近色相、类似色调的搭配方法，来营造和谐统一的视觉印象
	**3. 自然风格** 自然风格也称田园风格，美学上推崇自然美，倡导回归自然，主张在设计中运用天然的材料、自然的色彩来表现闲适、轻松、质朴的情调 在服装色彩的选择上，中高明度、中低纯度的色彩能很好诠释这种风格。在色彩配置上通常采用邻近色相、邻近色调的搭配来体现视觉上的和谐效果
	**4. 前卫风格** 前卫风格通常是由极少数的人发起和践行的，具有一定的实验性色彩。前卫风格的服装通常以打破常规的形态出现，如特殊比例的款式应用、反差大的面料拼接、特殊面料的使用、破坏性的工艺效果、夸张的色彩组合及图案应用等 通常采用色相、色调对比强烈的配色方式来呈现前卫风格，还会采用多层次的复杂色彩，制造炫目的图案效果，或采取反传统的配色比例和配色面积来制造冲突的视觉效果

续表

图示	说明
	**5. 中性风格** 中性风格传递出帅气、果敢、利落的感觉。中性风格的服装通常借鉴男装的元素，如夹克、西裤、男式衬衫、领带、马丁靴、猎装等，打造现代独立女性的形象 中性风格的色彩充满理性色彩，一般采用偏蓝、绿的冷色调或带有自然淳朴气息的棕色系。在色彩的配置上，适合选用有一定对比度的配色效果，如色相的对比、有彩色和无彩色的对比、色调的对比等
	**6. 浪漫风格** 浪漫风格具有感性、有想象力、充满诗意等特点，浪漫风格的服装更多表现的是具有强烈女性化特征的款式，如采用 X 形的廓形、夸张的造型、荷叶边、蕾丝等来彰显女性妩媚、性感的美 在色彩的选择上，明亮艳丽的偏红、偏紫色调更适合表达女性化的浪漫气质。在色彩搭配上，可以大胆拉大色彩的对比效果，丰富配色的层次，体现充满活力的效果

培训项目 4 服装的分类与特征

一、西装

西装并不是宏观上相对于东方服装而言的西方服装的总称,而是对职场中的西服套装、布雷泽西装和夹克西装三种服装的统称。按照隆重程度排列,三种西装从高到低的级别是西服套装、布雷泽西装、夹克西装。

1. 男式西装(见表4-4)

表4-4 男式西装

图示	说明
	(1)西服套装。西服套装是职场中隆重程度最高的套装,由西服上衣、西裤和背心组成,搭配浅色正式衬衫、领带和皮鞋。西服套装的上衣和裤子一般采用同色同质的面料制作,标准颜色为深蓝色和鼠灰色

续表

图示	说明
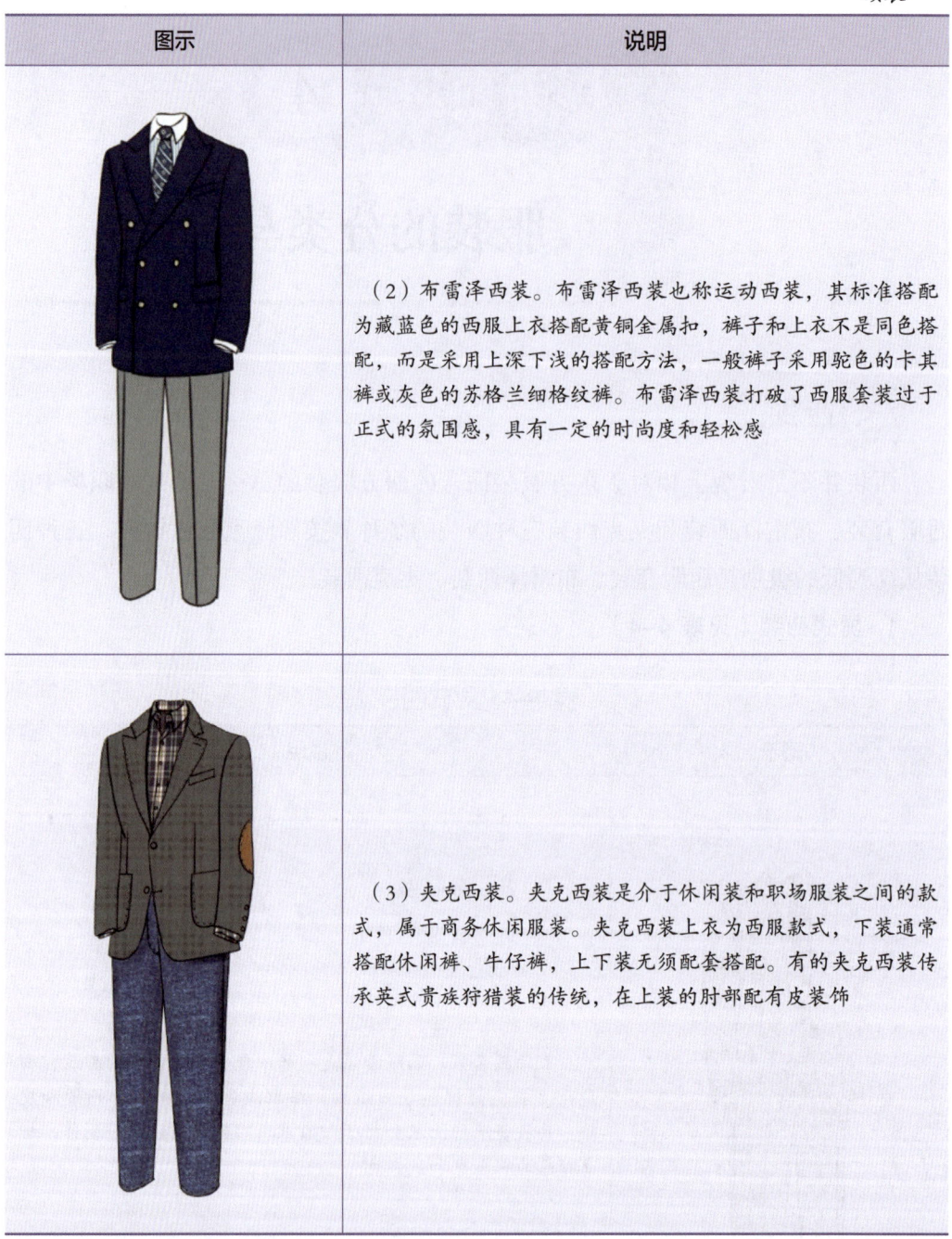	（2）布雷泽西装。布雷泽西装也称运动西装，其标准搭配为藏蓝色的西服上衣搭配黄铜金属扣，裤子和上衣不是同色搭配，而是采用上深下浅的搭配方法，一般裤子采用驼色的卡其裤或灰色的苏格兰细格纹裤。布雷泽西装打破了西服套装过于正式的氛围感，具有一定的时尚度和轻松感
	（3）夹克西装。夹克西装是介于休闲装和职场服装之间的款式，属于商务休闲服装。夹克西装上衣为西服款式，下装通常搭配休闲裤、牛仔裤，上下装无须配套搭配。有的夹克西装传承英式贵族狩猎装的传统，在上装的肘部配有皮装饰

2. 女式西装

女性在职场上穿着的西装是按照男式西服套装的规制来设计的，如图 4-14 所示，女式西装为西服上衣搭配同色同质的裤装，或西服上衣搭配同色同质的及膝一步裙。

图 4-14　女式西装

在日常工作场合，也可以采取宽松西装搭配连衣裙的组合。布雷泽西装常用于女性职业装的设计中，打造运动、时尚的职场形象。

二、夹克

夹克（见图 4-15）常见于休闲和运动场合，其长度一般到腰部，下口束紧或内收。

图 4-15　夹克

三、裙子

裙子（见图 4-16）是女装中常见的款式，分为半裙和连衣裙两种类型，四季都可以穿着。裙子是女装中最具搭配性的款式，适用于多数场合。

图4-16 裙子

四、裤子

裤子按照长度可以分为长裤、中长裤、短裤等类型，按照廓形可以分为阔腿裤、喇叭裤、直筒裤等类型（见图4-17），在日常着装领域可以自由搭配不同风格的上装。

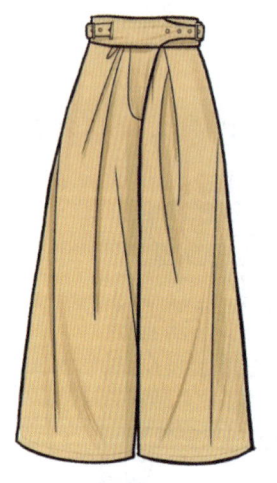

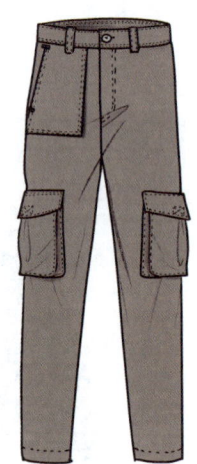

图4-17 裤子

五、衬衫

衬衫（见图4-18）是衣橱中必备的单品。衬衫按照款式、合体度、面料不同可以分为休闲衬衫、时装衬衫、正装衬衫等类型。正装衬衫、休闲衬衫大多偏男式，而时装衬衫则变化多样，在领形、袖形、细节上都有很大的设计余地。

图 4-18　衬衫

六、背心

背心（见图 4-19）是一种无袖上衣，通常套在衬衫、毛衣、T 恤外面穿着，也可以直接作为上衣单穿。背心因长度、款式和材质的区别会给人不同的感受。针织面料的背心结构松散、质感朴素，通常给人慵懒、可爱、放松的印象。华丽、有设计感的面料制成的背心会产生时装化的效果，与其他单品搭配可以给人时尚、前卫、优雅、浪漫的印象。精纺面料或者硬挺面料制成的背心给人正式、专业的印象。

图 4-19　背心

职业模块 ⑤
化妆基础

培训项目 1

化妆美学

一、化妆色彩之美

色彩是直接的视觉印象构成要素，化妆中的色彩修饰是对面部原有色彩的艺术化延伸。

1. 化妆色彩美的构成要素

色彩构成的三要素——色相、明度和纯度，也是化妆色彩美的构成要素。色相决定了化妆的色系归属，明度决定了化妆的轻重格调，纯度决定了化妆的视觉风格。在对色彩构成的三要素充分认识的基础上，学习并掌握色彩在化妆中的应用，才能体现完美的色彩搭配效果。

（1）色相。在化妆中，色相决定了化妆的整体色调，也是局部色彩形象与整体色调统一的核心。色相能充分体现色彩搭配的丰富性，赋予面容温暖与清凉、热情与宁静、积极与消极等不同的心理影响和视觉审美感受。如图5-1所示，清冽优雅的蓝色是眼妆的主色，奠定了眼妆的色调基础，紫色、银色的融入能丰富蓝色的内涵和色彩变化，但不会动摇蓝色的主导地位。

（2）明度。在化妆中，明度决定了化妆色彩的轻重，促使其形成风格归属。如图5-2所示，唇妆使用深红色的亚光唇膏，给人深沉、低调的奢华感。一般情况下，明度低的深色属于重色彩，用于塑造成熟优雅的女性妆容；明度高的浅色属于轻色彩，用于塑造清新轻盈的女性妆容。此外，明度变化与结构的表现密切相关，如眼部修饰时将浅亮色涂抹在眼睑中央、将深色涂抹在外侧眼窝位置等。

（3）纯度。在化妆中，纯度决定了化妆的视觉风格。纯度高的鲜艳色彩有热烈、跳跃的感觉；纯度低的色彩有宁静、和谐的感觉。在化妆色彩搭配时，纯度高的色彩应注重色相、面积的和谐，搭配难度高；纯度低的色彩因为含有白色或黑色的成分，具有一定的共性，搭配难度相对较低。如图5-3所示，鲜亮的高纯度紫色能突出眼部形象，热烈鲜明，富有戏剧性和表现力；带有灰度的低纯度粉紫色则显得眼部宁静、和谐，富有低调的内涵。

图 5-1　蓝色色相的眼妆

图 5-2　低明度的唇妆

高纯度紫色

低纯度紫色

图 5-3　不同纯度色彩的眼妆

2. 化妆色彩的搭配方法

化妆色彩搭配是利用化妆色彩、质地的对比度，营造丰富多样的妆容效果。妆容色彩搭配方案千变万化，需要学习者不断尝试、实践并创新。

（1）色相对比。在化妆设计中，色相对比既应用于妆面整体基调营造，也应用于局部修饰。常用的配色方法有同类色搭配、邻近色搭配、对比色搭配，其彼此之间的组合会形成或柔和、或明艳、或醒目的对比效果。如图 5-4 所示，三个眼妆的色彩搭配均采用高纯度色彩，同类色搭配显得素雅、和谐、柔和；邻近色搭配利用色环上色彩色相本身的明度差异，形成素描关系，又因其色相不同而产生明艳效果；对比色搭配利用色环上处于对角线附近的色彩差异，搭配出冷暖冲撞的醒目效果。

| 同类色搭配 | 邻近色搭配 | 对比色搭配 |

图 5-4　化妆色相对比

（2）明度对比。在化妆设计中，明度对比既用于化妆视觉层次构建，也用于化妆结构塑造。化妆的明度对比包括黑白对比、不同明度光谱色的对比，以及同一色彩不同明暗层次的对比。如图 5-5 所示，烟熏妆是以单纯的明度对比为主体的妆容类别，利用黑色和白色的对比重塑眼部形状，突出眼部在整体妆容中的地位。此外，底妆修饰时利用不同明度的粉底对面部结构进行重塑也是明度对比的应用体现，如图 5-6 所示，底妆以与模特肤色接近的中性色整体铺色，在眼窝、鼻侧、颧弓下方、下颌等部位用阴影色加强凹陷感，同时在额头中部、鼻梁、颧弓上方、下巴等部位用提亮色结合高光色加强凸起感，以不同明度的底妆色彩塑造立体的面部结构。

图 5-5　眼妆明度对比　　　图 5-6　底妆明度对比

（3）纯度对比。在化妆设计中，纯度对比是指妆容各局部之间色彩饱和度的对比，使妆容整体基调和谐，局部纯色跳跃。如图 5-7 所示，在以中明度、低纯度的妆容色彩基调基础上，红色的纯度决定了视觉走向：红色纯度低，整体色调柔和素雅，贴近生活；红色纯度高，整体色调鲜明热烈，富有张力。

图 5-7　化妆纯度对比

（4）面积对比。在化妆设计中，面积对比是指妆容各个局部色彩的面积大小、分布比例。大面积的色彩有引领妆容整体色调的作用，与局部小面积的色彩共同形成层次丰富的妆容效果。如图 5-8 所示，妆容以大面积的白色为主，眼部附近小面积的黄色、蓝色、玫红等同类色、对比色对比，起到烘托和点缀的作用。

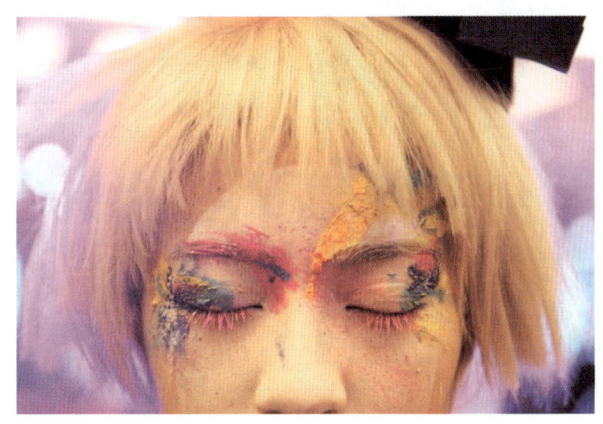

图 5-8　化妆面积对比

3. 化妆色彩的塑造要点

化妆色彩的塑造注重与肤色、整体造型的和谐。

（1）与肤色协调

1）与肤色冷暖协调。肤色的冷暖倾向与人种、遗传等有关。若肤色偏粉红色、玫红色，或浅棕色、橄榄色、棕黑色，即为冷色调；若肤色呈象牙色、暖红色、金棕色、红褐色，即为暖色调。

2）与肤色明度协调（见表 5-1）。

表 5-1　化妆色彩与肤色明度协调

图示	说明
	①高明度肤色的化妆色彩选择。高明度肤色的色彩冷暖倾向不明显，对色彩的适应性强，各种明度、纯度的色彩都可以得到很好的表达。不同明度的灰色系用于高明度肤色的效果尤其出色，能显示出微妙丰富的色彩层次及剔透柔和的皮肤质地 　　如左图所示，眼妆的灰色系与冷红色的唇妆只有在高明度肤色上才能体现出和谐的色彩层次，细致的眉妆也因底色的白皙而焕发光彩
	②中明度肤色的化妆色彩选择。大部分黄色人种和棕色人种的肤色属于中明度范畴。高明度、高纯度的色彩如暖红色系、暖棕色系等在中明度肤色上能得到良好的表达，而使用高明度的灰色系则会使肤色整体显得暗淡无光。中明度肤色因为属中灰层次，能有效地发挥提亮色的作用，在层次感的刻画和体积的塑造方面具有明显优势 　　左图中的顾客为中明度肤色，底妆色彩一般选择与肤色明度接近的粉底色作为中间色，用比肤色亮一号的色彩修饰凸出部位，用比肤色暗一些的色彩修饰凹陷部位，使妆容具有立体感
	③低明度肤色的化妆色彩选择。饱和度高的色彩适用于低明度肤色。偏黑肤色女性的化妆品一般都设计成鲜艳的深色系，并带有珠光成分，展现深色皮肤独特的细腻清亮的质感 　　左图中的顾客为偏深肤色，选用与肤色接近的小麦色粉底，配合带有金属色泽的暖色彩妆品，通过色彩纯度的对比，体现其独有的气质

（2）与整体造型协调。一般来说，在整体造型中，服装面积比例最大，发型次之，妆容最小。妆容在整体造型中可以协调服饰与发型 / 头饰的关系，并起着画龙点睛的作用。化妆色彩与整体造型协调见表 5-2。

表 5-2　化妆色彩与整体造型协调

图示	说明
	1）妆容与大红色的礼服相匹配，采用白皙的底妆、深色的眉妆和眼妆，再在唇部使用与礼服呼应的大红色，黑、白、红的对比使小面积的妆容成为整体造型中的精致亮点
	2）妆容与头饰、服装的色彩相匹配，在白皙立体的底妆上用浓重的黑色系刻画眼妆和唇妆，并融入银色亮片、闪粉的质感设计，与头饰中的银片和服装上的银色蕾丝相呼应，赋予了造型和谐的整体感
	3）在生活化妆中，妆容与带有灰度的生活服饰和发色相匹配，往往选用带有灰度的棕色系色彩及纯度不高的彩色，使妆容色彩效果自然、面部结构柔和 "森女"的服饰大多为高明度的灰绿色系，发色染成偏灰的栗棕色，妆容也以自然的棕色系为主，亚光的质感与森系造型的朴实格调相呼应，恰到好处

二、化妆形状之美

1. 面部比例构成之美

人的体貌特征千差万别，美学家用古典黄金分割法分析面部五官比例关系，以"三庭""五眼"和"四高三低"为标准，见表5-3。

表5-3　面部比例构成之美

图示	说明
	（1）"三庭"——面部纵向比例。从前额发际线到下颌的距离为总长，大致可以三等分，即发际线到眉部水平线为"上庭"，眉部水平线到鼻子底端为"中庭"，鼻子底端到下颌底端为"下庭" 三庭的长度不是绝对均等的，一般处于中间的鼻子长度最长，额头和下颌略短，以视觉效果均衡为准。在化妆时，三庭的比例有助于控制面部纵向比例塑造，营造均衡的视觉效果
	（2）"五眼"——面部横向比例。以眼睛的长度为准，根据眼轴线将面部横向分成均等的五份，即在两眼之间有一个眼睛的距离，从两侧眼尾到正面观察的面部边缘线处各有一个眼睛的距离 在化妆时，五眼的比例可以在视觉上进行调整，外眼角与两侧面部边缘线的距离可根据五官面积扩张的需要进行缩短，但两眼之间不可过于靠近或疏远。化妆后两眼之间"一个眼睛的距离"是指修饰后的眼睛长度
	（3）"四高三低"——面部的凹凸层次。面部凹凸中的"三低"主要是指鼻额交界处的凹陷、唇珠上方人中沟的凹陷、下唇下方的凹陷，面部的"四高"是指额头、鼻梁、唇珠、下巴 当面部凹凸过于明显时，则显得棱角分明，缺少柔和感；当面部凹凸结构不明显时，则显得不够立体，五官不够清晰。化妆时需要通过底妆色彩的明度对比来调整面部的凹凸层次

2. 五官与脸形的和谐之美（见表 5-4）

表 5-4　五官与脸形的和谐之美

图示	说明
	（1）眼睛与脸部的比例关系 眼轴线为脸部的黄金分割线，眼睛的内眼角与鼻翼外侧成垂直线 眼睛的横向宽度：纵向宽度 =3∶1 眼睛的纵向宽度：眼皮宽度 =1∶1 眼尾下侧的角度约为 10°
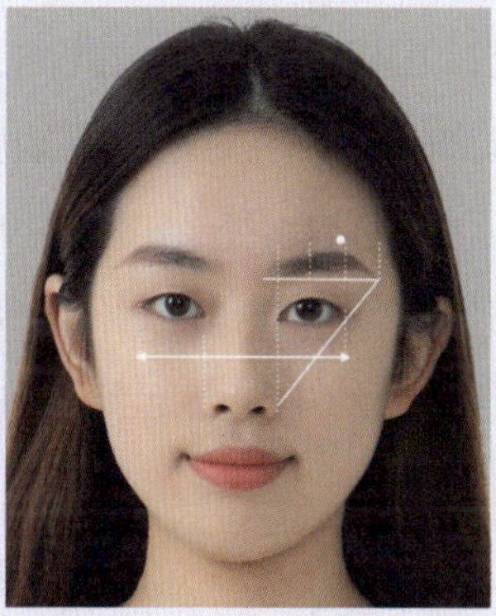	（2）眉毛与脸部的比例关系 眉头与内眼角基本齐平 眉峰距内眼角约 2/3 处 眉尾在连接鼻翼和眼尾的延长线上，眉头和眉尾在一条直线上
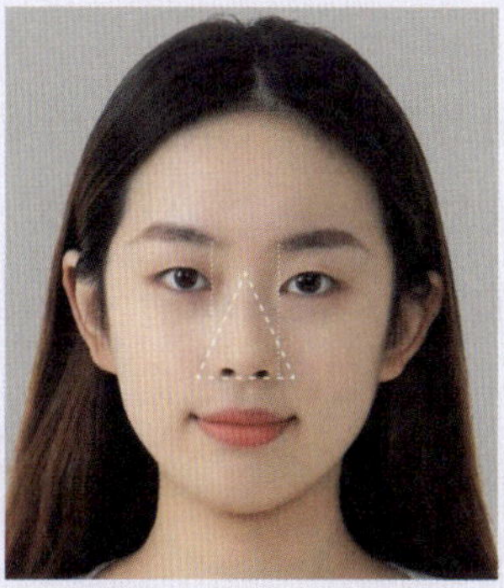	（3）鼻子与脸部的比例关系 鼻部正面形状是以鼻翼为底线，与两眉间中点构成的一个黄金三角 鼻部宽度与鼻翼间距大致相等，与两内眼角间距几乎相等

图示	说明
	（4）嘴唇与脸部的比例关系 当面部处于静态时，嘴角与两眼（黑眼珠）内侧基本齐平；上唇与下唇的厚度比例约为 1∶1.5。 下唇的形状和底边：在下庭的中间，和下巴接近，略长于上唇的宽度，与下颌线大致平行

三、五官的典型美

1. 眉毛的生理构成与典型美

（1）眉毛的生理构成。眼部主要由眉毛和眼睛组成，互相烘托，又彼此独立，不同形状的眉眼搭配会产生不同的视觉效果。在眼部修饰中，眼睛处于主要地位，眉毛的形状和浓淡须与眼睛搭配协调，并根据眼睛的形状调整比例。如图 5-9 所示，眉头处于鼻翼外侧与内眼角的垂直线上，眉尾处于鼻翼外侧与外眼角连接线的延伸线上，眉峰与外眼角基本齐平。眉腰位于眉头与眉峰的中间，起到表现眼眶结构、调整眉形弧度的作用。

修饰时，可通过化妆笔杆测量、调整眉毛和眼睛之间的关系。如图 5-10 所示，化妆后外眼角会有扩张、外移的现象，眉峰和眉尾的位置则应随之外移调整。由此可见，眼部形状大小的缩放变化是眉毛修饰变化的基本依据，化妆中宜先画眼妆，再画眉妆。

（2）眉形的典型美。眉毛生长的位置从眼眶内上角的攒竹穴开始，沿着眼眶眶上缘至眉骨外上角结束。在化妆中，眉峰与眉头的连线一般为"内低外高"的斜线。如图 5-11 所示，眉毛的横向调整范围受眼部宽度的影响，纵向调整范围在眶上缘与眉肌上方约 1 cm 的距离内，眉眼之间距离一般为眼睛的纵向宽度。注意，画在额头上方为表现特殊视觉效果的眉形不在此范围。

2. 眼睛的生理构成与典型美

（1）眼睛的生理构成。眼睛的生理构成如图 5-12 所示，说明见表 5-5。

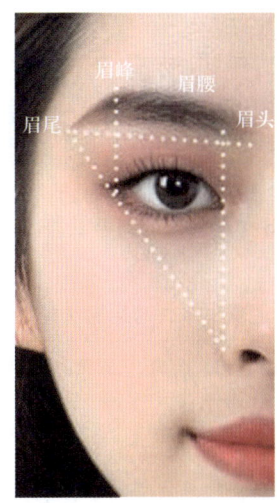

图 5-9　眉眼基本比例关系

图 5-10　眉眼大小缩放比例关系

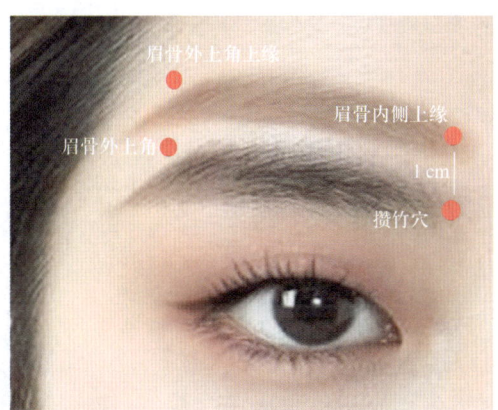

图 5-11　眉形的典型美和缩放范围

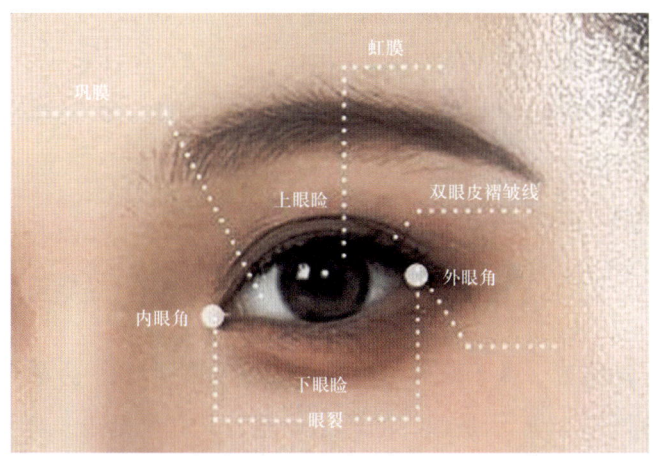

图 5-12　眼睛的生理构成

表5-5 眼睛的生理构成

构成	说明
眼裂	眼裂是上下眼睑之间的裂缝，其决定眼睛的大小
眼角	眼角处于眼裂的两端，近鼻子的一端为内眼角，近太阳穴的一端为外眼角。内眼角处有个淡粉红色的突起，称为泪阜。眼周脂肪丰厚的人的泪阜在内眼角中隐而不显，眼周脂肪薄的人泪阜外露
眼睑	眼睑覆盖眼球，上眼睑的范围从上眼裂至眉毛，下眼睑的范围从下眼裂至脸颊沟
睫毛	睫毛位于上下眼睑边缘，向外翘起。通常上睫毛长而密，下睫毛短而疏，起到保护眼睛的作用
双眼皮褶皱线	若顾客是双眼皮，其双眼皮褶皱线位于上眼皮上，其深浅、形状与上眼睑的脂肪、结构相关。东方人的双眼皮褶皱线一般靠近内眼角较浅较窄，靠向外眼角逐渐变宽
巩膜与虹膜	巩膜在日常用语中，被称为"眼白"。虹膜在日常用语中，被称为"眼珠"或"眼黑"，虹膜里有染色物质——色素，色素的色彩决定眼球的颜色。东方人的虹膜一般为黑色或棕色，西方人的虹膜一般为蓝色、绿色等

（2）眼睛的典型美。如图5-13所示，理想的眼睛外周形状一般为平行四边形，上眼睑线条的最凸起部位为前1/3处，下眼角线条最凸起部位为后1/3处，内眼角与外眼角的连线向外上方倾斜，内眼角形状较外眼角更尖。在化妆中，可以通过眼线的修饰改变眼睛形状，眼睛外周的平行四边形是修饰的基本依据。

此外，从形状上来说，双眼皮、眼珠黑白分明、睫毛长而浓密、上下眼睑厚薄适中的眼睛较为理想；从比例上来说，两眼间距符合"三庭五眼"的比例较为理想。

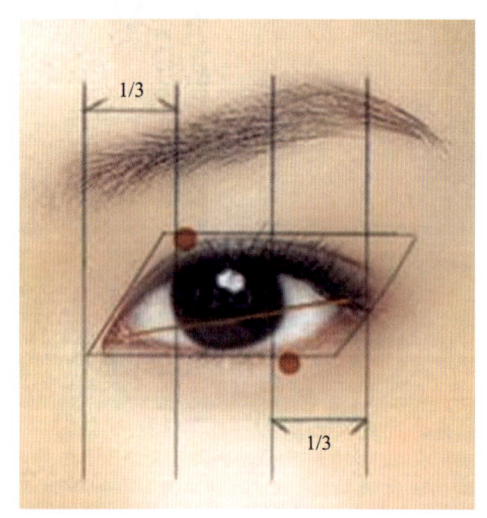

图5-13 眼睛的完美比例

3. 鼻子的生理构成与典型美

（1）鼻子的生理构成。如图5-14所示，鼻子由鼻根、鼻梁、鼻头、鼻翼等组成。

（2）鼻子的典型美。鼻子对面部形象有着重要的影响，鼻梁挺直是面部立体塑造的关键。如图5-15所示是理想的鼻子形态，其鼻梁挺拔，鼻头圆润，鼻翼两侧与内眼角基本齐平，鼻翼大小适度。

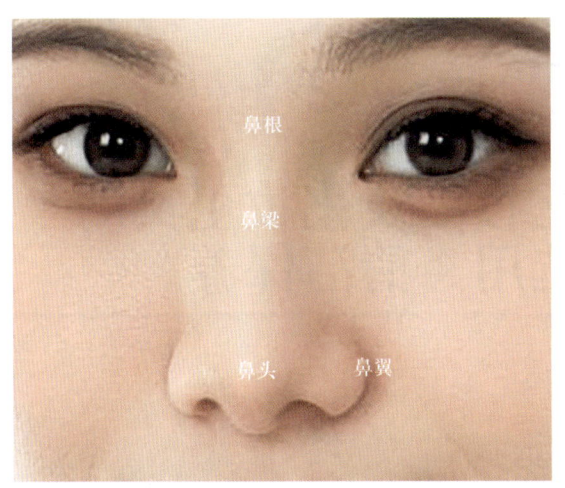

图 5-14 鼻子的生理构成

图 5-15 鼻子的典型美

4. 唇的生理构成与典型美

（1）唇的生理构成。如图 5-16 所示，唇部以口裂为界，分为上唇和下唇，由皮肤、肌肉、黏膜、疏松的结缔组织等组成。上唇口裂正中为唇结节，唇结节上方与人中交汇处称为唇峰，唇峰的形状和位置在一定程度上决定了上唇的形状。下唇曲线转折处的两个点称为唇肚，唇肚的位置和弧度决定了下唇的形状，化妆时随着上唇唇峰的变化进行调整。唇部皮肤很薄，蕴含着丰富的毛细血管和皮脂腺，显得娇艳湿润。

（2）唇的典型美。如图 5-17 所示是理想的唇形态，其轮廓清晰，厚薄适中，口裂呈弓形，两端向上微微翘起，唇结节圆润，唇峰线条流畅，下唇厚度与上唇厚度的比例约为 3∶2，唇形大小与面部比例协调。

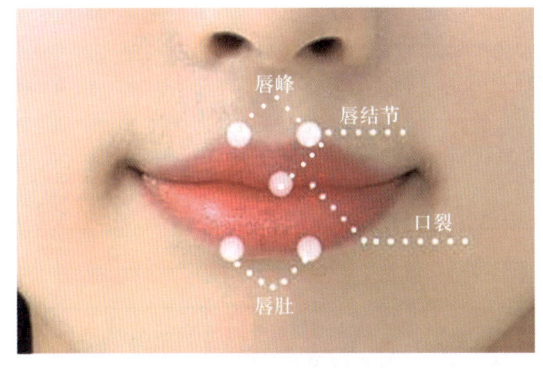

图 5-16 唇的生理构成

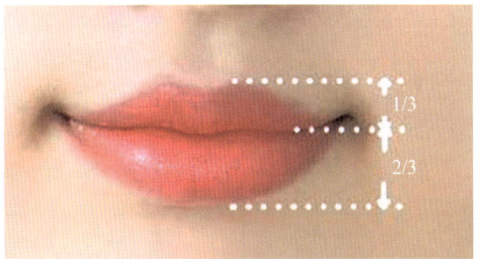

图 5-17 唇的典型美

培训项目 2

化妆品及化妆工具的选用、清洁保养

一、化妆品的选用

市面上的化妆品主要有常规和专业两大类。常规化妆品的包装、色彩、质地适合女性日常修饰化妆，小巧实用，便于携带；专业化妆品色彩齐全、质地丰富、包装精美，适应性更强，适合专业修饰化妆。化妆品直接影响妆容的颜色、风格、造型表现等，需要学习者在不断尝试和实践过程中学会鉴别，找到适合的产品组合。

1. 面部清洁、保养产品

良好的皮肤状态是底妆的基础，在条件允许的情况下，上妆前后须进行适当的皮肤保养，使皮肤处于水油平衡状态，便于上妆。面部清洁、保养产品见表5-6。

表5-6 面部清洁、保养产品

类别	名称	作用	使用建议
卸妆	卸妆油/膏/乳等	清除皮肤表皮残留的化妆品，降低化妆品对皮肤的伤害	先清洁黏膜部位（眼、唇），再进行整体卸妆
洁面	洁面乳/皂/膏/摩丝等		推荐使用弱酸性的洁面产品
	去角质霜、按摩膏	去除面部死皮，光滑肌肤	根据肤质两周或一个月使用一次，不宜频繁使用
护肤	化妆水	补充肌肤水分，滋润皮肤，收敛毛孔，柔软表皮	洁面后肌肤微湿状态时使用，用化妆棉按压涂抹，也可用手指轻轻拍干
	眼部精华	滋润肌肤，延缓衰老，锁住水分	用无名指从内向外涂抹
	乳液、面霜		顺肌肉走向涂抹
隔离、防晒	隔离霜	淡化细纹，润滑肌肤	底妆前使用，防晒霜质地通常比隔离霜厚重，容易堵塞毛孔
	防晒霜	防止紫外线、粉尘对肌肤的伤害	
	润唇膏	滋润双唇，软化角质	妆前使用，日常保养

2. 底妆产品

底妆是妆面成败的关键，底妆产品见表5-7。

表5-7 底妆产品

类别	名称	色泽	性能作用	使用建议
妆前	水乳	无色	软化角质，滋润皮肤	根据不同的肤质选择不同功能的产品
	妆前乳	绿色、紫色、肉色	起到隔离紫外线、修饰肤色的作用，也能让妆面更服帖	绿色修饰发红肤色，紫色修饰发黄肤色，肉色修饰常规肤色
粉底	气垫	不同色相、明度、纯度的肉色系	水分含量高，妆面效果轻薄，遮瑕效果较弱	中性、干性肤质适用，裸妆常用
	粉底液		水分含量较高，油脂成分偏少，易晕开，遮盖力弱	中性、干性肤质适用，裸妆常用
	粉底霜		油脂含量较高，质感细腻，遮盖力强	油性肤质适用；可以单独使用，也可作为定妆、补妆产品使用
	粉底膏		粉质含量高，遮盖力强，但妆感偏厚	粗糙肤质适用，摄影、表演化妆常用
	遮瑕膏	橘色、土黄色、肉色、紫色、绿色	遮盖黑痣、痘印、色斑、红血丝、黑眼圈等瑕疵	点涂，局部遮盖瑕疵橘色、土黄色遮盖黑眼圈，肉色遮盖痘印，紫色遮盖暗黄肤色，绿色遮盖红血丝
定妆	散粉、蜜粉	肤色、杏色、浅绿、浅紫、浅粉、微闪颗粒	吸收水分、油分，起到固定妆容的作用，亚光散粉还有遮盖油光的作用	绿色修饰发红肤色，紫色修饰发黄肤色
	定妆喷雾	透明色	雾状的定妆产品，适合打造水光肌质感	油性肤质在夏季应慎用
	修容粉	米白、棕色	棕色用来修饰脸部外轮廓、鼻侧，米白用来修饰脸部内轮廓、T区等，两者结合使用能让五官显得更立体	可以代替散粉，起到定妆作用

3. 眼部产品（见表5-8）

表5-8 眼部产品

类别	名称	色泽	性能作用	使用建议
眼妆产品	眼影粉	不同明度、纯度的光谱色；黑、白、金、银、灰等无彩色系	修饰眼形，塑造眼部立体感，体现眼部神采	质地干燥，需用刷子取粉
	眼影膏	不同明度、纯度的光谱色；黑、白、金、银、灰等无彩色系	饼状油质膏块，比眼影粉更容易着色，不易脱妆	用手指上色更服帖，容易出油的人慎用
	眼线笔	珠光、亚光的光谱色；黑、白、金、银、灰等无彩色系	修饰眼形，塑造眼部立体感，体现眼部神采	常用深色，浅色多用于下眼睑内侧和内眼线勾画
	眼线膏	黑色、棕色	饱和度高、线条流畅，适用于专业彩妆	持妆效果好，色彩效果强烈，适合大型舞台剧、歌舞剧等表演化妆
	眼线液笔	珠光、亚光的光谱色；黑、白、金、银、灰等无彩色系	色彩饱和度高，持妆效果好，笔刷柔软	线条清晰，适合刻画细节
	睫毛膏	黑色、棕色	使睫毛长、密、翘，有防水、不防水之分，防水睫毛膏较难卸除	常用黑色
	睫毛定型液	透明色	使睫毛定型	适用于睫毛本身质地较硬或睫毛过于浓密的人群
眉妆产品	眉粉	黑色、棕色	色彩柔和，用于描画眉形，可以渲染眉毛的虚实层次	适合眉形比较完整的人群
	眉笔	黑色、灰色、深棕色、浅棕色、红棕色、黄棕色	色彩饱和度高，用于刻画眉毛的线条感	适合眉毛不成形、不够浓密的人群
	染眉膏	黑色、灰色、深棕色、浅棕色、金色	可以改变眉毛的色彩	可以根据发色和眉毛本身的密度来选择颜色
	眉毛定型膏	透明状	梳理眉毛，让眉毛更立体、整齐	使用时须控制蘸取量

4. 唇妆产品（见表5-9）

表5-9 唇妆产品

类别	名称	色泽	性能作用	使用建议
唇妆产品	润唇膏	透明色	滋润唇部，软化角质	上妆前厚涂，可去除唇部干皮
	唇线笔	不同色相、明度、纯度的红色系	修饰唇部轮廓，防止唇膏外溢，防止脱妆	可选择略深于唇膏的色彩，使用时应削扁笔尖
	唇膏、唇彩、唇釉		显色度：唇釉＞唇膏＞唇彩 持久度：唇膏＞唇釉＞唇彩 滋润度：唇彩＞唇釉＞唇膏	可单独使用，也可与其他唇部彩妆产品结合使用
	染唇液		修饰唇部形状，上色度好，但缺乏滋润感	可单独使用，也可与唇油或润唇膏结合使用

5. 腮红产品（见表5-10）

表5-10 腮红产品

类别	名称	色泽	性能作用	使用建议
腮红产品	粉状腮红	不同色相、明度、纯度的红色系	修饰脸形，提亮气色，突出妆面风格	用于定妆后，配合腮红刷使用，适合大部分人群
	膏状腮红			用于定妆前，使用时用手指或海绵按压，使其自然服帖

二、化妆工具的选用

化妆工具是指将化妆品附着到肌肤上的各种工具，在化妆操作中起到重要作用。现在市场上化妆工具不断出新，学习的同时需要关注市场新产品。

1. 化妆笔刷

（1）化妆笔刷的种类和性能。化妆笔刷（见图5-18）种类较多，性能也较为多样，其说明见表5-11。

图 5-18 化妆笔刷

表 5-11 化妆笔刷的种类和性能

序号	名称	特征	宽度/mm	作用
1	粉底刷	扁平刷头	约 20	刷涂底妆产品,侧锋可修饰面部细节
		圆形刷头	直径约 25	垂直打圈刷涂底妆产品,服帖易上妆
2	散粉刷	圆形刷头	直径约 27	除去面部浮粉
		扇形刷头	冠顶约 95	
3	侧影刷	椭圆形刷头	约 20	修饰脸部轮廓
4	颊红刷	椭圆形刷头,顶端倾斜	约 20	扫颊红,修容
5	眼影刷	扁平刷头,大致分为大、中、小三个型号	8、6、4	刷涂眼影;大号大面积刷涂,中号修饰细部,小号修饰眼形
6	眼线笔	笔头为极细的圆形	约 1	勾画精确眼线和毛发
7	眉刷	扁平斜刷头	约 4	刷涂眉粉,均匀眉色
8	螺旋刷	螺旋刷头	直径约 7	刷匀眉色;清理结块、睫毛上膏体粘连部分
9	唇刷	细圆形刷头	直径约 5	勾勒唇形,刷涂唇色
10	双头刷	一头为牙刷形,一头为细梳状	约 33	牙刷形刷头整理眉毛;细梳状刷头梳理睫毛
11	油彩刷	扁平笔刷	2~12	油彩化妆用笔,化妆笔刷也可以作为油彩刷使用

注:海绵头笔为眼影刷,但使用较少,时间久了笔头容易腐烂,故不在表中列出。

（2）笔刷的选购建议

1）化妆笔刷的刷头制作材料大致有动物毛、合成纤维、尼龙纤维三类。优质的动物毛笔刷质量上乘；合成纤维笔刷、合成纤维与动物毛结合的混合纤维笔刷较为常见，性价比高；尼龙纤维最廉价，专业化妆师基本不会选用。选购时，以纤维整齐、柔软、平滑，刷头饱满为佳。因柔韧性强的缘故，眼影刷等小刷头修长扁平，笔刷按压在手背上皆呈半圆形，剪裁整齐。用手指夹住刷头轻轻下移，以纤维挺立、不掉毛者为佳。

2）笔杆大致有木质、塑料两种，在前端靠近刷头处包裹的外壳能起到保护笔杆、固定刷头的作用。

3）刷头呈弧形，由毛峰组成，是排列制作精良所致，并非生硬修剪。人工修剪的笔刷品质较差，刷毛的纤维容易翘起，缺乏弹性。

4）在吹风机热风吹薰下，纤维和刷头外形不变，动物毛或质量较好的混合纤维都是如此。质量不佳的合成纤维会有卷曲变形的现象，尼龙纤维卷曲变形严重。

5）选购时除了用手指测试笔刷外，还可以蘸取眼影、唇膏的试用品在手背皮肤上测试上色效果。劣质笔刷会吸纳粉质，笔触无力散乱，上色效果差。

2. 化妆辅助工具

化妆辅助工具（见表5-12）种类繁多，在化妆工作中有着不可替代的作用。其体积小巧，容易遗失或弄脏，因此收纳要有规律，并注意卫生。

表5-12 化妆辅助工具

类别	名称	作用	规格种类	使用建议
面部整理工具	修眉剪	修剪眉毛、假睫毛、美目贴	小型弯头剪刀	梳理眉毛后修剪
	修眉刀	刮除眉毛多余部分和脸上的多余毛发	单面刀片、长柄/折叠、电动	使用后及时清洁，放入收纳盒或套上塑料套
	镊子	拔除眉毛，镊去细小化妆材料	圆头、平头	选购时注意镊嘴的平整和吻合度
	美目贴	塑造理想上眼睑，修饰眼形	透明或半透明单面黏性胶纸	可贴在玻璃上用刀裁，也可用修眉剪裁剪
	睫毛夹	使睫毛弯曲	金属、塑料	夹头弧度流畅，橡胶条弹性佳

续表

类别	名称	作用	规格种类	使用建议
上妆工具	勾扑	蘸取散粉定妆,垫在小指下上妆	棉质、化纤	棉质勾扑上妆均匀
	海绵扑	涂抹粉底	质地有孔细和孔粗两类,形状多样	质地细者上妆贴合,葫芦形、三角形上妆方便
	棉棒	修改、清洁妆面细部	普通棉棒、棒中含有卸妆液的棉棒	在清理画错的部位时可搭配乳液使用
	化妆棉	局部清洁、卸妆	片状,天然棉花制成	
	纸巾	擦手,擦拭化妆工具	—	—
	酒精棉	清洁消毒	稀释酒精棉球	化妆工具使用前后清洁消毒
	睫毛胶	粘贴睫毛、水钻等附加物	小瓶白乳胶,盖上有刷头	保持封闭,及时清除瓶口残留物
	假睫毛	增加睫毛浓度、长度	完整型(上睫毛)、零散型(下睫毛),材质多样	配合睫毛胶使用
	喷笔	将液体妆色喷绘在面部和身体表面	小型手持喷笔	配合喷笔配套化妆色
其他工具	卷笔刀、刀片	削卷化妆笔,切割美目贴	手动卷笔刀,伸缩/折叠刀片	及时清理,妥善收纳
	调刀	挑取化妆材料,也可作为粘贴工具	一端为三角形,一端为菱形	挑取化妆材料后,用笔、手指蘸取使用
	眼部护理液	滋润眼球,改善眼睛充血状态	小瓶装滴眼液/隐形眼镜护理液	长时间带妆情况下常用
收纳工具	化妆箱	存放化妆材料、工具等	拉杆箱或手提化妆箱,由塑胶、金属、尼龙布等材料制成,高级化妆箱装有灯泡和支架	不同规格的化妆箱可以适应各种化妆造型场合
	化妆袋	放置常用化妆品,是收纳化妆工具	尼龙布、塑料布、网纱制成的拉链袋	跟妆时携带
	药盒	收纳小化妆工具、化妆附加物、发夹等	塑料盒,有搭扣,内部由活动的塑料片隔断成格	注意盒内卫生,不用时保持密封,定期清洁消毒

三、化妆工具的清洁（见表5-13）

表5-13　化妆工具的清洁

类别	清洁用品	清洁方法	清洁建议
化妆刷	专业化妆刷清洗液、活性炭清洁海绵盒、洗发水或者肥皂	湿洗：用温水将清洗液顺着刷毛轻揉浸湿的笔刷，洗去刷头上的灰尘和化妆品残余；再用手指轻捏刷毛，挤出水，保持顺直；最后将清洁后的笔刷放在干净通风的地方阴干 干洗：将化妆刷在活性炭清洁海绵上来回蹭	对于高档的天然纤维笔刷，在清洗后可加少量护发素养护，能使刷毛柔软，延长使用寿命 选择合适的网套与化妆刷匹配，以恢复刷头毛型，避免炸毛
化妆箱/袋	柔软的湿布、酒精棉	用柔软的湿布或酒精棉擦拭消毒，封存前须在通风处晾干	时常打开化妆箱/袋通风，以免化妆品、工具霉变
化妆海绵、粉扑	海绵清洗剂	用温水轻柔按压至色粉洗净，再置于干净通风处阴干	清洗后阴干，不要暴晒，以免海绵迅速老化
镊子、修眉剪、调刀、睫毛夹	酒精棉	小工具使用后须用酒精棉擦拭消毒，避免在下次工作中发生交叉感染或污染妆容	使用后注意将化妆工具橡胶条、金属等部位擦拭干净
假睫毛	酒精棉	假睫毛用完后若要再次使用，用棉签蘸取酒精，将残胶卸除，置于小盒中。假睫毛上不可有残胶、落灰、妆粉残余	强行撕扯残胶可能导致假睫毛变形，清洁时注意均匀用力，巧用力
粉底膏、唇膏等油质固体化妆材料	纸巾、湿巾、酒精棉	使用后用纸巾擦掉表面一层膏体，盒面、盒口边缘处用酒精棉或湿巾擦净，保持卫生整洁	天气干燥时，含油不多的膏体会变干，可在表面薄薄刷一层橄榄油后密闭保存
化妆收纳工具	纸巾、湿巾	用柔软的面纸或湿巾擦拭干净隔层，阴干后再收纳材料工具	内部须定期清洁，有支架和照明装置的高级化妆箱须仔细维护，小心轻放

培训项目 3 皮肤基础护理

一、卸妆

卸妆是面部皮肤基础护理中不可忽视的步骤，如果卸妆不彻底，将会堵塞毛孔，甚至加剧皮肤的老化。

1. 卸妆产品的类别

卸妆产品主要分为卸妆油、卸妆乳/霜、卸妆水、眼唇卸妆液，一般用于洁面之前，其主要特点和使用要点见表5-14。

表5-14 卸妆产品

类别	主要特点	使用要点
卸妆油	呈油脂状，适用于卸除皮肤无明显过敏情况的日常彩妆、演出浓妆。由于彩妆品大多以油性成分为基底，按照"相似相溶"的原理，卸妆油能迅速有效地溶解彩妆，甚至厚重的膏状彩妆，如粉底霜、眼影膏、腮红膏等	使用卸妆油时，双手及脸部需保持干燥。将硬币大小的卸妆油抹在脸上，用指腹以打圈手法轻轻按摩全脸肌肤1 min左右，充分溶解彩妆污垢，再用手蘸取少量的水继续按摩，将卸妆油乳化。按摩约20 s后，用清水冲洗干净
卸妆乳/霜	这两种卸妆产品性质相似，质地比卸妆油清爽，易于冲洗，卸妆后皮肤不会有紧绷感，一般可以用来清除日常彩妆	使用卸妆乳/霜时，需将产品与少量清水融合，使其能在全脸均匀延展。用指腹以打圈手法按摩全脸，溶解彩妆，再用清水洗净。注意卸妆乳/霜不能作为按摩霜使用
卸妆水	主要成分是水和醇类，通过产品中的非水溶性成分与皮肤上的污垢结合，达到快速卸妆的目的，清爽不油腻。由于使用感觉较清凉，因此卸妆水在夏季更受欢迎，油性肌肤、混合性偏油肌肤最为适用。卸妆水卸妆能力较其他产品弱一些，更适合卸除防晒霜和轻薄的日妆	使用时，取化妆棉若干，倒取卸妆水蘸湿棉片，敷在面部，3~5 s后轻轻擦拭干净

续表

类别	主要特点	使用要点
眼唇卸妆液	其是针对眼部、唇部等妆感较厚重但较为敏感的部位进行局部卸妆的产品，质地呈水油分离状，性质温和，卸妆力强	使用时轻轻摇匀产品，倒一些在蘸湿的化妆棉上，敷在眼部与唇部，3~5 s后轻轻擦拭干净

2. 卸妆的步骤

卸妆的正确顺序是先卸彩妆、再卸底妆。卸妆后，一定要用洁面产品清洁整个面部。

（1）眼部卸妆步骤。眼部的皮肤组织较为脆弱，使用的化妆品较多，因此应使用眼部专用卸妆产品，以轻柔的手法卸妆。

1）将蘸湿的化妆棉用卸妆液浸透，轻轻按在眼皮上，让睫毛膏、眼影、眼线等彩妆品与卸妆液充分结合，3~5 s后以右眼顺时针、左眼逆时针方向的手法擦拭干净。

2）将化妆棉对折两次，用四个角轻轻擦拭睫毛根部，这样可以去除残留的眼线和睫毛膏。如果使用防水型睫毛膏，可将化妆棉对折后放在下眼皮处，请顾客闭上眼睛，将棉签蘸上卸妆液后轻轻擦拭上下睫毛，可以一边滚动棉签一边擦拭。注意不要用太多的卸妆液，否则残留在眼皮上容易导致脂肪粒。

3）卸除睫毛上的彩妆品后，用棉签蘸取眼部卸妆液轻轻拭去上下眼线。

（2）唇部卸妆步骤。很多女性将唇部卸妆理解为"擦掉口红"，在卸妆时简单擦拭唇部，对残留的彩妆并不在意，这显然是一种误解。若长期如此，唇部会变得越来越干燥，唇纹也会越来越深。唇部黏膜娇嫩脆弱，卸妆应与眼部卸妆一样，细致耐心地按步骤操作。

1）以纸巾或卸妆棉轻轻按压唇部，吸收唇部表面的油分。

2）做微笑表情，使唇部褶皱舒展开，用蘸有眼唇卸妆液的化妆棉轻敷双唇数秒，再以化妆棉横向擦拭。

3）换一张化妆棉，由唇部外围向中心垂直擦拭唇部。

4）用棉签充分蘸取卸妆液，仔细拭去存于唇纹中的残余彩妆。

（3）面颈部卸妆步骤

1）取适量的卸妆产品，均匀地涂于面部、颈部，以打圈的方式轻柔按摩。

2）在鼻头和鼻翼处用指腹以螺旋形按摩手法由外向内轻轻按摩。

3）在额头和发际线处用蘸有卸妆产品的化妆棉轻轻擦拭。

4）卸除颈部的粉底时，要由下向上涂抹按摩。

5）用洗脸巾或化妆棉将面部、颈部的卸妆产品擦拭干净，直到洗脸巾或化妆棉上没有粉底颜色为止。

二、清洁

面颈部清洁是日常生活中必备的护肤步骤，对化妆的女性来说，妆前妆后须将面颈部残留的油垢、彩妆清洁干净，否则会堵塞毛孔，加速皮肤的衰老。

1. 清洁产品的类别

清洁产品主要有常规清洁产品、去角质产品、清洁工具三类，见表5-15。

表5-15　清洁产品的类别

类别	产品	说明	适用肤质
常规清洁产品	洁面乳	呈水乳状，用于日常皮肤清洁，其较为温和，清洁度适中，去油脂能力较强	中性肤质、混合性肤质
	洁面膏	呈膏状，用于深度清洁，可应对油脂分泌较旺盛导致的皮肤问题，其清洁度较高，有一定的刺激性，去油脂能力强	油性肤质
	洁面泡沫	按压呈泡沫溢出，用于日常清洁，可应对脆弱皮肤和皮肤敏感问题，其刺激性小，去油脂能力稍弱	干性肤质、敏感性肤质、混合性肤质
去角质产品	磨砂膏	按去角质能力排序，由强至弱依次为磨砂型、化妆水型、面膜型、乳液型等，可用于面部深度清洁，以及T区、U区等局部的角质去除，使用频率通常为两周一次	油性肤质、混合性偏油肤质
	去黑头产品	呈贴纸状、膏状、啫喱状等，用于鼻子和面颊毛孔粗大部位的清洁，使用频率通常为一周一次，使用后应注意做好皮肤的补水保湿	油性肤质、混合性肤质的毛孔粗大部位
清洁工具	洁面海绵	呈大气孔海绵状，质地柔软，清洁能力强，材质的弹性能兼顾面颈部整体和局部，不易伤害皮肤	任何肤质
	洗脸仪	主要有物理旋转和超声波两种，利用高频震动达到清洁目的，频率可调节，适用不同肤质，深度清洁皮肤	敏感性肤质慎用
	洗脸巾	无纺布质地，吸水性强，触感柔软、有韧性，无漂白剂、荧光剂，为一次性清洁用品，可用于日常清洁	任何肤质

2. 清洁的步骤

（1）整体清洁

1）清洁手部。

2）取适量的洁面产品，在手心轻轻搓揉形成泡沫。

3）将泡沫从面颊开始，施加全脸，用指腹以打圈的手法轻轻按摩。注意手部力度适中，避免拉扯皮肤。

4）用温水洗净全脸。

（2）局部清洁。每个人的皮肤情况不同，在局部可能会有不易洗净的油垢、角质。此外，在形象设计中，"脸"的概念包括整个头面部裸露在外的部分，有些局部被忽略则不能达到全面清洁的目的。以下部位需要注意清洁，必要时须深入清洁。

1）鼻翼两侧。鼻翼两侧连同鼻唇沟的位置出油较多，若不注意清洁，则会导致粉刺滋生、毛孔粗大、诱发黑头。在日常清洁时，可用洁面产品着重按摩鼻翼两侧。若黑头明显、角质堆积，可以每周使用一次磨砂类去黑头产品、每两周使用一次去角质产品。

2）发际线附近。发际线附近是日常清洁中易被忽略的"死角"。若彩妆和防晒产品长期残留，不能很好地得到清理，发际线附近的皮肤往往会比面部更为暗沉。因此，在日常清洁时，要特别注意发际线边缘的清洁。

3）耳部。早晚清洁时，可用湿化妆棉轻轻擦拭耳后、耳廓部位，避免污垢堆积。

4）脖颈。日常化妆时，为了让妆容精致且整体，脖颈也是底妆必须涉及的部位。在清洁时可用卸妆巾先擦拭清理脖颈上的底妆残留物，再用洁面产品清洁，用温水擦拭。

清洁的方式可以分为一般清洁和深层清洁。一般清洁是指使用卸妆产品、清洁产品等清除皮肤表面残留的灰尘和彩妆；深层清洁是指在一般清洁的基础上，清洁毛孔中的油垢、污物，以及堆在表皮的角质。一般清洁属于日常护肤范畴，每天都可进行；深层清洁则以一周或两周为周期，不能太过频繁，以免破坏皮肤屏障。

3. 清洁的注意事项

（1）清洁产品要适合。正常状况下，皮肤表面呈弱酸性，pH 值在 6 左右。清洁产品的选择须根据皮肤情况而定，油性肌肤可以采用碱性产品，敏感性、中性、干性、混合性肌肤则更适合酸性产品。清洁产品的质地可以是乳霜状、泡沫状,泡沫状的产品更加温和,适合多数人。

(2)清洁手法要规范。面部清洁时,应先蘸湿双手,取适量洁面产品在手心,轻轻揉搓出泡沫,然后在脸上缓缓打圈涂抹,同时用指腹按摩脸部,可以很好地溶解皮肤上的油垢。

(3)清洁频率要适度。一般情况下,每天的一般清洁在早晚进行。夏季高温时节,面部出油多,洁面次数可适当增加;冬季干燥寒冷时,敏感肌肤应适当减少洁面的次数,保护皮肤屏障。

(4)水温控制有讲究。使用温水和冷水交替洗脸对皮肤紧致有益。第一遍用温水洗脸,打开毛孔,第二遍用冷水洗脸,收紧肌肤。洗脸水温不可太烫,水温过高会伤害表皮,导致早衰,诱发皱纹;水温过低则容易引起毛孔骤缩,不利于清洁。

(5)揉搓擦拭要轻柔。洁面后,不可用粗糙的毛巾用力揉搓擦脸,这样会损伤肌肤。如果毛巾质地不细腻,可以拧干后覆盖在面部,轻轻按压,吸干多余水分。建议用洗脸海绵或一次性洗脸巾清洁及擦干面部,这样较卫生且温和。

三、保养

卸妆和清洁完成后,肌肤锁水层和角质层短时失常,会感到干燥、紧绷,需及时进行皮肤保养。以下按面部保养的操作步骤逐一介绍面部保养产品及使用方法。

1. 化妆水

化妆水质地薄,能及时补充肌肤水分,是面部保养的必需品。化妆水的功效及适用肤质见表5-16。

表5-16 化妆水的功效及适用肤质

类别	功效	适用肤质
酸性化妆水	也称收敛水、紧肤水,能抑制角质层中油分的外溢,使毛孔收敛,增加肌肤的弹性	油性肤质
中性化妆水	也称营养水、爽肤水,是指pH值接近7的较温和的化妆水,有稳定肌肤、平衡肌肤酸碱性的功效	中性肤质、干性肤质
敏感肌压妆水	也称修复水,对皮肤的敏感问题以及局部痤疮、痘痘等肌肤问题有一定的修复作用	混合性肤质、敏感性肤质

化妆水使用时可取适量于手心，先大面积涂抹在面颊、额头上，再以指腹推开，涂抹眼部、鼻侧、唇部等局部。也可将化妆水倒在蘸湿的化妆棉上，从面颊中央向两侧轻轻擦拭。操作时力度要轻，可用温热的手掌按摩或轻拍促进吸收，不可用力拍打面部。

2. 精华液

使用化妆水后，皮肤表面已形成一层皮脂膜，此时可以涂抹精华液，精华液能深入皮肤深层。

精华液应与肤质匹配。干性肤质选用富含保湿成分、油性较高的精华液，这类精华液能有效锁水，在皮肤表面形成保护膜。油性肤质选用能够控油、收缩毛孔的精华液，如植物精华等。中性肤质可以根据环境需要选择功能不同的精华液来护肤。

精华液使用时应控制用量，一般情况下，夏天每次2~3滴，冬天每次5~6滴。易出油的T区不要用太多，特别干燥的部位或干燥的秋冬季节可以适当增加用量，并配合按摩或轻拍，确保精华液被肌肤充分吸收。

3. 眼霜

眼部肌肤薄而脆弱，不分泌皮脂，容易干燥，日常保养和妆前保养均须使用眼霜。眼霜一般分两种：一种是质地较为浓稠的乳霜，滋润效果较好；另一种是啫喱，清爽不油腻，也称眼胶。这两种眼霜都有滋润眼周肌肤、改善细纹、减轻黑眼圈和眼袋的作用。以功能来分，眼霜又可分为保湿、美白、抗皱、抗氧化、抗过敏等多种。使用时须根据年龄、眼部状态来选择。

眼霜使用时应注意按摩手法和用量。取适量眼霜点涂于眼下，用指腹轻轻抹匀，以由外向内打圈的按摩手法按摩眼部，促进吸收。眼霜取量应适度，以免使用过多引起脂肪粒滋生。

4. 乳液

乳液是液态的滋润霜，其含水量高，有保湿、美白、抗衰老等功效，能迅速为皮肤补充水分，且具有锁水性。乳液比面霜更容易被皮肤吸收，但滋润性略逊于面霜。乳液的质地可以分为水包油型和油包水型两种，水包油型容易被吸收并且较为清爽，而油包水型则不好吸收，涂上也会有油腻的感觉。

乳液使用时取适量于手心，均匀涂抹在面颊，轻轻按摩，延伸至五官局部。

5. 面霜

面霜分日霜和晚霜，白天使用日霜，晚上使用晚霜。日霜除了有修护、保湿、抗皱、紧肤等功能外，还可以防御环境（如紫外线、空气污染等）对肌肤的伤害。日霜一般含有防护、隔离功能，具有一定的防晒指数或含紫外线过滤剂，适合白天出门前使用。晚霜的活性成分较高，质地滋润，能在润肤的同时修护肌肤在白天受到的损伤，并及时补充皮肤所需的营养。

四、妆前护理

1. 隔离

在化妆前，须用隔离产品打底，再施加粉底、遮瑕膏等彩妆产品。这样能有效保护肌肤不受彩妆刺激，也能使彩妆更服贴。妆前隔离产品可分为防晒品和隔离霜，操作时根据妆容需要和皮肤情况选择其中一种即可。

（1）防晒品。防晒品质地多样，有防晒液、防晒乳、防晒霜、防晒油等。一般防晒品的质地越厚，防晒效果越好，但有易堵塞毛孔的弊端。防晒品防晒指数越大，防晒效果越好。打造户外妆容时可以选用轻薄型的防晒霜，一是可以使底妆贴合皮肤、不搓泥，二是很多底妆产品本身也有隔离紫外线的功能，能与防晒霜一起保护皮肤。

（2）隔离霜。隔离霜又称基础霜，在底妆前使用，起到隔离皮肤和彩妆的作用，并具有活化肌肤、提亮肤色、淡化细纹、遮盖瑕疵等作用。如今彩妆市场的多数隔离霜有一定的防晒指数，能起到类似防晒霜的作用，很受欢迎。

隔离霜色彩多样，不同颜色隔离产品的作用及适用肤质见表5–17。

表5–17 不同颜色隔离产品的作用及适用肤质

颜色	作用	适用肤质
紫色	利用紫色与黄色的对比色关系，起到提亮肤色、改善肤色蜡黄暗沉的作用	适合暗沉的偏黄肌肤
绿色	利用绿色与红色的对比色关系，起到改善面部红斑、红血丝、红痘印、皮炎残留红印的作用	适合泛红、微细血管扩张的偏红肌肤
粉色	可改善肌肤的苍白感，使面部整体显得较为红润	适合苍白的、血色匮乏的肌肤
白色	可整体提亮面部肌肤，使其具有光泽感和透亮感	适合色素不均匀、黝黑的肌肤
肤色	有一定遮瑕功效，常用于裸妆和淡妆	适合肤色整体均匀，略显暗沉的肌肤
金色	可改善深色皮肤的黯淡感，使其显得健康、通透	适合中低明度的肌肤

2. 修眉

一般情况下，在眉毛下方的上眼睑处，以及眉毛尾端上方靠近太阳穴的位置，会有多余的毛发，影响眉妆塑造，需要在化妆前清理干净。眉部的清理能使原有的眉形更清晰。

（1）眉部清理程序

1）观察顾客的眉形，判断需要保留和清理的部分。

2）用眉刷顺眉毛的生长方向刷顺眉毛，清除粉尘和皮屑。

3）用浸湿的棉片敷盖眉部片刻，或用润肤乳液涂抹后，对多余的眉毛进行拔除或刮除，对过长的眉毛进行修剪。

4）用化妆刷或纸巾清除黏在皮肤上的毛发，用收敛性化妆水或冷水涂抹清理位置，完成眉部清理工作。

（2）眉部清理方法。眉部清理主要有拔眉、刮眉、剪眉三种方法。

1）拔眉。拔眉是女性常用的修眉方式，拔眉之后眉毛生长缓慢，修眉效果可以保持较长时间。在日常修饰和拍摄护肤品广告时，往往使用拔眉法来清理眉毛。

拔眉时，用一只手的指腹撑开皮肤使其绷紧，另一只手用眉钳夹紧眉毛的根部，紧贴皮肤，顺着眉毛生长方向一根根拔除（见图5-19）。应避免一次拔除多根眉毛或逆着眉毛生长方向拔，以免让顾客产生疼痛感，以及导致眉毛区域的皮肤松弛。

2）刮眉。刮眉（见图5-20）可以在短时间内刮出干净的眉形，不易引起顾客疼痛和眉部皮肤红肿。拍摄平面广告时若要刮眉，则须拍摄当天刮净，以免在短期内长出粗短毛发。

图 5-19　拔眉

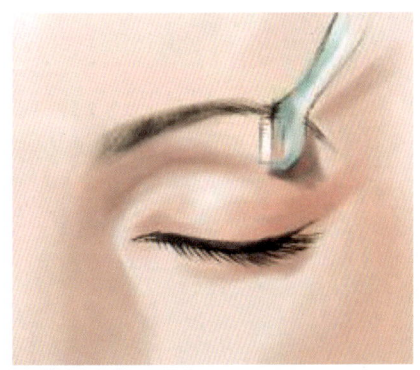

图 5-20　刮眉

刮眉时，一只手撑开眉部皮肤固定眉形，另一只手用修眉刀沿眉下缘逆向齐根刮除。眉上缘和周边额头部位的细软杂毛在刮眉时可以一并剃除，让面部显得更为开阔，肤色显得更为明亮。

3）剪眉。剪眉主要针对浓密的或向下生长的粗长眉毛，用修眉剪适当修剪眉毛尾端能起到调整眉毛浓密度和整齐度的作用，一般在去除眉部杂毛后进行。

操作时先将眉毛自上而下梳顺，再用弯头剪刀贴着皮肤，剪除眉毛下缘过长的毛发，使眉毛符合眉形设计要求（见图5-21）。

对初学者来说，眉尾不易剪齐。建议将眉刷平贴在皮肤上，从眉尾向眉头逆梳，把过长的眉毛剪去，如图5-22所示。眉头的眉毛应长一些，眉尾的眉毛则不妨短些。操作时，眉刷自眉峰逐渐向眉头靠近的同时要渐渐抬起，以免剪得太短，影响眉毛的衔接效果。

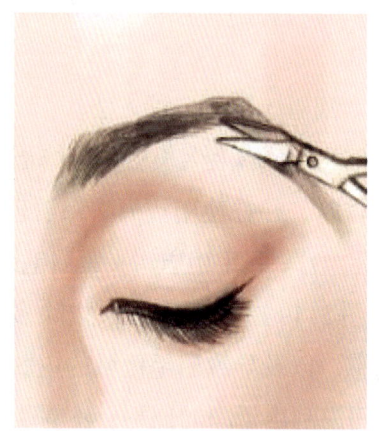
图5-21　常规修眉方式

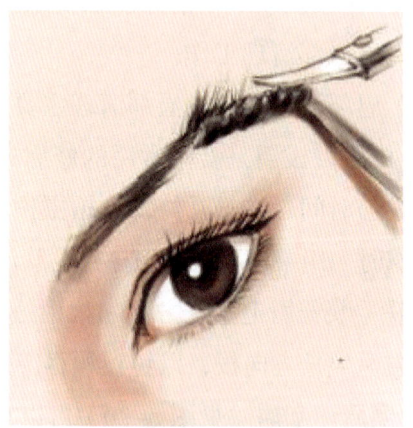
图5-22　眉刷配合修剪的剪眉方式

职业模块 5　化妆基础

培训项目 4 化妆妆型分类

一、生活类妆型

1. 日妆

（1）日妆的类型。日妆（见图 5-23）是指日常生活中适合普通社交场合的妆容。日妆素净、优雅，以表现女性的本色美为主，追求"有妆似无妆"的自然效果。从操作角度看，日妆以顾客本身的容貌为主体，通过化妆手段改善皮肤质地，遮盖面部瑕疵，突出五官优点，打造与人物气质相和谐的化妆形象。

日妆主要有淡妆、裸妆、中性妆三种类型。淡妆以美化五官轮廓，改善面部气色为主，用色淡雅、自然、柔和；裸妆以肤质和色彩的塑造为主，效果比淡妆更接近无妆；中性妆的上妆程度介于淡妆与裸妆之间，以质地清透的粉底塑造俊秀飒爽的女性美。虽然日妆的三种类型各有特点，但在操作技术方面颇有共通之处。

图 5-23　日妆

（2）日妆的特征（见表5-18）。

表5-18 日妆的特征

部位	说明
底妆	底妆自然轻透，体现肤质良好的自然状态。粉底选择接近顾客肤色的亮一度色彩，东方人一般采用偏黄偏暖的粉底色系，以轻盈的上妆手法塑造清淡透明的肤色效果
眼影	眼影选用以大地色系为主的中明度灰色系，运用明度对比关系，以平涂或晕染法塑造清澈、明亮、立体的眼妆。不刻意强调眼线和睫毛，尽可能保持眼部自然的状态
眼线	选择棕色或棕黑色眼线液笔刻画内眼线，上眼线纤细整齐，下眼线用棕色的眼影粉在下睫毛的根部轻轻晕染出自然效果
睫毛	睫毛夹翘后，选择黑色、深棕色的纤细型睫毛膏，在贴近睫毛根部的位置向上仔细刷匀，体现根根分明的自然效果，不佩戴假睫毛
眉部	眉毛形状自然，以平眉、直眉造型为主，用晕染法、勾线法呈现真实感
唇部	选择中高明度、中纯度红色系，如豆沙色系、裸色系等，体现唇色自然、健康的效果
胭脂	腮红的色彩以柔美自然为主，可选择橘粉色、珊瑚色等暖色调腮红，色彩不宜过于浓烈，注意与唇色协调

2. 职业妆

（1）职业妆的类型。职业妆（见图5-24）是指适用于职场环境的妆容，端庄大方、干净利落，按照场合可分为正式职场妆和时尚职场妆。

正式职场妆

时尚职场妆

图5-24 职业妆的特征

正式职场妆主要是指参加重要职场活动的妆容，追求共性和职业属性，不强调个性和性别特征，对严谨度要求很高。正式职场妆色彩素雅亚光，注重面部结构塑造和五官线条表现。

时尚职场妆主要是指在一般职场活动中的妆容，对严谨度要求相对正式职场妆低一些，妆容可以融入带有光泽和色彩的元素，但仍以端庄为主，不能过于表现个性、突出性别魅力。

（2）职业妆的特征（见表5-19）。

表5-19　职业妆的特征

部位	说明
底妆	考虑到办公室场合空气较干燥，照明多为冷调光源，底妆通常选择有保湿效果、接近肤色的暖调粉底色，以淡妆的上妆方式呈现清透效果
眼影	职业妆的眼影色彩须与服装款式、色彩匹配，以大地色和灰色系亚光眼影为主，根据顾客的眼形，以平涂晕染法刻画
眼线	选择黑色眼线笔，沿着上眼睑睫毛根部，从内眼角向外眼角勾画出内眼角细、外眼角粗的眼线，加强眼睛的黑白对比，打造清澈有神的眼部效果
睫毛	睫毛夹翘后，选择带小刷头的清爽型黑色睫毛膏，将睫毛刷出根根分明的自然效果。职业妆的睫毛处理能塑造微妙的妆容氛围感，如强调眼睛中央的睫毛，会显得聪明、知性；强调眼睛尾部的睫毛，则可体现眼神的深邃感
眉毛	职业妆眉形清晰，常见为直眉、棱角眉，具有一定的粗度和锐度，显得精明、专业。眉毛浓淡适度，色彩与发色统一
唇部	职业妆的唇妆可以遵循先画唇线、再涂唇膏的化妆方法，也可不画唇线，直接涂抹唇膏或唇彩。唇色以自然色系为主，正式职场妆可选择裸色系、橘粉色系等带有灰度的浅色亚光唇膏；时尚职场妆可选择略鲜明的珊瑚色、棕红色珠光唇膏，色彩鲜明，与服装色彩统一
腮红	职业妆面部色调以暖色调为主，为使肤色更明快，应选择粉红或橙色系腮红。腮红的显色度不可强于唇彩。晕染的位置一般在颧骨下方，外轮廓用修容粉修饰

二、社交类妆型

日常社交环境主要有婚礼、宴会、颁奖典礼、开幕仪式等。这些社交场合要求女性形象端庄、高雅。造型上突出装饰感，充分展现个性魅力和女性美。

1. 新娘妆

（1）新娘妆的类型。根据实际场合需求，新娘妆可分为摄影新娘妆和婚礼新娘妆。不同场合新娘妆的风格有很大差异，见表5-20。

表 5-20 新娘妆的类型和要求

场合	条件	要求	风格呈现
摄影新娘妆	摄影棚内光源固定，光影明暗对比强烈；后期可修正照片	注重面部立体感、五官形状清晰度的塑造；用色柔和淡雅，妆容精致轻透；脸部、五官的瑕疵可在照片后期制作中调整	呈现甜美、复古、浪漫、俏皮等艺术风格，特征鲜明，有一定的夸张性和戏剧感
婚礼新娘妆	婚礼当天光源变化多，白天日光、晚上灯光；新娘换装次数多，持妆时间久；与宾客社交距离近	注重底妆的自然、干净、服帖；用色甜美柔和，以暖色为主，注重唇部、颊红、眼影的修饰，凸显红润健康的气色，与婚礼现场的喜庆气氛相符合	与婚礼进行的时间、地点、灯光密切相关。自然光下的妆容柔和、色彩自然；在灯光下举行仪式时，妆容应添加鲜亮的色彩和光泽，塑造艳丽瞩目的感觉

无论是摄影新娘妆，还是婚礼新娘妆，新娘妆可以根据文化喜好选择西式或中式风格。西式和中式新娘妆（见图 5-25）有丰富的艺术风格选择空间，但都符合典雅、浪漫、喜庆的氛围。

西式新娘妆

中式新娘妆

图 5-25 新娘妆

（2）新娘妆的特征（见表5-21）。

表5-21 新娘妆的特征

部位	说明
底妆	底妆白皙，选择比顾客肤色高1~2度的雾状粉底膏或粉底霜，在脸上、脖颈、手臂等裸露部位上妆。考虑到持妆时间较长，底妆会使用大量散粉定妆，并用定妆喷雾加固
结构塑造	用高光膏提亮鼻梁、内眼角、眉眼之间，以及整个下庭、眼睛下方的面颊部位。用较底色深一号的遮瑕膏在鼻侧、下颌骨下方塑造阴影层次，与提亮层次共同营造理想的面部结构
眼影	眼影色参考礼服的风格和色彩，西式新娘妆以橘棕色系、粉蓝紫色系、浅粉红色系为主，中式新娘妆以棕色系、红色系为主
眼线和睫毛	勾画完整的上眼线，并刻画下眼线的外侧1/2。上眼线眼尾略粗，纤细收尾，下眼线则在边缘用深紫灰色晕染开。夹翘睫毛，在上眼线处粘贴整条自然型假睫毛，并用睫毛膏将上下睫毛刷得根根分明
眉部	注重眉形刻画，西式新娘妆以直眉、棱角眉居多；中式新娘妆以细平眉、弯眉居多。眉色与发色相统一
唇部	可以遵循先画唇线、再涂唇膏的化妆方法，唇色与礼服色系和风格协调。西式新娘妆以豆沙色、桃红色、玫红色、土红色等为主，中式新娘妆以大红色、深红色为主
腮红	腮红的色彩可选择橘粉色、珊瑚色等暖色调，色彩不宜过于浓烈，且要和唇膏协调

2. 宴会妆

（1）宴会妆的类型。宴会有正式和非正式之分（见图5-26），对造型的要求也不尽相同。

正式宴会妆

非正式宴会妆

图5-26 宴会妆

正式宴会妆常用于晚会、商务宴会等在邀请函中特别要求宾客"正装出席"的场合，整体造型有隆重感，化妆也应表现面部结构和五官之美，色彩相对浓重，配合礼服着装。

非正式宴会的造型与生活状态贴近，在日妆基础上，在眼妆、唇妆的形状和色彩中融入一些设计元素，体现人物的性格和性别魅力。

（2）宴会妆的特征（见表5-22）。

表5-22　宴会妆的特征

部位	说明
底妆	底妆以白皙的暖色为主，体现肤色的均匀亮泽。遮盖面部瑕疵后，选择带有细微珠光的粉底产品打造晶莹剔透的肌肤效果。再运用底妆色彩的明度对比塑造脸部、五官的立体结构
眼影	眼影用色与服装、头发的色彩，以及妆容的设计感协调，通常选择单色系，如融入彩色的黑色系、棕色系，也可以多彩色搭配结合使用。宴会妆的眼影常以珠光质地体现眼部的神采和璀璨华丽的氛围，也可装饰一些亮片或水钻，利用色彩的对比效果塑造不同风格的形象。上下眼睑都可以施加浓重的眼影晕染，强调眼形
眼线和睫毛	眼线粗浓，与瞳孔对比强烈，具有很强的装饰性，有猫眼眼线、飞扬眼线、全包眼线等。非正式晚宴妆的下眼线通常勾画在外侧，与上眼线重合，而正式晚宴妆的下眼线则可采用烟熏晕染手法塑造整条下眼线，加强对比。睫毛与眼线匹配，通常在上眼线粘贴整条浓密型或卷翘型假睫毛，并用睫毛膏将真假睫毛刷在一起；在下眼线处粘贴簇状下睫毛，与真睫毛一起刷匀、刷浓
眉部	眉部以棱角眉、挑眉、直眉等造型明确的眉形为主，眉形清晰，深浅过渡自然，具有体积感
唇部	根据场合、风格需要，注重圆润丰盈的唇部塑造，体现女性性别魅力。唇妆色彩以深红色、大红色、玫红色为主，华丽醒目，雍容华贵
腮红	腮红与唇妆匹配，以玫红色、红棕色为主，顺着颧骨结构走向斜刷，塑造面部立体效果。一般情况下，正式宴会妆的腮红较非正式宴会妆更明显、鲜艳，富有装饰性

三、演艺类妆型

演艺环境主要有舞台、电视、电影、时尚走秀、艺术表演等，其风格形式多样。典型妆容有主持人妆、时尚模特妆、艺术创意妆。

1. 主持人妆

（1）主持人妆的类型。主持人妆（见图5-27）应端庄、靓丽，并与节目的内容、风格、录制条件等因素相协调，从工作属性分类上有新闻类、综艺类等。

图 5-27　主持人妆

（2）主持人妆的特征（见表 5-23）。

表 5-23　主持人妆的特征

部位	说明
底妆	底妆一般选择遮盖力较强的霜状粉底，色彩与演播室的灯光协调。如果演播室的灯光是暖光源，粉底可以选择略微发红的偏暖的粉底；如果灯光是冷光源，则可以选择白一些的粉底。由于主持人往往都是正面上镜，因此要强调脸部的立体感，可重点修饰脸颊两侧阴影和鼻侧阴影，并同时提亮 T 区和 U 区
眼妆	突出眼部明度对比，显得眼睛大而有神。单眼皮的主持人一般用美目贴扩大眼形，或用假双画法画出双眼皮。上眼线粗浓上扬，下眼线用棕色眼线笔描画外侧 1/2 范围。眼影以棕色调为主，用晕染法塑造眼部结构，在眼尾施加重色。可以粘贴整条交叉形的假睫毛，使眼睛看上去更深邃
眉部	眉形自然明确，不宜过细、过挑，眉峰可略带棱角，眉周无多余的杂毛
唇部	嘴唇的形状要饱满，唇膏颜色与服装、发型整体造型相搭配，通常用 2~3 种明度不同的同色系唇膏强调唇部的立体感。用色应具有一定的灰度，体现端庄、自信的气质
腮红	采用偏灰的红色系，扫在颧骨与颧弓下陷的转折处，体现面部的立体效果

2. 时尚模特妆

（1）时尚模特妆的类型。时尚模特妆（见图 5-28）的类型多样，常见的时装表演形式为 T 台走秀。T 台走秀是展现服装设计风格的表演形式，用于品牌的服装发布会、时装展演等场合。化妆应在体现风格的同时，凸显作为主体的时装。

图 5-28 时尚模特妆

（2）时尚模特妆的特征（见表 5-24）。

表 5-24 时尚模特妆的特征

部位	说明
底妆	时尚模特妆强调自然、真实，对遮瑕要求不高，可保留模特原有的诸如雀斑之类的小瑕疵。粉底液可选择轻薄的水粉状粉底液，不宜过白、假白
眼妆	眼影色以浅米色、杏色、浅棕色、棕色为主，质地多为亚光或微珠光，追求简约时尚的效果。欧洲模特往往眼部呈凹陷的大双眼皮结构，眼影只需表现色彩、轻轻晕染即可；亚洲模特则使用平涂法、上下晕染法、截断式晕染法塑造眼部结构。眼线根据走秀风格需要进行描画。睫毛夹翘后，在贴近睫毛根部的位置用带小刷头的清爽型睫毛膏向上仔细刷匀，体现根根分明的自然效果。成衣走秀时，模特无须佩戴假睫毛
眉部	常以模特自身眉形为基础，塑造形状完整的自然眉形，不过度强调眉部刻画
唇部	弱化唇线，唇部通常采用裸色系口红或透明唇膏
腮红	常以土红色、砖红色系，或灰度较高的亚光腮红轻扫面颊两侧，与修容色相结合，打造立体妆感

3. 艺术创意妆

艺术创意妆是根据化妆师的创意思维并结合表演的风格需要所设计的造型妆容。常用的表现技法有手绘、图案粘贴、特殊材料拼贴。

（1）手绘。手绘图案色彩饱和，表现力强。手绘的表现方式大致为油彩色、水溶性彩绘色、亮颗粒粘贴等，见表 5-25。

表5-25　手绘的表现方式

图示	说明
	1）油彩色。油彩的色彩饱和度高，延展力、覆盖力最强，适合大面积的、效果醒目的设计
	2）水溶性彩绘色。色泽淡雅，可多次上色，适合细腻的局部描画
	3）亮颗粒粘贴。亮颗粒粘贴是将胶水涂画在需要上色的区域，以亮颗粒代替颜料粘贴，形成华丽的珠光效果

（2）图案粘贴。图案粘贴是将符合设计要求的贴纸粘贴在修饰部位，形成近乎手绘的图案效果。图案粘贴方便快捷，表现力强，能体现细腻清晰的图案。如图5-29所示，在模特的肩部、眼部粘贴特制的文身贴图案，结合眼尾、肩部的龙元素设计，能表现丰富的层次感和奇幻的视觉效果。

（3）特殊材料拼贴。特殊材料拼贴是将非化妆品的材料通过设计组合后，粘贴在修饰部位，与妆容形成强烈的反差，营造富有创意的奇幻效果。常用的材料有亮片水钻类、纸张类、面料类、贝壳类、皮质类、金属类等。特殊材料拼贴与面部手绘、图案粘贴等设计手法进行组合创作，可以突出设计元素的夸张表现。如图 5-30 所示，眼睛下方粘贴蓝色立体图案，并用染色的珍珠雀羽毛装饰眉部，形成富有层次感的艺术妆容。

图 5-29　图案粘贴艺术创意妆　　图 5-30　特殊材料拼贴艺术创意妆

在艺术创意妆中，设计元素与五官结合密切，一般集中在眼部、额部、胸部，使设计主题与人物风采相得益彰。由于艺术创意妆效果强烈，会在增加妆容形式美感的同时对人物原有的形象产生很大的影响，是相对于生活、摄影相关的其他妆容更自由、更能体现操作者创意和技术水平的化妆方式。

职业模块 ６

发型基础

培训项目 1 头发护理

一、头发护理的定义与作用

1. 头发护理的定义

头发护理是指维护头皮、头发的健康，避免头部皮炎、掉发等问题。

2. 头发护理的作用

（1）通过定期清洁去除头发、头皮的油脂、污垢、灰尘，补充头发水分，改善头发分叉、枯燥的问题。

（2）促进头皮血液循环和新陈代谢，改善头发毛鳞片的状态，使干枯受损的发质恢复滋润的光泽，减少头皮屑和脱发。

（3）改善头皮油脂分泌过多的情况，同时强健毛囊，缓解头皮衰老，使头发健康生长。

二、头发护理产品及其选用

1. 头发护理产品

头发护理产品主要分为洗发类、护发类、养发类，见表6-1。

表6-1 头发护理产品

类别	作用	产品
洗发类	清洁头发、头皮	洗发水、头皮清洁膏、头皮清洁液等
护发类	为头发、头皮提供营养，使其富有光泽和弹性	发膜、精油、精华素、护发素等含有油分和营养蛋白的产品
养发类	促进头部的新陈代谢和血液循环	头皮精华液、头皮精油等

2. 不同发质的护理产品选择

头发护理产品应根据不同发质的需求选用合适的产品，选择方式见表 6-2。

表 6-2　不同发质的护理产品选择

发质类型		特征	洗发类	护发类	养发类
按形态分类	粗硬发质	形态粗硬，生长密集，有弹性，发根牢固	选择有滋润、修复功效的洗发水	选择有防干枯、滋润、修复受损功效的护发产品	选择有补水、滋润功效的养发产品
	细软发质	形态细软，生长稀疏，弹性较差，发根不稳固	选择有恢复蓬松度、增强头发弹性功效的洗发产品	选择有修复断裂、强化头皮营养功效的护发产品	选择标识有强化头皮营养功效的养发产品
按质地分类	干性发质	缺乏油脂，头发干枯、细软，容易分叉断裂	选择有补水、保湿、修复受损发质功效的洗发产品	选择有修护受损发质、保湿、滋润营养功效的护发产品	选择有滋润、强化头皮营养功效的养发产品
	中性发质	油脂分泌平衡，头发滋润、亮泽，富有弹性，是理想的发质	选择有滋润、保湿功效的洗发产品	选择有保湿、滋润功效的护发产品	选择有平衡水油、强化头皮营养功效的养发产品
	油性发质	油脂分泌旺盛，容易油腻，头皮屑多，缺少蓬松度	选择标识控油、去屑功效的洗发产品	选择标识控油、止痒、去屑功效的护发产品	选择有平衡水油、镇静功效的养发产品

三、头发护理操作

1. 头发护理的流程

（1）梳通头发。洗发前，先用气垫梳将头发梳通理顺，初步清理附着在头发表面的污垢。梳发时避免使用塑料材质的梳子，应选择气垫梳或木梳，可以促进头部血液循环，有效防止梳发时因拉扯头发而造成的掉发。

（2）清洁头发。清洁头发的关键是清洁头皮和发根，全面洗净污垢和油脂。先用温水将头发充分打湿，选择适合发质的洗发产品，将其涂抹在头发上。操作时先将洗发水涂抹在发尾处，揉搓起泡后向上涂抹，充分浸润发根。再用指腹按摩头皮和发根，溶解油垢、促进血液循环。这个步骤可以根据需要重复1遍，清洗完成后，用温水洗净头皮和头发上的洗发水，直至触摸无滑腻感。

（3）密集护理。受损发质脆弱易落，湿发时轻轻梳理就会掉落，经不起外力拉扯，因此需要在洗发后为头发做密集护理，以强韧发根。洗发后，先将适量发膜和精华液挤在手心，双手互相揉搓，使产品在手中混合均匀。将双手轻轻插入发中，均匀涂抹护发产品，并用指腹按压头皮，延伸至头发中段，使头皮和发根充分吸收产品，并适度按摩。3~5 min后，用温水冲洗干净。冲洗时应注意头皮的冲洗，不能有产品残留。密集护理对于受损发质很有帮助，可以每隔一天使用，持续14天，能有效改善头发受损、易落的状况，逐步恢复饱满丰盈的状态。

（4）精油护理。清洁后的头发一定要用干净的毛巾擦干，有条件的应自然晾干，尽量避免使用高温吹风机。一般情况下，使用吹风机时温度不能过高，自然温度和冷风可以在很大程度上降低对头发的损伤，防止头发中水分的流失。若有特殊情况，须在短时间内吹干头发，则尽量缩短使用高温吹风机的时间，并在吹风之前将头发梳通理顺，在发根处涂抹精油，使头发柔顺。

2. 不同发质的护理（见表6-3）

表6-3 不同发质的护理

发质	洗发	护发
干性发质	采用滋润型或温和营养型的洗发水清洁头发和头皮，洗发周期可略长，一般3~5天洗一次	用滋润型护发素、发膜养护头发，保持发质的亮泽和弹性。应每周使用发膜深度护理1次，补充毛发的油分和水分，并每两周使用去角质按摩膏按摩头部10~15 min，以促进血液循环，供给头皮营养，促进皮脂腺、汗腺的分泌
中性发质	根据季节变化选用适合的洗发产品，如冬、春季皮脂分泌量少，宜采用滋润型洗发产品；夏、初秋天气炎热，皮脂腺分泌旺盛，可采用清爽型洗发产品。洗发周期一般为2~3天洗一次	应10~15天进行一次深度护理，每两周使用去角质按摩膏按摩头部10~15 min，促进血液循环，供给头皮营养，促进皮脂腺、汗腺的分泌
油性发质	采用清爽型或去污力强的洗发水清洁头发和头皮，洗发周期较短，一般1~2天洗一次	用清爽型发膜保养发丝；每周使用头皮角质按摩膏做1~2次头部按摩，每次10~15 min。深度清理头皮油脂后进行洗发，并涂抹少量护发乳滋养头发

3. 问题头发的护理

（1）头发干枯、分叉。一般情况下，当头发生长到一定的长度，发梢就会产生分叉、易断的现象。定期修剪可避免头发因生长到一定长度而产生的分叉、易断现象，使发丝保持健康亮泽的状态。定期修剪还可刺激毛发细胞的新陈代谢，刺激毛发的生长，有利于发丝蓬松。

若头发不长，却出现干枯、分叉的情况，可能是由于人体过度疲劳、发质长期受损、头发长时间缺乏营养，或频繁染发、烫发、漂发等所致。应注意劳逸结合，合理调整饮食结构，多吃含碘、维生素A及动物蛋白质的食物，正确使用洗发、护发用品，减少染发、烫发、漂发的次数，可适当进行焗油护理。

（2）头皮屑过多。其原因可能有疲劳、头皮油脂分泌过多、洗发过于频繁，或使用碱性过大的洗发水、服用或注射药液等。针对头皮屑过多的问题，应正确选用洗发、护发用品，洗发时多用清水冲洗，保持头皮和头发的清洁，从而使头皮皮脂分泌逐步趋于正常。

（3）脱发。其原因可能有长期服用某种药物对身体形成定向刺激，体内新陈代谢紊乱。此外，体内缺乏维生素、荷尔蒙阶段性分泌不平衡也会导致脱发。应减少外界各种刺激，咨询医师调整内分泌问题。同时，经常做头部按摩，调节头皮的血液循环和新陈代谢，并适当使用头发营养剂。

（4）头发早白。其原因可能有遗传、营养性毛发黑色素缺失等。应从身体、营养、精神状态等方面进行调整，或通过染发改变头发的色彩状态。此外，平时多做头部按摩，促进头皮血液循环也有助于改善头发早白的问题。

4. 头发护理的要点

（1）洗发前可先用5%的盐水浸泡头发，再用洗发水清洗头发，这样可使头发柔软、光亮，还可以避免头发脱落。

（2）选用适宜发质的洗发水，水温不宜过热，以免头发质地变松、变脆。

（3）使用发梳时，应根据头发长度和卷曲度选择适宜的梳子类型，梳子材质最好是牛角或木质。

（4）不宜经常染发、烫发，以免发质受损、颜色干枯，造成断发和脱发。

（5）应经常按摩头皮，促进毛囊血液循环，防止脱发。

（6）保证充足睡眠，建议每天的睡眠不低于8 h。

（7）注重饮食健康，适度吃含碘的食物，能保护头发的光泽，干性发质的人多吃含维生素A及动物蛋白的食物，增加头发的皮脂分泌量。

培训项目 2

发型的分类与风格表现

一、发型的长度分类

如图 6-1 所示,从头部正后方的后颈基准点开始向下测量,以不同的长度区别头发的长短,确定发型的长短。不同长度的发型见表 6-4。

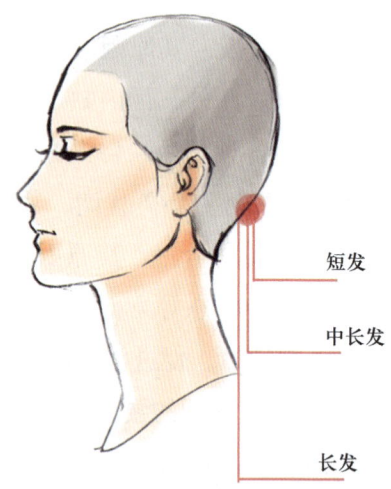

图 6-1 后颈基准点和发型长短

表 6-4 不同长度的发型

图示	说明
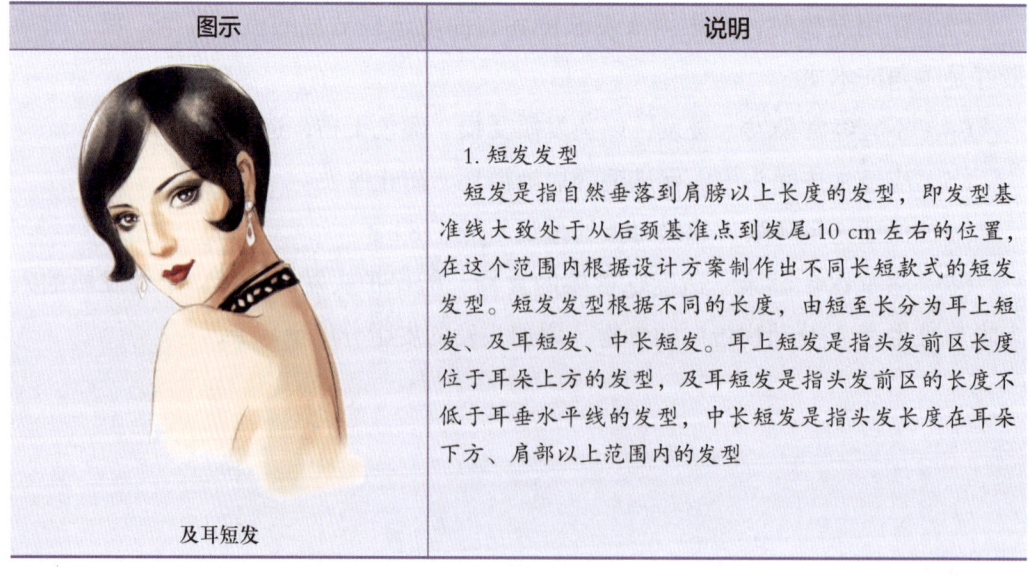 及耳短发	1. 短发发型 短发是指自然垂落到肩膀以上长度的发型,即发型基准线大致处于从后颈基准点到发尾 10 cm 左右的位置,在这个范围内根据设计方案制作出不同长短款式的短发发型。短发发型根据不同的长度,由短至长分为耳上短发、及耳短发、中长短发。耳上短发是指头发前区长度位于耳朵上方的发型,及耳短发是指头发前区的长度不低于耳垂水平线的发型,中长短发是指头发长度在耳朵下方、肩部以上范围内的发型

续表

图示	说明
 中长发"公主切"发型	2. 中长发型 中长发是指后区垂落至肩下水平线、前区垂落至锁骨附近的发型，发型基准线处于从后颈基准点到发尾 20~30 cm 的位置。中长发根据长度、曲直不同可以设计出各种风格，如长度位于锁骨附近的中长发称为齐肩发，将齐肩直发修剪出不同长短层次是时髦的"公主切"，具有东方韵味；将齐肩发的发尾微微烫卷呈内扣状则是受年轻女孩青睐的"梨花头"，显得温婉、丰盈、含蓄；将齐肩发的发尾微微烫卷呈外翻状是适合白领丽人的职业发型，有威严感却不失女人味……中长发型利落、好打理，款式变化多
 超长发	3. 长发发型 长发是指后区垂落至背部中央及以下区域、前区垂落至胸部及以下区域的发型，即发型基准线大致处于从后颈基准点到发尾大于 40 cm 的位置。一般来说，长度超过胸部下围水平线属于超长发范畴。长发发型的体量感强，长直发秀美婉约，长卷发浪漫优雅，能充分表现女性的性别魅力。但长发对发质健康程度的要求很高，要注意做好护理

二、发型九型风格

发型九型风格是以发型的直曲、刚柔为基本变量，在此基础上划分为曲线型、中间型、直线型，以及柔和质感、中间质感、硬朗质感三个衡量层次，并寻找其交集和联系，而归纳得出的。发型九型风格是对数量众多的发型形式的属性和变化规律所做的划分和归纳，是发型设计理论的基础，也是分析顾客风格、为其进行设计定位的有效参考，见表6-5。

表 6-5　发型九型风格特征

量感	名称	图示	特征	发型设计建议
小量感	可爱型		曲线型、小量感、柔和质感发型，有纯真、可爱、年轻化的特点 可爱型发型轮廓圆滑，卷度较小、质感细软，适合柔和的高明度、暖色系发色，使发型更添甜美感，头部造型的量感也会显得更蓬松、轻盈	长度到肩部为佳。修剪出细腻的层次，打造轻柔、温柔的氛围感。精致的微波纹卷、空气卷发、内扣式梨花卷都是不错的设计 不适合打毛、大波纹卷等粗糙、不自然的质感 饰品可选择小波点、细条纹、小格、小碎花、卡通图案的发夹、发箍、发带等
	时尚型		直曲组合型、小量感、柔和质感的发型，有活泼、帅气、中性的特点 时尚型发型线条利落，发尾有一定的卷度，适合带有灰度的高明度、中明度冷色调发色，加强潮流感特征	长度为修剪层次较高的短发或中长发。修剪出轮廓鲜明、不对称的形状，注意修饰发尾层次。中度波纹卷烫发造型、发尾的小外翻造型、适当挑染或渐变纹理都能体现时尚型发型的精致时髦气质 不适合大卷元素以及过于光洁的质感 饰品可选择带金属感的发带、边夹，款式利落的帽子等
	纯洁型		直线型、小量感、柔和质感的发型，有年轻、简洁、前卫、活力四射的特点 纯洁型发型整体圆润、轻盈，注重发际线和发尾线条的塑造，体现小量感发型精致感的同时，凸显设计感和个性，适合亮丽的高明度、中明度色彩，色彩层次单纯	长度为修剪层次较高的短发。修剪出柔和、圆润的发型轮廓，并在发际线、颈部附近的发尾塑造锋利的、有变化的直线。直线纹理、不对称线条都适合纯洁型发型的塑造 应避免过于单一的轮廓塑造，以及醒目的挑染、渐变色彩处理 饰品可选择时尚边夹、太阳眼镜等

续表

量感	名称	图示	特征	发型设计建议
中量感	优雅型		曲线型、中量感、柔和质感的发型，卷度圆润、自然，纹理设计曲直对比弱，有文雅、温柔、整洁的特点 优雅型的发型整体圆润、轻盈，质感细软，卷度平缓，适合黑色、栗棕色等自然色调的单色发色，体现传统、古典的美感	长度以中长发、长发为宜。修剪出低层次、质感略厚重的圆润轮廓，均匀的微波卷、整齐有序的蛋卷波纹都适合优雅型发型 应避免高层次修剪，以及不对称的、生硬复杂的纹理塑造，也应避免凌乱的蓬松感 饰品可选择精致的蕾丝发箍、发带，精致的花朵形边夹、抓夹，水钻饰品等
	柔美型		直曲组合型、中量感发型，卷度自然流畅，刚柔并济，有自然、休闲、活力、亲切的特点 柔美型发型整体圆润，曲线与直线的对比显得发型有弹性、有张力，受大部分顾客青睐，适合黑色、栗棕色等自然色系发色，在局部可做挑染处理，体现柔美的变化	长度以短发、中长发为宜。修剪出中等层次、量感适中的均衡造型，局部可有不对称的变化。中卷发、发尾内扣或外翘造型都能在整体的自然感中表现层次感 应避免小卷发、质感粗糙的烫发，以及色彩夸张的漂染、挑染 饰品可选择造型简约的发箍、发带、珍珠边夹等
	知性型		直线型、中量感、中间偏硬朗质感的发型，有精致、严谨、职业的特点，端庄稳重，显得很知性 知性型发型整体圆润、垂顺，有一定重量感，注重发型整洁度、发尾整齐度的塑造，体现中量感发型端庄、精致的气质，适合黑色、深棕的深色系发色，色彩层次单纯	长度以短发、中长发为宜，发质良好的长发也可。修剪出圆润、对称的造型，发尾整齐、厚重，重心向下，发线分缝整齐精致，体现光滑整洁的质感 应避免幅度过大的卷发造型、不整齐的轮廓线塑造，以及夸张的染色、醒目的挑染处理 一般不用饰品，工作时可使用简约的发绳、发夹等

续表

量感	名称	图示	特征	发型设计建议
大量感	浪漫型		曲线型、大量感、硬朗质感的发型，有大气、浪漫、自由、活力的特点 浪漫型的发型整体浓厚、圆润且富有变化，质感硬朗，卷度大，适合暖色调的单色发色，体现妩媚、热情的现代女性气质	长度以中长发、长发为宜。修剪出中等层次、质感厚重、均衡圆润的轮廓，纹理卷度应精致，发尾卷度应整齐。自由的大波浪卷发、纹理光洁的蛋卷波纹都很适合 应避免高层次修剪，会显得头发下端太薄、无力 饰品可选择精致的蕾丝发箍、闪亮质感发带、羽毛边夹等
	华丽型		曲直相间的中间型、大量感、硬朗质感、廓形为椭圆形的发型，多为半烫大波纹卷发，有华美、醒目、丰满、大气的特点 柔美型发型整体圆润，以曲线为主，富有层次，适合黑色、栗棕色等自然色系发色，体现古典、华丽的美感	长度以中长发、长发为宜。修剪出量感厚重、纹理光洁、质感硬朗的造型。发型塑造注重整体卷度的层次感和秩序感，发际线纹理精致，能有效修饰脸形 应避免小卷发、质感粗糙的烫发 饰品可选择水钻发箍、闪亮质感发带、水钻边夹等
	现代型		直线型、大量感、硬朗质感的发型，有干练、时髦、强势的特点 现代型发型轮廓几何感强、剪裁厚重、色彩前卫，富有个性和设计感，适合高明度、低纯度的色彩，体现发型修剪层次的设计感，凸显未来感。也可以采用深色发色，体现发型的轮廓线条	长度以短发、中长发、长发为宜。修剪自由度很大，可以采用多层次的、不对称的修剪方法，直发与小卷的纹理对比、色彩对比、长短对比、疏密对比都适用 应避免层次过高的修剪，以及过于蓬松的纹理 饰品可选择时尚礼帽、彩色发带、夸张边夹等

培训项目 3 发型与形象设计

一、发型与化妆造型的关系

1. 与化妆类型的匹配关系

浓妆和淡妆是基本的化妆类型,也是发型与化妆匹配的基准。发型设计的"轻重"应与化妆的"浓淡"合理搭配,浓妆配"重发",淡妆配"轻发",如图 6-2 所示。

淡妆与发型

浓妆与发型

图 6-2 化妆类型与发型

淡妆的肤色清透,眉、眼、唇的色彩和形状设计贴近生活,表现自然的美感,与之匹配的发型设计采用中量感的优雅型卷发,用柔和、圆润的曲线和自然润泽的色调打造文雅、温柔的氛围感,恰到好处地烘托顾客的气质。此类形象适合氛围轻松的婚礼场合,如室外草坪婚礼。

浓妆的肤色白皙,眉妆、眼妆清晰浓艳,唇妆采用饱满艳丽的玫红色,富有力量感。与之匹配的发型设计采取大量感盘发设计,将后区头发盘结成饱满的圆形,前区头发塑造成大体积的卷刘海,露出额头,提高颅顶,有效地塑造脸形、完善头形、承载帽饰,与化妆的力量感完美呼应。此类形象适合氛围庄重华丽的婚礼场合,如教堂婚礼、大型婚宴。

2. 与化妆风格的匹配关系

在发型设计中,应仔细观察、分析顾客的气质类型,结合化妆风格,通过发型长度、形状、格局、直曲的微调使顾客形象让人眼前一亮。

如图6-3所示,顾客脸形纤瘦美观,五官端正立体,眼睛结构良好,欧式妆型最能体现其容貌优势,突出五官和气质之美。发型设计打破原有的平均格局,在保持前区头发长度的情况下,将后区头发剪短,并以之字形偏分取代原来的一字形中分,形成一侧披散、一侧勾于耳后的格局。色彩上选用银棕色做层染处理,发梢浅、发根深,立体感更强,轻盈飘逸。设计后的发型整体长短、松紧对比强烈,造型富有张力且不失自然感,与化妆之美相得益彰。

日常风格　　　　　　　　时尚风格

图6-3　化妆风格与发型

3. 与化妆主题的匹配关系

在社交场合中,形象设计需符合场合的时间、地点、场景,化妆和发型设计作为形象设计的有机组成部分也应与此匹配。相对而言,化妆的主题设定与整体形象的匹配度更高、更具有符号特征,发型设计应与化妆主题一致。

如图 6-4 所示，同一位模特在参加日间社交宴会和晚间社交宴会时，呈现出不同的形象。

日间社交　　　　　　　　　晚间社交

图 6-4　化妆主题与发型

日间社交的妆容肤色白皙、眉形清晰，以小烟熏手法打造眼妆，体现双目神采，具有戏剧性。唇妆和腮红分别采用接近肤色的浅粉红色和浅肉色，表现出日间社交化妆接近生活状态的主题属性。发型在后区采用低盘发设计，前区采用偏向一侧、疏密有致的刘海，缩短面部视觉长度，凸显眼妆神采，并配合黑色帽饰，打造接近生活、具有宴会仪式感的造型。

晚间社交的妆容肤色白皙、眉形清晰，以相对浓重的小烟熏手法打造眼妆，唇妆用艳丽的梅子红，腮红用带闪颗粒的红色体现艳丽的妆感，符合晚间社交化妆的主题属性。发型采取高马尾卷发设计，将后区马尾梳至头顶，烫卷发梢，打造时尚、活泼的效果。前区刘海上梳，露出额头，并用宽丝巾修饰发际线，增加面部延伸感，显得浪漫明艳。整体的发型与化妆造型浑然一体。

4. 与化妆设计重点的匹配关系

在形象设计工作中，设计师须将顾客的形貌优势作为化妆设计重点，凸显优点、淡化缺点，从而达到修饰、改善的目的。发型设计应配合化妆设计，修饰脸形，凸显五官优势。

如图 6-5 所示，顾客是一位年轻女孩，脸形小巧，中庭略长，眼睛形状很美。

化妆设计将眼妆作为重点，塑造白皙、温柔的化妆造型。发型设计采取大量感浪漫型卷发造型修饰脸形轮廓，刘海保留齐眉厚刘海，适当缩短脸形，同时修剪刘海发梢、柔化刘海形状，突出眼妆的美感，使处于脸部和发型交界处的眼部成为整个头部造型的视觉重点。

日常风格　　　　　　　　　　　设计风格

图6-5　化妆设计重点与发型

二、发型与服饰造型的关系

1. 与服饰类型的匹配关系

在形象设计工作中，会根据顾客的身份、出席的场合、着装的时间和场景确定服饰的类型，并进行搭配和造型，发型应与服饰的类型匹配。

如图6-6所示的顾客穿着曳地长礼服裙，对应的场合相对隆重，发型设计为低盘发，与服饰隆重、正式的属性匹配；如图6-7所示的顾客穿着露肩黑色小礼服裙，对应的场合偏生活化，如商务晚宴等，发型设计为生活化的中量感柔美型披发造型，修饰脸形和头形，使颈部显得颀长美观，并与服饰类型匹配，大气又有亲和力。

2. 与服饰廓形的匹配关系

在与服饰类型匹配的基础上，发型应与服饰的廓形匹配。如图6-8所示，顾客穿着大体量感的西式钟形曳地长裙，适合重心向上的高盘发，额发向上撩起，露出额头，呈外扩、发散的格局；如图6-9所示，顾客穿着小体量感的旗袍，发型设计注重精致度，适合重心靠下的小盘发造型，在发际线部分以波纹卷修饰脸形，呈内敛、含蓄的格局。

图 6-6　与大礼服裙相配的发型　　　图 6-7　与小礼服裙相配的发型

图 6-8　与西式大礼服裙相配的发型　　　图 6-9　与中式旗袍相配的发型

3. 对服饰风格的调整作用

服饰搭配设计在一些场合中的发挥余地很小，或顾客需要在一天内穿着同一件服饰参加不同场合的活动。在这些情况下，可以通过调整发型引导服饰风格氛围，从而增强服饰的适应性。

如图6-10所示，顾客穿着同一件黑色小礼服裙，在妆容、首饰不变的情况下，通过发型前区的变化，体现不同的形象气质。基础款发型圆润、端庄，适应性强，适合大部分生活服饰；手推波款发型赋予小礼服裙精致妩媚的韵味；中分款发型S形曲线遮盖耳朵上半部分，赋予小礼服裙古典、雍容华贵的气质；高髻款造型隆起的立体前发区修饰在提高颅顶的同时，也提升了人物的气场，使穿着小礼服裙的女性显得格外成熟、端庄。

基础款　　　　　手推波款　　　　　中分款　　　　　高髻款

图6-10　发型与服饰风格

三、发型设计的其他规律

1. 社会角色与发型设计（见表6-6）

表6-6　社会角色与发型设计

社会角色	发型设计
公职人员	发型简洁、端庄，体现其朴素的职业气质，适合短发、中长发，不适合过长的头发
销售、公关	女性一般是长发，便于更换发型，保持新鲜感，发型不宜复杂，以简洁、大方为宜；男性的短发要利落，给人清爽、干脆、可靠的感觉
服务业从业者	女性通常为简单的盘发，简约不松散，位置偏下，刘海修剪至眼睛上方或抚于头顶上方，体现谦逊、清爽、干练的形象，且便于行动；男性以黑直短发为宜
艺术从业者	偏生活化的时尚发型，体现脸形、头形、五官的美感，长短皆宜，局部可进行个性化设计，体现时尚、前卫的特点
时尚界人士	其发型通常个性鲜明、色彩夸张、新颖前卫，与生活发型有一定区别，具有很强的戏剧性和符号性

2. 性格气质与发型设计（见表6-7）

表6-7 性格气质与发型设计

性格气质	发型设计
温柔文静	适合简洁、自然，纹理有序、整洁，廓形线条柔和的发型，如自然内扣式的发型、"公主切"直发发型
浪漫妩媚	适合卷曲度不大的长卷发，纹理层次一致，柔和浪漫，如有序的微波卷、羊毛卷长发
端庄大气	适合长发波浪式的发型，露出额头。头发可以披散，或扎束、盘结在脑后，造型简洁、无碎发
青春活泼	适合直发、齐刘海、波波头等大块面、形状明确的发型，马尾辫也是不错的选择
前卫豪爽	适合利落、轻盈的小量感短发，或造型别致的编发发型

培训项目 4 发型工具与美发用品

一、发型工具的类别（见表6-8）

表6-8 发型工具的类别

类别	名称	性能及作用	使用建议
修剪、吹风工具	剪刀	剪发工具，有直剪、牙剪两种，用于调节发长，营造层次，使头发边缘整齐	剪刀型号多样，可根据操作要求选择不同的剪刀尺寸
	削刀	削发工具，用于将头发打薄，削刀修剪能使发型线条柔和、层次过渡自然	使用时削发角度一般以30°～45°为宜
	推剪	用于剪断头发、制作发型层次，分为手推剪和电推剪，目前常用的是电推剪	电推剪操作灵活、方便、效率高
	电吹风	吹风造型的主要工具，可以制作蓬松、饱满、富有动感的发型	使用时可以搭配滚刷、九排刷，制作弧度优美的卷发
烫发造型工具	直板夹	夹板呈扁平状，以电为动力，通过高温使头发变直，用于打造垂顺的直发造型	使用时头发在发尾处向内或向外翻转，可以制作内扣或外翻的微卷造型，也可用于塑造刘海弧度
	波纹夹	夹板呈波浪状，以电为动力，通过高温制作水波纹发丝造型，用于打造有规律的波纹状长卷发造型	中长发适用小型波纹夹，长发适用大型波纹夹
	卷发棒	夹板呈圆柱状，以电为动力，通过高温制作卷发造型，用于打造多变的卷发造型	卷发棒有大、中、小不同直径、卷度的型号，可根据造型需要选用。卷发棒适宜温度是90～100℃，温度过高可能会造成头发损伤

续表

类别	名称	性能及作用	使用建议
梳发工具	剪发梳	也称两用梳，梳齿一头宽、一头窄，分别用来分线、梳理，是剪发的理想用梳	使用时配合剪刀操作
	抄梳	梳身小巧轻薄，可以推剪发型底部贴在头皮上的头发	使用时可以配合电推剪操作
	疏齿梳	梳齿宽大，可以梳理清洗后的头发，也可以在发型完成后使用	在发型完成后用疏齿梳梳理头发，能增强发型的纹理，产生动感效果
	尖尾梳	也称挑梳、分针梳、烫发梳，用于烫发、卷发、盘发。梳齿处用于梳理头发，尖尖的尾部用于分发区、整理发型层次	尖尾梳有两种，梳齿一样长的尖尾梳用于梳通、梳顺头发表面，梳齿一长一短的尖尾梳用于打毛增厚
	九排刷	有大、小之分，大九排刷梳齿有九排，小九排刷梳齿有七排。九排刷一般为塑料材质，胶皮底托上有排列整齐的塑料梳齿，梳齿较密，能塑造光滑、柔和的发型	可以配合吹风机使用，也可在排骨刷、滚刷使用之后用九排刷调整发丝纹理
	排骨刷	背部似排骨状，一般由塑料制成，梳齿较稀，一长一短为一组，具有竖立发根、拉顺发丝的作用，能塑造自然、活泼、动感的发型	可以配合吹风机使用，制作短发吹风造型、刘海吹风造型
	滚刷	由尼龙针刺或猪鬃毛制成，呈圆柱体状。用滚刷在头发上旋转使用，能塑造卷曲、蓬松的发型，增加发型的动感和弹性。近年来也有铝合金制成的滚刷，其特点是聚热、散热功能强	可以配合吹风机使用，用滚刷拉顺发丝，制作不同弧度的卷发造型，使发丝富有弹力和光泽
	钢丝发刷	刷柄通常为木质，发刷主体的胶皮底托上排列着一环一环整齐的金属梳齿。钢丝发刷主要用于梳理波浪式发型和束发造型，经钢丝发刷梳刷后的发丝清晰亮丽	可以梳理假发片，能够快速梳顺头发，使头发不易打结

续表

类别	名称	性能及作用	使用建议
烫染工具	烫发杠	空心圆柱体，用于制作不同形状的发卷	根据头发的长度和顾客的要求，可以选择不同种类、直径的烫发杠，结合烫发药水，烫出不同形态的卷曲效果
	棉纸	一种多孔性的美发用纸，渗透性强，可以帮助头发均匀吸收药水	使用时，用棉纸包住发梢，使长短不一的头发平整易卷
	带垫盆	一种凹形托盆，在烫发操作时防止药水滴落在顾客的衣物上	使用烫发药水时，将它放在顾客的颈部
	染发刷	一种集尖尾梳、发刷为一体的染发专业工具，用于将染发剂均匀涂抹在头发上	染发时，用染发刷尖尖的尾端挑出一片头发，然后用发刷端将染发剂均匀涂抹在发片上
	调色器皿	一种用来盛放和调试染发剂的容器，里面有刻度，方便掌握用量、调配比例	
	手套、耳罩	手套分为胶片手套和塑料一次性手套，避免染发剂蘸染美发师双手。耳罩是罩戴在耳朵上，避免染发剂和漂浅剂接触顾客耳朵的工具，尤其在染短发时更为适用	使用时配合染发刷操作
	染发围布	染发时围在顾客颈部、遮蔽顾客身体，可以避免染发剂或水污染顾客衣物	选择防水性好的染发围布，使用时注意穿戴牢固、严密
其他工具	定位夹	用于在剪发、染发、盘发时暂时固定头发，确保操作规范、有秩序	使用时根据设计目的和头发长度选择适合的定位夹
	一字夹	一般为黑色钢质小发夹，用于盘发、盘卷操作时固定头发	使用时选择尾端为圆头的发卡，以免扎疼顾客
	U形夹	一般为U形黑色钢质小发夹，用于盘发操作时固定头发	U形夹有大小之分，根据发量选择型号。发量厚密的适用大号U形夹，发量稀松的适用小号U形夹
	皮筋	一般为黑色或肤色乳胶圈，用于制作发型时扎束头发	扎发时可将两条皮筋串接起来，用一字夹串套皮筋进行操作
	喷壶	用于在剪发、盘发操作中喷湿头发	选择喷头细密的喷壶，能喷出均匀细腻的水雾
	塑料卷筒	呈圆筒状，用于卷烫头发，增加发卷的体积和头发的弹性	使用时，先打湿头发，分出一束发片，按照设计的方向将发片缠绕在卷筒上并加以固定。卷完后，将头发用吹风机加温定型成卷
	毛巾	一般为白色、浅色，全棉材质，在美发操作中起到清洁、遮挡的作用	可用于初步擦干湿发；可披在围布外的肩部，可防止美发产品污染顾客的衣物

二、美发用品的类别（见表 6-9）

表 6-9　美发用品

类别	名称	性能及作用	使用建议
清洁、护发用品	洗发水	具有较强去污能力，泡沫丰富、便于冲洗，用于清洁头发、头皮	根据顾客的头发类型和头皮健康状态选择合适的洗发水
	护发素、精华素	护发素能使头发柔顺、有光泽、不易产生静电。精华素具有护理头皮、活化头皮组织、修复受损发质、平衡皮脂分泌的作用	洗发后，在头发上涂抹适量护发素，停留 3~5 min，然后用清水洗净。精华素具有免洗功能，一般在洗发后直接涂抹在头发上
	焗油产品	主要有免蒸焗油和加热焗油两种，能滋润、修护头发	取适量产品均匀涂抹在头发上，将头发梳顺后用定位夹固定，根据实际需要戴上专用的塑料帽，加热 15~25 min 后将头发洗净
	发膜、倒膜	发膜、倒膜多数需要清洗干净，涂抹在头发上起滋养、保护作用	对于干燥受损的头发，选择发膜、倒膜均可。发膜、倒膜使用方法类似，区别在于倒膜需要加热。使用不可过于频繁，以一周一次为宜
定型用品	发胶	喷洒在发型上，起迅速固定作用	将发胶摇晃均匀，在距离头发 20 cm 处对准发型直接喷射，在发型的表面形成一层薄膜，即可定型
	摩丝	定型能力较强，起保湿、亮泽、固定作用	将摩丝瓶轻轻摇晃，使瓶中产品均匀，再挤压取用，将产品挤在手中，均匀涂抹在头发上
	啫喱水/膏	用于日常的头发定型，能迅速使发丝彼此黏住，起造型作用，富有光泽感和湿润感	将啫喱水直接喷在手中，用手将啫喱水抹在头发上。啫喱水适宜局部造型，使用面积太大可能会有视觉上的油腻感
	发泥	呈半固体状，能塑造具有动感效果的发型，也可以用于制作假发造型，效果自然，能给头发增加一层保护膜，起滋润、修护、软定型效果	先将头发吹至八九分干，取少量发泥涂抹在头发上梳开或抓匀。不能取量太多，以免显得过于黏腻
	发蜡	一种凝胶状或半固体状油脂，能够固定发型，使头发靓丽、有光泽，发蜡定型比发胶定型更柔和自然	先将头发吹干，取适量发蜡在手中揉开，均匀涂抹在头发上，使发丝呈现润泽、富有纹理感的效果

续表

类别	名称	性能及作用	使用建议
烫发用品	烫发液	能将头发角质蛋白之间的分子软化断开，重新组合产生新的形状	先将发杠卷好，由下至上涂抹烫发液，停留15~30 min后，用清水洗净
烫发用品	定型液	能使头发角质蛋白结构变硬并固定下来	先将头发上的冷烫液冲洗干净，用毛巾吸干发卷上的水，然后涂抹定型液，停留8~10 min后，用清水洗净
漂染用品	漂浅剂	破坏发芯色素、将头发色彩变浅，需要与双氧乳一起使用	与双氧乳按一定比例调配成黏稠状，涂抹在头发上，其会与头发产生化学反应，减弱并分散头发原有的色素，使其变浅
漂染用品	永久性染发剂	其色素颗粒可以通过头发的表皮层进入皮质层，在发生膨胀后留在皮质层，从而达到长久改变头发颜色的目的	与双氧乳按照一定比例调配后，均匀涂抹在头发上，停留20~35 min后，用清水洗净
漂染用品	半永久性染发剂	其色素颗粒可以通过头发的表皮层进入皮质层，固色能力弱，容易因洗发而褪色	直接涂抹在头发上，停留约30 min后，用清水洗净。这种染发剂只适合在颜色较浅的头发上使用
漂染用品	暂时性染发剂	其色素颗粒粗大，只能附着在头发的表层，洗发后颜色就会褪去，只能暂时性改变头发颜色。彩色发胶就是一种暂时性染发剂	使用彩色发胶时，先将瓶身摇晃几下，使瓶内产品混合均匀，然后直接喷在头发上，做出符合设计方案的造型效果
漂染用品	双氧乳	一种辅助漂染产品，需要与漂浅剂或染发剂一起使用，可以对头发进行褪色、着色处理	使用时将其与漂浅剂或染发剂按一定比例混合后，均匀涂抹在头发上，停留一定时间后洗净

三、发型工具、美发产品的日常维护

1. 发型工具的清洁与保养

美发工具是完成美发服务工作的必要条件，所有美发工具都必须妥善清洁与保养，保持结构完整，外表光滑、干净，没有断齿、缺角件、尘垢积聚、机件失灵等情况。

（1）吹风机的清洁与保养

1）吹风机不能受潮，必须放置在干燥位置，使用时应轻拿轻放，定期用电笔测试是否有漏电现象。

2）每天工作结束后应拔去吹风机的电源，收束好电线，保持整洁，避免拉扯电线，造成内芯折断。须定期检查电线是否磨损、破裂，电源插头是否松动。

3）工作后用干布擦拭吹风机机身，如有发胶等美发化学物品残留物，可用酒精棉球擦拭，保持机身干净整洁。

4）及时清除吹风机风罩上的灰尘，避免形成尘垢。

5）注意吹风机的运转情况，若在使用过程中听到异常声音，或只热不转，应立即停止使用，送专业维修点维修。

（2）剪发、卷发工具的清洁与保养

1）工作后将剪刀用湿布擦净，使刀刃表面没有美发产品残留物，然后用干布擦干。定期在刀刃部分滴油，然后开闭剪刀，尽量清除交叉部分累积的碎头发和金属屑。

2）美发剪刀不可用来剪硬物，以免造成刀刃损坏。

3）电推剪使用后，用随机附带的小刷子顺着刀刃方向清理碎屑，再用水清洗刀头。清洗后一定要及时擦干，防止生锈。待刀头彻底干后，在刀刃上滴上数滴润滑油。刀头定期更换。尽量不连续使用 30 min 以上，以免发热造成功率下降。

4）电推剪的机身不能直接用水冲洗，也不能用酸性物质清洗，可用中性洗液擦拭机身。

5）若是充电电推剪，应将电释放完后再充电，每次充满电。这样可以有效延长充电电推剪的使用寿命。

6）切断卷发工具电源，用中性清洁剂将卷发工具上的美发产品残留物、水渍、油渍擦拭干净。再用蘸了清水的湿布将卷发工具上的清洁剂擦拭干净，放置于通风处阴干。

（3）梳子、刷子的清洁与保养

1）各种梳子、刷子使用后都要用毛刷把梳齿缝内的碎发、油垢等刷洗干净，以免细菌滋生。

2）定期用碱水浸泡，将油垢、发胶等污垢泡软、分离出来，再将梳子放入温水中轻轻晃动，使污垢脱落。钢丝刷可用纱布从金属针覆盖至底部的橡皮碗上，这样既不影响使用，又便于清除污垢，对刷子也能起保护作用，然后用牙刷或棉签蘸取适量清洁剂刷掉梳齿中的污垢，用清水冲洗干净，用纸巾擦干。

3）将清洁后的梳子梳齿向下，放置在干净、干燥的毛巾上自然晾干，请勿暴晒或使用高温吹风机吹干。

（4）烫染工具的清洁与保养

1）工作完成后，将烫发杠、塑料卷筒、带垫盆、染发刷、塑料耳罩、调色器皿用中性清洗剂浸泡片刻，再用清水洗净，阴干收纳。

2）将染发围布、毛巾定期清洗、烘干，保持无异味、干净。毛巾可适当使用漂白剂和柔顺剂。

2. 发型工具、美发产品的收纳

（1）发型工具可以集中收纳在一个浅筐内，置于工具推车中。

（2）皮筋可与一字夹、定位夹、U形夹置于有隔断的收纳盒中，也可以直接挂在工具车的粘钩上。

（3）美发产品根据性能进行分类，储存于工作室的橱柜中。若同类美发产品数量较多，应根据其包装上的使用日期进行归类收纳，先使用日期临近的产品。

（4）平时工作时，应提前准备好产品和工具，将产品、工具有序地排列在工具筐内，置于工具车或工位台上，便于造型时随时取用，为顾客做好服务。使用后清洁、保养工具，将产品和工具归于原位。

3. 发型工具的消毒

形象设计机构的美发服务会接触很多不同的顾客，电推剪、剪刀、剃刀、梳子、刷子、围布、毛巾等工具都与顾客的头发、皮肤直接接触。为了保障顾客的身体健康，提高服务质量，必须经常对发型工具进行严格消毒。

（1）工具消毒。常用方法有75%酒精浸泡或擦拭、紫外线消毒两种。

1）75%酒精浸泡或擦拭。将清洗干净的工具放入75%酒精中浸泡，或用75%的酒精棉球擦拭。这是最常规的消毒方式，但电动工具不可浸泡，只能擦拭。

2）紫外线消毒。若紫外线消毒箱内上下各有紫外线灯管，可将清洗干净的工具放入箱内，用灯光照射20 min即可完成消毒。若紫外线消毒箱内只有一侧灯管，则需要在一面消毒完后，再把工具翻过来消毒另一面，以达到完全消毒的目的。紫外线消毒是目前美发行业工具消毒中常用的简便、有效的消毒方法。

（2）毛巾消毒。毛巾消毒的常用方法有煮沸消毒、烘烤消毒和蒸汽消毒三种。

1）煮沸消毒。将洗净的毛巾拧干后，直接放入沸水中煮5 min。

2）烘烤消毒。将洗净的毛巾拧至七八成干后，放入红外线烘烤箱内，消毒10 min。

3）蒸汽消毒。将洗净的毛巾拧至七八成干后，放入蒸汽消毒箱内，消毒10 min。

职业模块 7
美甲基础

培训项目 1 指甲的结构、生长及常见异常

美甲是根据顾客的手形、甲形、手部肤质等要素,对指甲进行消毒、清洁、护理、保养、修饰的过程。美甲的表现形式多样,能表现顾客的喜好、品位、性格,展现其形象风格,并在修饰美化手部的同时,带给顾客美好、积极的心理感受。

一、指甲的结构与生长

1. 指甲的结构

指甲主要成分是角蛋白,由表皮细胞演变而来,厚度为 0.3～0.8 mm。指甲的结构如图 7-1、图 7-2 所示。

(1)甲母。甲母位于指甲根部,其作用是产生组成指甲的角蛋白细胞。甲母是指甲生长的源泉,甲母受损就意味着指甲停止生长或畸形生长。

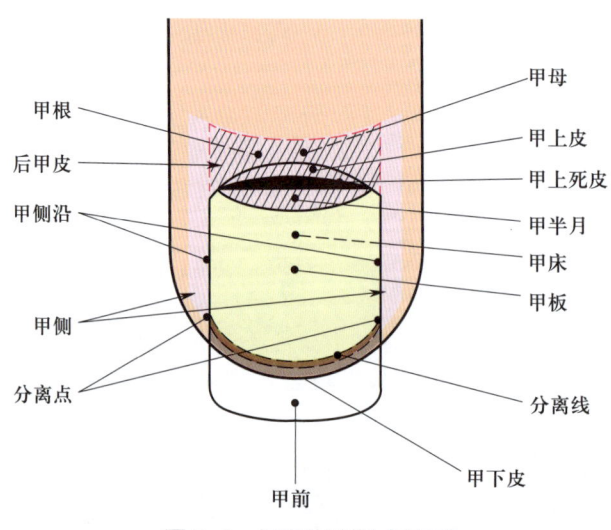

图 7-1 指甲的结构(正面)

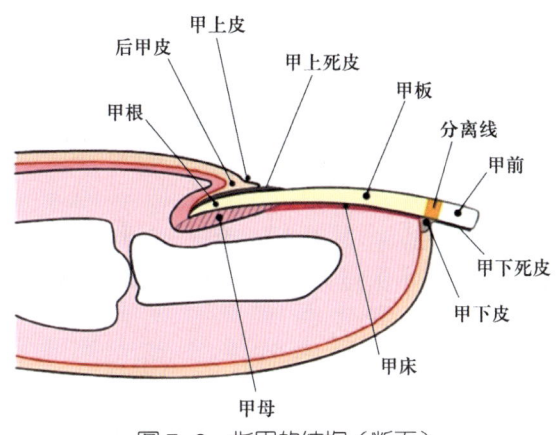

图 7-2 指甲的结构（断面）

（2）后甲皮。后甲皮是指甲根部衔接皮肤的部分。

（3）甲侧。甲侧是指覆盖在接近指甲左右侧皮肤的部分。

（4）甲上皮。甲上皮保护后甲皮，防止细菌和其他异物侵入。

（5）甲上死皮。甲上死皮由甲上皮产生，是在指甲表面附着的角质。

（6）甲半月。甲半月是指甲根部的半月形乳白色部分。

（7）甲根。甲根较为薄软，位于皮肤下面、指甲的根部，其作用是以新产生的指甲细胞推动老细胞向外生长，促进指甲的更新。

（8）甲板。甲板也称为指甲板，位于指皮与指甲前缘之间，附着在甲床上。甲板由几层坚硬的角蛋白细胞组成，本身不含有神经和毛细血管。

（9）甲侧沿。甲侧沿是指甲左右的侧面。

（10）甲床。甲床位于甲板的下面，是指甲的基底部分，是衍化的表皮，起到连接指甲与皮肤的作用。其下真皮含有大量的毛细血管和神经，因此整体呈粉红色。

（11）分离线。分离线是指甲从甲床离开的分界线，在指尖处会显现黄白色的弓形线，又称微笑线。

（12）甲下皮。甲下皮是防止细菌等异物侵入指甲下面的皮肤部分。

（13）甲下死皮。甲下死皮由甲下皮产生，是指甲前内侧附着的角质。

（14）甲前。甲前也称指甲前缘，是甲板顶部延伸出甲床的部位。因为甲前不含水分，所以不透明。

（15）分离点。分离点是分离线接触侧面的点。

2. **指甲的生长**

指甲的生长周期为 5~6 个月，手指甲平均每月生长 0.3 cm，夏季比冬季生长稍快。指甲的生长和健康状况取决于身体的健康状况、血液循环情况，以及体内的矿物质含量。

二、指甲的常见异常

1. 指甲常见异常的类别

健康的指甲色泽呈粉红色，不易折断，有一定硬度，有弹性、有光泽，无斑点、无凹凸，指甲的边缘与指尖肉平行。指甲常见异常的类别见表7-1。

表7-1 指甲常见异常的类别

类别	图示	说明
指甲萎缩		指甲萎缩是指指甲变得又脆又小，容易剥落，一般是由于皮肤病或内脏疾病造成的。生活中应避免使用碱性强的肥皂和化学品，并避免指芯受伤。指甲萎缩经常与甲癣混淆，患者应当去医院进行治疗。不严重的指甲萎缩可以接受美甲服务，如按正常的步骤做水晶甲等，但操作时需要非常小心
咬残的指甲		咬指甲是一个不好的习惯，会使指甲甲板内缩、形状不完整，情况严重时会影响指甲形状的正常生长，无法做美甲。有咬指甲习惯的顾客一般会有固定的几个指甲形状异常，在甲形变异不严重的情况下，可以通过做水晶甲帮助顾客重塑甲形，并改掉咬指甲的不良习惯
灰指甲		灰指甲又称甲癣，是由于手指处的血液循环不畅，或被皮癣菌侵犯指甲或甲下所致，出现浑浊、变脆、增厚、脱落、变色等，应去医院检查治疗。有灰指甲时，不建议做美甲
指甲淤血		指甲淤血是指指甲因受伤而出现甲板下方有血块、发黑。严重时整个甲床淤血，指甲整体呈现黑色。如果未伤及甲母，数月后就会有新指甲生成。如果淤血的指甲没有松动且无不适感，则可以涂指甲油或做水晶甲

续表

类别	图示	说明
甲沟皲裂	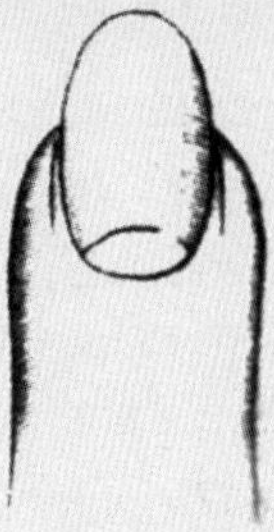	甲沟皲裂是由于手部干燥而导致的指甲沟处指皮开裂、皮肤破损。过多接触效果强烈的甲油去除剂或清洁液也可能引起甲沟皲裂。美甲时应注重手部护理
指甲起皱	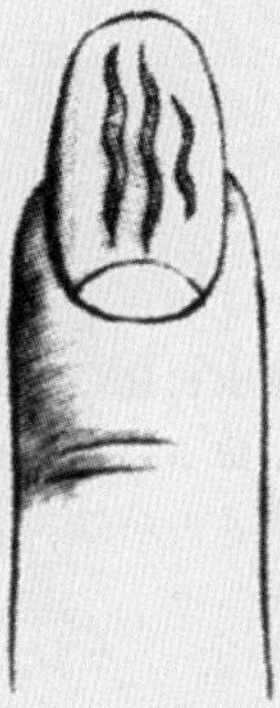	指甲起皱是指由于疾病、节食、神经紧张等造成指甲表面凹凸不平。美甲时可以将起皱部分打磨平整，再进行修饰
蛋壳形指甲	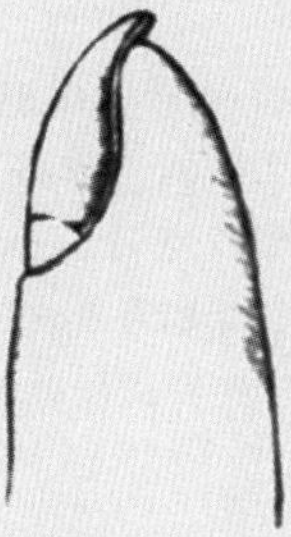	蛋壳形指甲的前缘向前弯曲、包住指尖，形似蛋壳的弧度。蛋壳形指甲本身较为薄软，呈白色，其形成的原因和指甲起皱的成因类似。对于此类指甲，通常是做水晶甲修饰，操作时需要极为小心
甲刺		甲刺是指指壁上的裂口处长出多余的皮肤。美甲时应注重手部护理，用指甲推、甲剪修整，并涂抹指缘油

续表

类别	图示	说明
指甲破裂	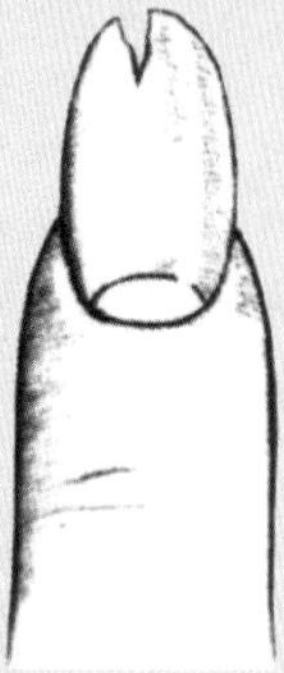	指甲破裂是由于剪、锉方法不当，或过多地使用指皮熔剂、强碱性的肥皂、化学用品等所导致的指甲受伤破损。美甲时应注重指甲护理，将甲前的破损部分修剪干净，使其不再恶化，再进行手护理，缓解指甲破裂的情况
白斑甲	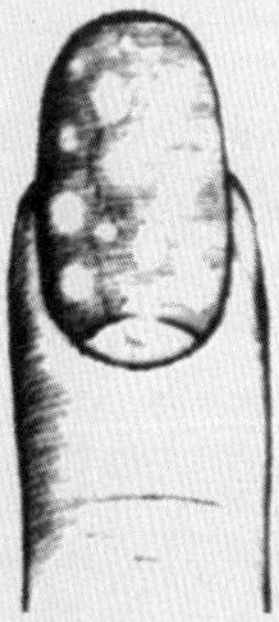	白斑甲又称白点指甲，是由于疾病或者轻微指甲创伤造成的指甲上出现白色点状物，会随着指甲的生长而消失。白斑甲影响美观，并不是严重的指甲疾病。如果指甲并未松动，且无不适感，可以直接涂指甲油或做水晶甲
指甲分离	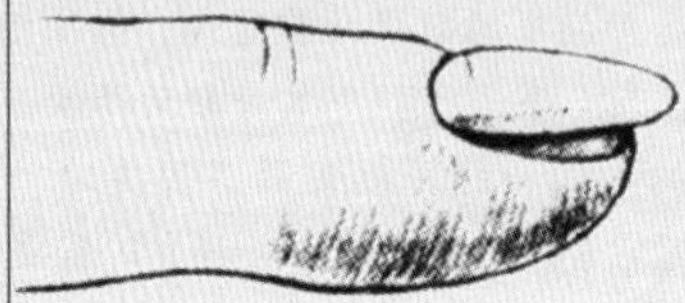	指甲分离是指指甲从指甲前缘下的甲床开始分离，逐渐扩展至甲弧，但指甲只是松动并不脱落。剥离部分甲下形成空洞，易堆积污物，造成感染。指甲分离一般是由真菌或疾病所致，也可能是指甲受到重压、指芯被尖锐物体刺伤。指甲分离时，不建议做美甲
甲沟发炎		甲沟发炎是指后甲周、侧甲周出现红肿，原因通常是念珠菌感染，具有传染性。甲沟发炎时，不建议做美甲

2. 指甲常见异常的处理

（1）戴手套保护手指。日常生活中，洗碗、洗衣服时难免接触化学洗涤剂，有些对指甲伤害很大，应戴上手套。肥皂水也会伤害指甲，手长时间在高浓度肥皂水中浸泡，会引起指甲松动。指甲长时间泡水处于膨胀状态，离开水后脱水干燥指甲容易收缩，这样会使指甲变得脆弱。

（2）避免让手指直接接触碱性洗液。碱性洗液会对手部的皮肤、指甲造成伤害，尽量不要用手指直接接触。如果直接接触，要及时用清水冲洗，涂抹护肤霜，并按摩至吸收。

（3）勿过分修剪指甲两侧的茧皮，以免发炎。糖尿病患者若发现指甲两侧发炎，应及时就医。

（4）涂指甲油前，先上一层底油，以防指甲变黄。

（5）预防真菌感染。如果指甲变绿，可能是绿脓杆菌感染所致，应及时剪去感染部位，注意日常卫生。

（6）勤做手部护理。双手和脸部一样需要精心呵护，手部护理以每周1~2次为宜。

（7）补充维生素，保证指甲健康。缺乏维生素A会使指甲干燥易裂；缺乏维生素B会使指甲脆弱，并出现纵向及横向的突脊纹；缺乏维生素D会使指甲过度干燥；缺乏蛋白质、叶酸、维生素C，会使指甲出现倒刺及白条纹。有针对性地补充维生素，能使指甲保持健康、美观的状态。

（8）发现霉变指甲时，应立即除去自然指甲上的所有覆盖物，如指甲油或水晶甲等，并按规范程序进行处理。

（9）指甲发蓝可能是全身血液循环不良，或某种心肺疾病的症状。发现该种情况，应立即终止美甲服务，并建议顾客就医。

（10）遇到指芯外露的指甲，应特别注意指托板的上法，以免伤到顾客的指芯。

（11）遇到瓦楞状指甲，应让顾客做手部护理，特别要注意指甲表面的刻磨。

培训项目 2　美甲工具

一、美甲修磨工具（见表7-2）

表7-2　美甲修磨工具

类型	名称	说明
修剪类	指甲刀	修剪指甲的长度
	指皮推	推起指甲后缘的老化指皮
	指皮剪	修剪被推起来的老化指皮
	U形剪	修剪贴片指甲的前缘长度
打磨类	砂条	一般来说，砂条号越小，对指甲的磨损越大；砂条号越大，对指甲的磨损越小。80号、100号砂条用于水晶指甲的修形与打磨，150号、180号砂条用于贴片指甲、光疗指甲的修形与打磨，180号、240号砂条用于自然指甲（真甲）的修形或刻磨
	海绵抛	对自然指甲、水晶指甲表面进行抛光，可去除自然指甲甲面的不平整部分、水晶指甲表面粗糙的砂条痕迹和指甲前缘的毛边
	抛光条	对自然指甲、水晶指甲表面进行抛光，比海绵抛更加细腻，能更好地将指甲表面处理光滑

二、美甲清洁工具（见表7-3）

表7-3　美甲清洁工具

名称	说明
粉尘刷	在护理手部时，清除自然指甲上的皮屑粉尘；在做人造指甲时，清除修甲留下的粉尘
棉片	在工作前后蘸取酒精溶液擦拭美甲工具，以及在美甲过程中擦拭指甲
棉球	辅助清除指甲油以及手指上的各种污渍

续表

名称	说明
橘木棒	制作棉签，以清除甲沟处残留的甲油、胶水等
泡手碗	浸泡手指，软化指皮
消毒液容器	盛放消毒液，用于浸泡美甲工具
玻璃碗	让顾客洗手，或加入卸甲液浸泡水晶指甲

三、美甲辅助工具（见表 7-4）

表 7-4　美甲辅助工具

名称	说明
手枕	托垫顾客的胳膊
调色盘	调制绘制彩绘甲时所需的颜色
棉片盒	存放棉片和棉球
小剪刀	修剪装饰纸、指托板等
小镊子	夹取装饰物、钻饰等
甲片盒	盛放指甲贴片，可将指甲贴片按型号分别放置
隔趾海绵	美甲过程中夹在脚趾间，让脚趾分隔开，以便于涂抹甲油
指托板	水晶指甲、光疗指甲前缘延长的辅助用具
水晶笔	制作水晶指甲
甲液杯	盛放水晶甲液
人造钻石、吊饰	点缀和装饰指甲
彩绘笔	可分为排笔、描线笔、造型笔，用于指甲绘画
垃圾桶	盛放美甲过程中产生的垃圾

四、甲油胶配套辅助工具

甲油胶配套辅助工具主要是指光疗灯，专用于美甲工序中光疗胶的烘干。

培训项目 3

甲油与甲油胶

一、甲油的类别

甲油广泛应用于指甲的修饰美化，其颜色丰富艳丽，兼具美观和保护作用。甲油按用途可分为底油、彩色甲油和亮油三大类。

1. 底油

底油用于增强指甲油的附着力，防止彩色指甲油色素沉着，保护本甲。应选择涂抹后效果亮泽、质地细腻、不易脱落的优质产品。

2. 彩色甲油

彩色甲油分为亚光甲油、珠光甲油、激光甲油等，呈现不同的色彩光泽感。应选择黏稠度适中、光泽度高、质地细腻、易干的优质产品。另外，可根据季节特点、顾客肤色，以及顾客服装的款式、颜色、图案等来选择合适的彩色甲油。在操作前要和顾客充分沟通，征求顾客意见。

3. 亮油

亮油可在指甲表面形成比较硬的保护膜，保护彩色指甲油，使其保持光泽，并能预防指甲被刮伤、摩擦，使美甲效果更持久。

二、甲油胶的类别

甲油胶在当今美甲行业应用广泛，具有环保无毒、健康安全的特征，兼具胶类和甲油的优点，色泽饱满剔透，涂抹方便，光泽保持持久。

甲油胶根据用途，分为底胶、彩色甲油胶和封层胶三类。

（1）底胶。底胶涂于本甲上，作为中间载体，能加大本甲与甲油胶之间的密合力度。

（2）彩色甲油胶。彩色甲油胶涂于底胶上，其光泽度与持久度都优于甲油，可以用专业的溶剂轻松卸除。

（3）封层胶。封层胶具有保护彩色甲油胶的功能，使甲面在灯光或自然光下具有更高的光泽度。

三、甲油胶的选择

1. 根据质地选择

甲油胶有瓶装和罐装之分，质地厚薄不同，可以根据指甲的情况进行选择。瓶装甲油胶质地水润，涂抹 2~3 遍后可以达到饱和的色泽效果。使用方法和甲油相似，非常便捷。罐装甲油胶质地较厚重，需要另用笔刷涂抹 1~2 遍，达到饱和的色泽效果。但涂抹时容易有刷痕，厚薄不易掌握。彩绘胶也是甲油胶的一种，质地厚、饱和度高，专门用来绘制图案。

2. 根据效果选择

甲油胶有不同的呈现效果，如猫眼胶、碎钻胶、金属胶、石膏胶等，可根据设计效果进行选择。

培训项目 4 贴片甲

一、贴片甲的类别

贴片甲根据粘贴方式主要可分为全贴片甲、半贴片甲、法式贴片甲、浅贴片甲、沙龙艺术甲,见表 7-5。

表 7-5 贴片甲的类别

图示	说明
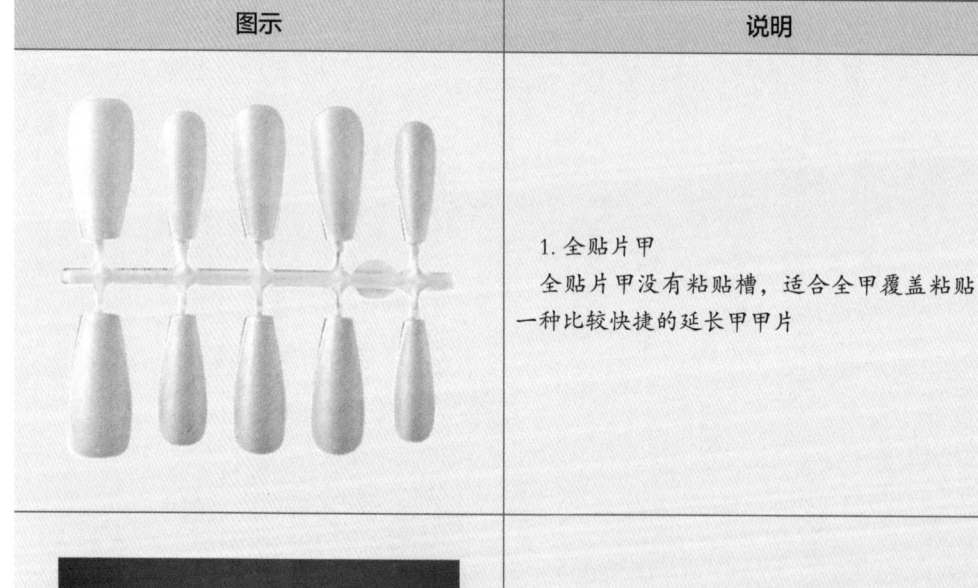	1. 全贴片甲 全贴片甲没有粘贴槽,适合全甲覆盖粘贴,是一种比较快捷的延长甲甲片
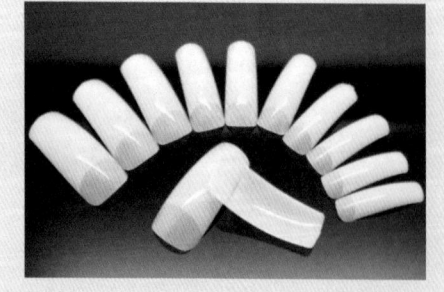	2. 半贴片甲 半贴片甲只能粘贴在甲床前缘的1/2或少于1/2处,粘贴后需要打磨甲片与真甲之间的接痕,使其线条平滑、融为一体。半贴甲片一般用于制作丝绸指甲,也可与水晶甲粉或光疗凝胶结合使用

续表

图示	说明
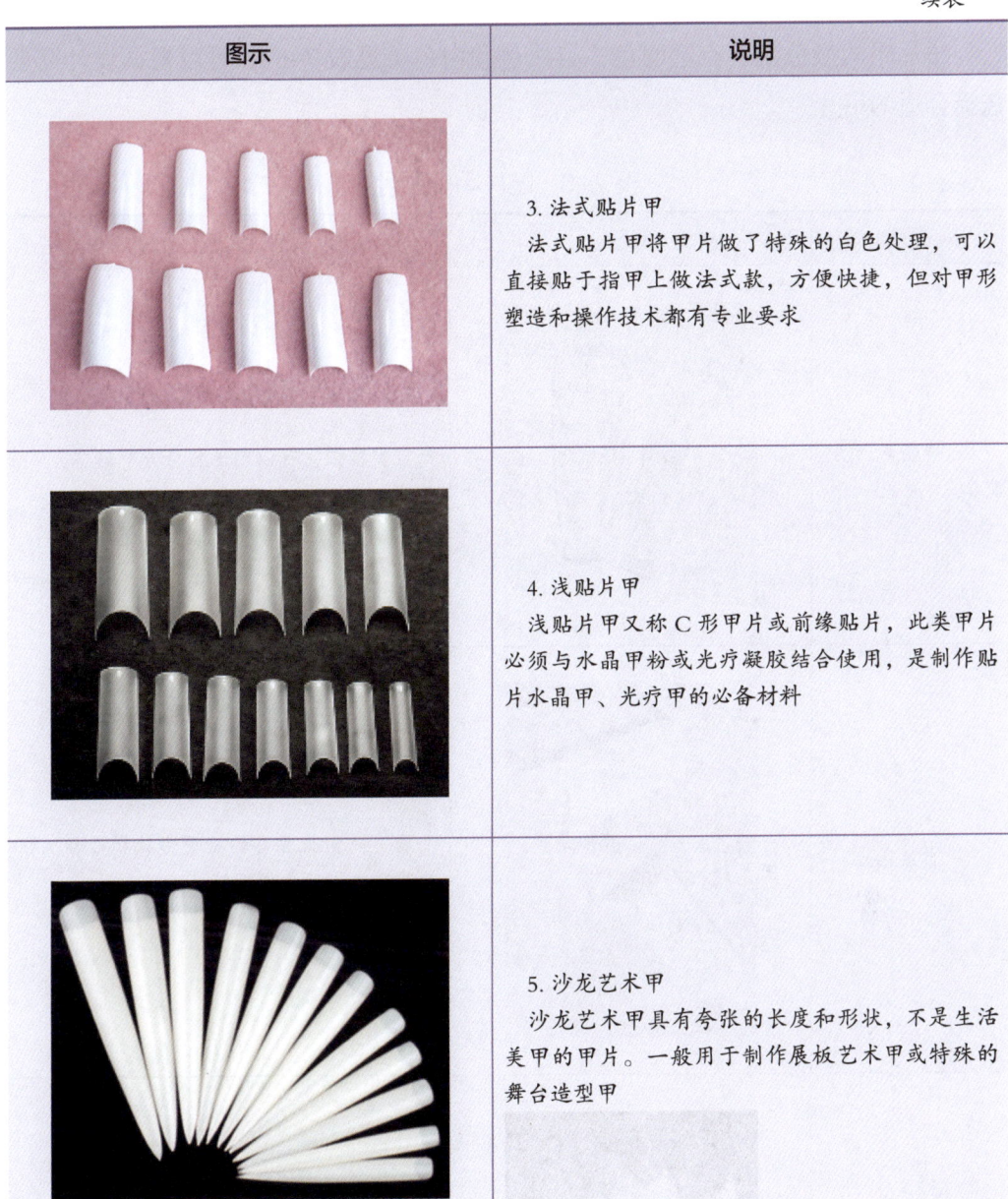	3. 法式贴片甲 法式贴片甲将甲片做了特殊的白色处理，可以直接贴于指甲上做法式款，方便快捷，但对甲形塑造和操作技术都有专业要求
	4. 浅贴片甲 浅贴片甲又称C形甲片或前缘贴片，此类甲片必须与水晶甲粉或光疗凝胶结合使用，是制作贴片水晶甲、光疗甲的必备材料
	5. 沙龙艺术甲 沙龙艺术甲具有夸张的长度和形状，不是生活美甲的甲片。一般用于制作展板艺术甲或特殊的舞台造型甲

二、贴片甲的特点和颜色

1. 贴片甲的特点

贴片甲是一种操作相对简单，容易掌握且富于表现力的美甲方式。贴片甲能有效改变原有自然指甲的外观和形状，塑造理想的、艺术化的指甲，同时也能保护薄软的自然指甲，避免其撕裂破损。

2. 贴片甲的颜色

贴片甲的颜色主要有透明色、自然色和白色（见表7-6），可以根据设计需要选择合适的甲片。

表7-6 贴片甲的颜色

类别	图示	说明
透明色	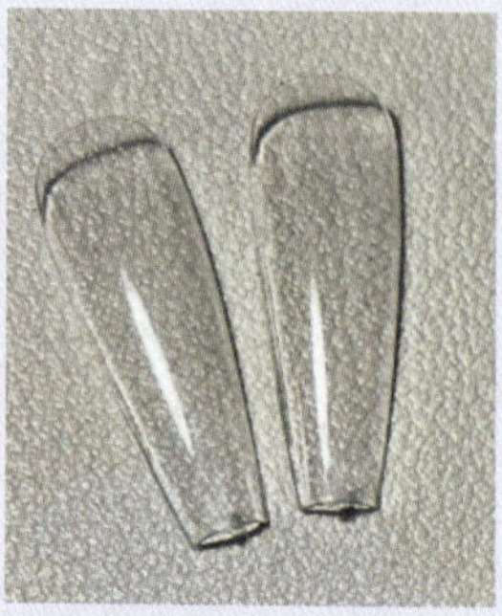	可塑性强，可以塑造各种美甲形态
自然色	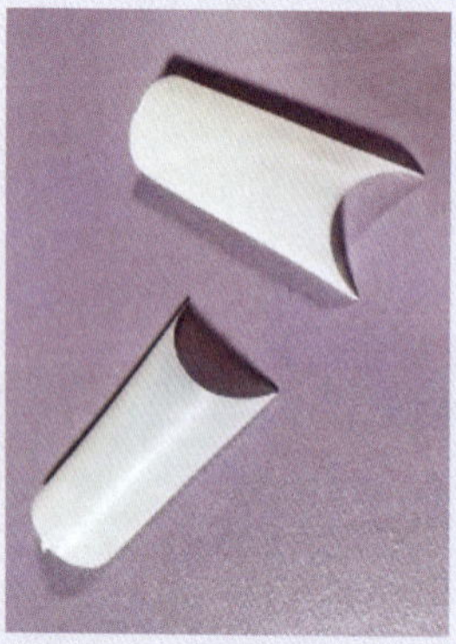	能有效覆盖原有的指甲形状和色彩，在此基础上进行美甲修饰
白色		适合制作彩绘甲

培训项目 5 彩绘甲

一、彩绘甲的特点

彩绘甲是使用各种彩绘工具和材料，运用多种绘制表现技法，在指甲表面绘制精美图案和制作渐变色美甲，效果多样，表现力强，具有艺术性。

1. 甲油彩绘

甲油彩绘是以甲油为颜料，在甲板上绘制色块或图案的彩绘手法。如图 7-3 所示，以高明度、低纯度的粉色系在甲板上绘制奶油质感的抽象图案；以高纯度的对比色系在甲板上用点绘的手法画出色块碰撞的趣味性效果。甲油彩绘操作便捷，绘画效果好，色彩饱和度高，是常用的美甲彩绘手法。操作时应注意甲缘周围的遮挡，在绘制完成后涂抹亮油封层。

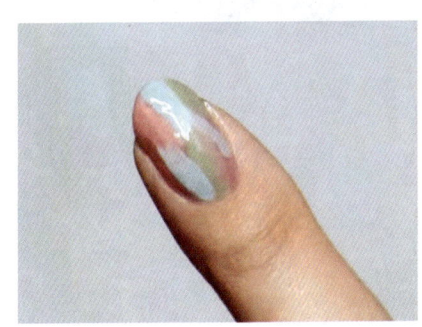
奶油质感抽象图案

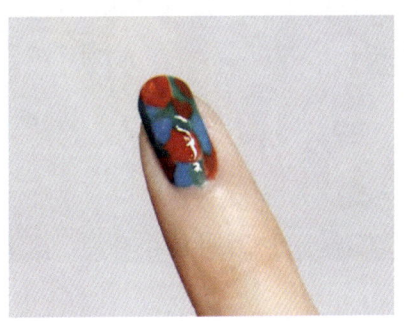
色块碰撞趣味效果

图 7-3　甲油彩绘

2. 丙烯彩绘

丙烯彩绘是以丙烯颜料在甲板上进行彩绘的手法，类似绘画中的水粉画厚涂法。利用丙烯颜料色彩饱和、易干、防水、能多层叠加的优点，在甲板上绘制各种富有变化的色彩层次。丙烯颜料可以在自然指甲板上绘制彩绘图案，也可以在贴片甲上绘制。如图 7-4 所示，在尖形、椭圆形贴片甲上用丙烯颜色绘制色彩层次丰富的花卉图案。操作时将丙烯颜料直接涂抹在甲片上，然后根据需要加水调色绘制，以免水渍不好控制。

图 7-4　丙烯颜料彩绘

3. 甲油胶彩绘

甲油胶彩绘是以甲油胶为颜料，在甲片上绘制图案的彩绘手法。如图 7-5 所示，甲油胶绘制的图案散发着柔润的光泽，色彩变化微妙，层次丰富，可以配合装饰品，塑造平面或立体的指尖油画。甲油胶彩绘美甲需要精湛的艺术功底、细致的操作手法，每层绘画后都须照灯使其固化，再上第二层色彩，非常考验操作者的耐心和技术。

图 7-5　甲油胶彩绘

4. 水彩颜料彩绘

水彩颜料彩绘是在甲片上用水彩颜料绘制图案的彩绘方法，能运用水彩特有的水色晕染法，表现灵动、清雅的效果。如图 7-6 所示，在白底甲片上绘制水彩花卉图案，透亮美丽。水彩颜料绘制在封层上，层层叠加，塑造图案层次。绘制完成后，用底胶包裹固化。

图 7-6　水彩颜料彩绘

二、彩绘甲的表现方法

在彩绘甲绘制过程中有各种各样的表现方法，操作者应充分了解和掌握多种基本表现手法，并在实践中根据设计方案选用适合的技法和工具。

1. 色块平涂

色块平涂是美甲彩绘技法中最基础的技法之一，即用甲油、颜料、甲油胶等产品在甲板表面平整、均匀地进行涂抹。如图 7-7 所示，用丙烯颜料在甲面上涂抹出亚光效果，以单纯的手法表达极简主义的时尚配色。

图 7-7　色块平涂

2. 色块叠加

色块叠加是根据颜色的基本属性，对不同颜色进行叠加，产生丰富的色彩层次和色彩对比。如图 7-8 所示，左图在甲面上以厚涂法绘制抽象的点状图案，形成撞色变化，体现色彩的跳跃感和趣味性；右图运用高饱和度的蓝色和绿色搭配形成清澈炫光效果，以不同的形状、随意的手法涂在甲面上，两色边缘自然融合，富有艺术感。色块叠加的手法类似绘画中的厚涂法，具有手绘特有的温情和现代抽象艺术的趣味。

图 7-8　色块叠加

3. 写实彩绘

写实彩绘的表现手法对美甲绘画技术要求较高，是以写实的方法在甲片上绘制精致的图案，呈现逼真的效果。如图 7-9 所示，在甲面上绘制插画式城堡、夕阳下的万圣节南瓜、花卉等景物。

 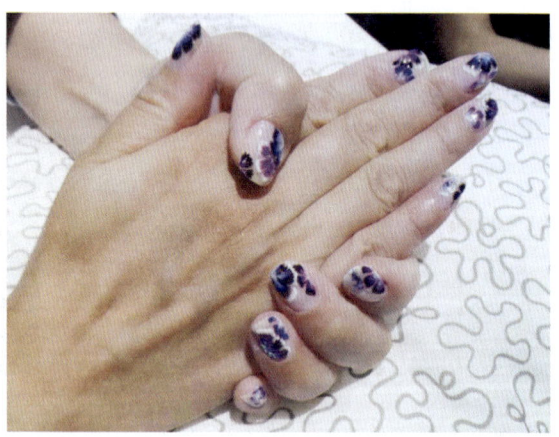

图 7-9　写实彩绘

4. 线条绘制

线条的表现是彩绘美甲的重要技法之一。操作时需要很好地控制画笔工具，表现流畅、完整的各种线条效果。如图 7-10 所示，在甲片上绘制蒙特里安抽象画名作，以及用渐变和线条画出立体主义风格的图形。

图 7-10　线条绘制

5. 晕染渐变

晕染渐变表现技法是目前流行的一种彩绘方法，非常实用。如图 7-11 所示，左图在白色的甲面上用线条自然地晕染，能体现大理石的美妙纹理；右图用晕染技法模仿理想的指甲形态制作自然风格美甲，深受广大女性青睐。

图 7-11　晕染渐变

6. 拓印转移

拓印转移是快速高效的一种彩绘表现方法，能将图案、图形、自然肌理、色彩纹理拓印在甲片上，展现画笔无法表现的类似印刷的效果，如图 7-12 所示。

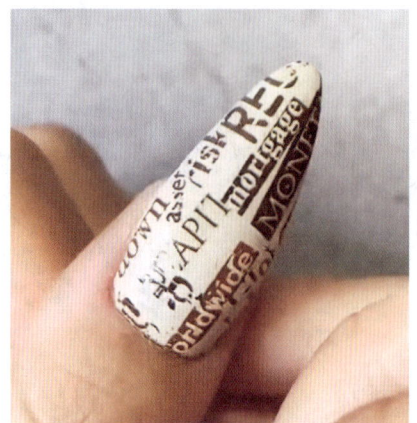 

图 7-12　拓印转移

职业模块 8
形象设计师职业形象

培训项目 1

形象设计师仪容仪表

形象设计师的职业形象是形象设计企业品牌形象的重要组成部分，良好的形象是企业的"活广告"，能体现形象设计师的专业水准，赢得顾客的信赖。

一、仪表要求

仪表是指人的外表，包括容貌、服饰、体态、个人卫生等，它是一个人精神面貌、素质修养的外在表现。保持仪表端庄既是对他人的尊重，也是自尊、自爱的表现。形象设计师需要保持整洁、美观、优雅的外在形象。

1. 头发

头发要保持清洁，不油腻，无头皮屑、异味等。应修剪出适合自己个性和脸形的发型，并梳理整洁，工作时的发型以不影响工作为宜。

2. 面部

面部皮肤要洁净、润泽，肤色要健康。平时要注意皮肤的清洁和保养，保持愉快的心情、充足的睡眠、合理的饮食，展现自然、有活力的精神面貌。在工作时可以适当淡妆修饰，切忌浓妆艳抹。

3. 口腔

形象设计师因工作需要会与顾客有近距离的接触，应保持口气清新，无异味。工作前不吃葱、蒜、韭菜等有刺激性气味的食品。应早晚刷牙，在饭后可用漱口水来消除令人不舒服的气味。应定期做牙齿检查。此外，在工作期间不饮酒，不抽烟，不嚼口香糖。

4. 手部

双手应保持清洁，工作前后使用洗手液或具有杀菌功效的清洁液彻底清洁双手。指甲应定期修剪，以自然指甲为主，保持指甲干净、卫生，甲缝内不可堆积灰尘、食物残渣或其他异物。形象设计师可适当美甲，但不宜采用尖长甲，色彩不宜艳丽，也不能有过多的装饰品。

5. 着装

着装应符合企业对员工的要求，一般穿着统一的制服，或穿着整洁大方、具有时尚元素的职业装。鞋子选择与着装匹配的中跟、低跟鞋，在舒适和美观之间找到平衡。因每个人体形、气质不同，可以用小面积的丝巾、胸针等调节着装的细节，体现优雅、得体的气质，树立别致、时尚的职业形象。

6. 个人卫生

应注意个人卫生，经常沐浴，确保无体味、汗臭味等，必要时可少量使用气味清新淡雅的古龙水或淡香水。在为顾客服务时，应注意卫生规范，必要时佩戴口罩。

二、仪态要求

正确的姿势能够改善仪态，使人举止优雅，塑造美的形象，并能预防疲劳；不正确的姿势则会使人显得不雅观，影响形象和风度。正确、优美的姿势是可以通过训练形成的，形象设计师要掌握正确的站姿、坐姿、走姿、蹲姿等，以塑造良好的仪态。

1. 站姿

（1）正确的站姿。表情自然，双目平视前方，嘴自然微闭；颈部挺直，微收下颌；挺胸，立腰，收腹，臀部肌肉上提，双肩放松稍向后；双臂自然下垂于身体两侧，或双手轻轻相握置于小腹前侧，交叉时右手放在左手上，手指自然弯曲；身体的重量应当平均分布在两条腿上。

女性双腿立直、并拢，脚跟相靠，两脚尖张开约60°，呈V字形站立，身体重心落于两脚正中。或左脚打开45°；右脚向前伸直，脚跟对准左脚的足背。右脚也可以比左脚稍向前几厘米，呈丁字形站位，两膝稍微弯曲。

男性双脚平行分开，与肩同宽站立。站立时，身体重心放在两足中间、脚弓前端的位置。

（2）站姿的主要形式

1）双手插握式。双脚呈V字形或丁字形站位，双手插握于小腹前。插握时，虎口张开，手形自然放松。

2）后背式。女士脚位同"双手插握式"；男士双脚微开立，呈平行站位。双手背于后腰际。

3）单手后背式站立。脚部呈右丁字形站位，左手自然垂于体侧，右手背于身后。

4）横卧式站立。脚部呈右丁字形站位，左手横握于腹前，手形自然，半握空拳，右手自然垂于体侧。

（3）不雅观的站姿。站立时弯腰驼背，左摇右晃，或歪脖、斜腰、屈腿、叉脚、身体倚门、手叉腰间等，给人懒散、轻薄的印象。

（4）站姿禁忌

1）身体抖动或晃动，不自觉地抠手指，用脚摩擦、踢打地面。这些姿势给人不成熟、幼稚的感觉。

2）双手插入衣／裤袋中，或两腿交叉站立。这些姿势给人不严肃的感觉。

3）双臂交叉抱于胸前。这种姿势给人强势的感觉，有对立感。

4）双手或单手叉腰。这些姿势有攻击性。

（5）形象设计师工作时的站姿。形象设计师需要长时间站立工作时，应避免脊椎长时间弯曲。两脚不要离得太远，尽量以脚掌承受体重，避免以脚跟承受体重。如果以两脚并拢的姿势长时间站立，身体不易平衡，也很容易造成疲劳。在工作中只有保持正确的站立姿势，才能获得良好的平衡性，并有助于控制肌肉、协调手脚，从而减少或避免疲劳。

形象设计师站立时，应身姿挺拔，精神饱满。谈话时，两手可随谈话内容做些手势，但不宜将手插在衣／裤袋里或交叉在胸前，更不要下意识地做小动作，如玩弄衣带、头发、咬指甲等，有失端庄。

（6）站姿纠正。形象设计师可以随时利用镜子来观察自己的站姿，遵循下列规则来纠正站姿。

1）以脚掌承受体重而非脚跟，假设从肩膀画一条垂直线到脚踝，身体应以此垂直线为准保持直立。

2）肩膀适度向后。

3）即使腹部没有赘肉，也要收小腹，不良的姿势会使小腹突出。

4）抬头挺胸，以减轻肩膀的疼痛，给人充满自信的感觉。

2. 坐姿

端正、大方、舒展、优雅的坐姿不仅可以体现形象设计师良好的职业形象，还可以避免因不良姿势导致的过度疲劳及慢性劳损。

（1）正确的坐姿。上体挺直，保持站立时的姿势，双膝靠拢，两腿不分开或稍分开，两脚前后、左右略分开；或腿向前伸出，两脚上下交叉，双手自然放在大腿或椅子扶手上。女性两腿上下交叠而坐时，悬空的脚尖应向下，双膝尽量靠拢。坐靠背椅时，应坐在椅子的2/3处，脊背轻靠椅背。坐无背凳子时，可坐满凳子，上身挺直。谈话时，可以侧坐，此时上身与腿同时转向一侧。

女性入座时，一般从椅子的左侧迈右脚到椅前，左脚跟上，两脚跟并拢，然后双手从臀部将过裤、裙，顺势坐下。起座应舒缓、自然，可右脚后收半步，用力蹬地，起身站立。

（2）不雅观的坐姿。将双手夹在双腿之间或放在臀下；将双臂环抱在胸前或枕在脑后；双腿分开过大，或架在桌子上，或架起二郎腿晃悠等。不雅观的坐姿给人懒散、轻浮的印象。

（3）坐姿的禁忌

1）双手置于椅腿侧边。这种坐姿容易被人理解为不耐烦。

2）把脚藏在椅子下或勾住椅腿。这种坐姿会显得拘谨、小气，不够大方。

3）双腿分开，伸向远处。这种坐姿看起来很不雅观，且有碍他人。

4）4字形叠腿，身体后仰，并用双手环抱头部，眼睛向下看人。这种坐姿给人傲慢无礼的感觉。

5）猛起猛坐，产生噪声。这种坐姿会显得不够稳重，不注意细节。

6）上体不直，左右晃动。这种坐姿显得不自信，也会给人不尊重的感觉。

（4）形象设计师工作时的坐姿。形象设计师的坐姿应给人端庄稳重之感。膝部与椅面基本平行，使双脚顺着膝盖、小腿自然平放于地板上，并使大腿与小腿形成90°的直角，以脚支撑大腿的重量。坐的时候，上身保持挺直，与顾客交流时，身体上部可稍向前倾。

3. 走姿

要想让自己的行动看起来轻松自在，就要有从容的走路姿态，掌握节奏和韵律，避免过于直挺、僵硬、呆板。走姿从容时，会给人充满活力的感觉。

（1）正确的走姿。走路时，腰背挺直，眼睛平视前方，肩膀自然下垂，保持站立时的姿势，挺胸收腹，双臂自然地前后摆动，摆动幅度不可过大，形成一种轻松的律动感。提臀（臀部肌肉紧张），用大腿带动小腿迈步，起步时身体稍向前倾，一腿自然弯曲向正前方抬起，双脚基本走在一条直线上。行走步伐适中，速度适当。

（2）不雅观的走姿。走路时肚子挺起，身体后仰；脚尖伸出的方向不正，明显呈"外八字"或"内八字"；走路上下颠动、左右摇摆或甩脚；拖着腿走路，或在走动时扭动臀部；两脚没有落在一条直线上，明显叉开；行走时弯腰驼背、左顾右盼、摇头晃脑、歪脖、斜肩等。

（3）走姿的禁忌

1）行走时上体左右晃动或身体上下窜动，给人不稳重的感觉。

2）腰部、臀部摇摆扭动过于明显，给人轻浮、做作的感觉。

3）含胸低头走路，给人缺少自信心的感觉。

（4）形象设计师工作时的走姿。形象设计师的步伐要轻、稳、灵活，脚步声不可太大，不可双脚拖地走路。上下楼梯时，头要正，背要直，胸要微挺，臀部要收，膝要弯曲。女性的步伐应自然轻盈，穿礼服、裙子、旗袍时，步子要迈得小一些。男性的步伐应自然稳健。

4. 蹲姿

（1）正确的蹲姿。两脚稍分开，背部保持挺直，以腿部及臀部的肌肉发力，下蹲屈膝，不要以背部的肌肉发力。

（2）蹲姿的主要方式

1）交叉式蹲姿。常见于女性，下蹲时右脚在前，左脚在后，右小腿垂直于地面，全脚着地。左膝由后面伸向右侧，左脚跟抬起，脚掌着地两腿靠紧，合力支撑身体。臀部向下，上身稍前倾。

2）高低式蹲姿。下蹲时右脚在前，左脚稍后，两腿靠紧向下蹲。右脚全脚着地，小腿基本垂直于地面，左脚脚跟提起，脚掌着地。左膝低于右膝，左膝内侧靠于右小腿内侧，形成右膝高、左膝低的姿态，臀部向下，基本上以左腿支撑身体。

（3）不雅观的蹲姿。弯腰捡拾物品时，两腿分开过大，臀部向后撅起；或两腿展开，平衡下蹲。

（4）形象设计师工作时的蹲姿。形象设计师在工作时往往会有蹲下拿取物品等动作。下蹲时，要注意内衣"不可露，不可透"，注意仪态端庄。

 **相关链接**

手势的正确应用

手是人体最灵活的器官，是人的第二双眼睛。在服务过程中，手势有不可低估的作用，生动形象的有声语言配合准确的手势动作，能使交流更富有感染力、说服力和影响力。

1. 垂放

垂放是最基本的手势。其做法有两个：一是双手自然下垂，掌心向内，叠放或相握于腹前；二是双手伸直下垂，掌心向内，分别贴放于大腿两侧。垂放多用于站立时。

2. 背手

背手多见于站立时，展示自信、专业的形象。

3. 持物

拿东西时应动作自然，五指并拢，用力均匀。

4. 鼓掌

鼓掌是表示欢迎、祝贺、支持的一种手势。一般以右手掌心向下，有节奏地拍击掌心向上的左掌。必要时，应起身站立。

5. 赞美

伸出右手，竖起拇指，指尖向上，指腹面向被赞美者。但在交谈时，不应将右手拇指竖起来反向指向其他人，因为这意味着自大或蔑视。以拇指自指鼻尖，也有自高自大、不可一世之意。

6. 指示

右手或左手抬至一定高度，五指并拢，掌心向上，以其肩或肘部为轴，朝一定方向伸出手臂。

7. 道别

身体站直，右手手臂微向上前伸，五指并拢，掌心向外，左右轻轻挥动。

另外，在不同地区，由于历史与文化习惯不一样，同一手势在各地区的含意差异很大。无论何时何地一定要注意确认，以免引起误解，甚至发生冲突。

培训项目 2

形象设计师语言规范

语言是人们表达思想感情和进行交流的重要载体，形象设计师在工作中与顾客沟通时，应注意语言规范，以精准的言辞、悦耳的音调、文雅的谈吐、考究的礼仪与顾客交流，让顾客心情愉悦、舒畅，产生亲切感和信任感。

一、语音、语调、语速

1. 语音

语音即人说话的声音。形象设计师吐字要清晰，音量要适中，发音要标准，普通话要流利。平时可以通过大量的朗读来进行训练。形象设计师的语音应让人感觉入耳舒适，切忌吐字不清晰，缺乏热情。当然，如果顾客认为用方言交流更为方便，可以适当采用方言，拉近双方的心理距离。

2. 语调

语调即说话的腔调。语调能美化语言，加强语言的色彩。形象设计师的语调应柔和、悦耳，切忌说话没有停顿，使顾客插不上话；切忌语气不耐烦，带有责备、质疑。形象设计师说话时要注意以下三个方面。

（1）语调的轻重变化。对话语中要强调的内容可以加重语调。

（2）语调的停顿变化。句与句之间要有停顿、间歇。

（3）语调的升降变化。语调升降变化会使语言表达的思想感情呈现差异，让人辨别出亲切、热情、真挚、友善、愤怒、喜悦、嫉妒等情绪，没有语调升降变化的声音显得索然无味。

3. 语速

语速即讲话节奏的快慢。形象设计师的语速要适中，节奏要控制得当，切忌语速过快或过慢。

二、礼貌用语

礼貌用语是在语言交流中使用的表示尊重与友好的用语。使用礼貌用语是尊重他人的表现，是建立友好关系的敲门砖。社交场合中，多说"客气话"不仅能体现自身的修养，得到人们的尊重，还有利于营造融洽气氛，有益于交际。

形象设计师在工作中应尽量使用请求式和商量式句式，如将肯定式句式"请您稍等一下"改为商量式句式"请您等一下好吗"，就可以使顾客的心理感受大不一样。形象设计师在工作中常用的礼貌用语见表 8-1。

表 8-1　形象设计师在工作中常用的礼貌用语

类型	具体内容
见面/问候语	"您好""您早""早上好""下午好""晚上好""欢迎您""欢迎光临""请多指教""请多关照""请坐（请喝茶）""请问"等
感谢/回敬语	"谢谢""多谢""非常感谢""让您费心了""麻烦您了""感谢您的帮助"等
打扰对方/向对方致歉时	"对不起""请原谅""实在抱歉""请多包涵""实在过意不去""抱歉，让您久等了"等
接受对方致谢/致歉时	"别客气""不客气""不用谢""没关系""请不要放在心上""这是我应该做的"等
祝贺语	"祝您心情愉快""祝您生日快乐""恭喜您""祝您新婚快乐"等
告别语	"再见""下次见""您走好""欢迎再次光临""期待下次见面""您慢走""谢谢光临"等
请托语	"请""拜托""麻烦您"等
接听电话	"您好！这里是××。请问有什么可以帮到您？" "请问如何称呼您？/请问您贵姓？" "请问您有预约吗？" "请稍候，我帮您联系一下××。" "××现在不在/在忙，请问有什么可以替您转告的吗？或让××稍后给您回电可以吗？"
拨打电话	"您好！这里是××。请问您是××小姐/女士吗？" "您上次体验的感觉如何？" "您对我们的服务满意吗？" "您对我们的工作有什么意见或建议吗？" "不好意思，打扰您了！"

三、语言技巧

形象设计师除了在形象设计机构为顾客提供服务外,也有陪同顾客出入社交场合提供服务的可能。在这个过程中,会遇到形形色色的人,需要了解社交礼仪相关的语言技巧,以落落大方的态度应对。

1. 称呼与寒暄

(1)称呼

1)称呼的原则。要遵照被称呼者的个人习惯,入乡随俗,遵循国际礼仪规范。

2)称呼语

①常用的称呼有"先生""女士"等。

②在商务场合或职场中,以对方的职务相称如"李经理""张局长""王部长"等。

③按对方所从事的职业进行称呼,如"张老师""刘医生""黄律师"等。

④以辈分称呼,如"张叔叔""王姐""陈阿姨"等。这类称呼一般用在日常生活交往中。

3)称呼的礼节。使用称呼语要注意性别差异。一般来说,对女性顾客,将其称呼得年轻些,会使其心情愉悦;对男性顾客,称呼时突出其地位,会让其感到尊重;对年事已高的男性,可尊称为"张老""李老"等。

4)称呼的注意事项

①询问顾客姓名时,可使用"初次见面,请问怎么称呼您?"等。

②称呼宾客要用尊称,对自己则用谦称。

③要设法记住对方的姓名。如果只见过一面就能叫出顾客的姓名,则会让对方倍感亲切。

(2)寒暄。寒暄是友好交谈、拉近距离的重要铺垫。形象设计师在服务顾客、行业交流时都会用到寒暄技巧。

1)选择恰当的时机。寒暄是社交礼节,但有时不寒暄也是礼节。首先要观察对方是否有交谈的意愿,判断是否会打扰对方,从而决定在什么时候、以什么方式寒暄。如电梯里碰见同事,可以寒暄两句,但如果对方正在打电话或正与人交谈,则可不必打扰,微笑即可。

2)选择得体的内容。寒暄的内容应符合对方的实际情况,选择顾客感兴趣的话题会更有利于沟通。

 **相关链接**

微笑的练习

面向镜子；将自己的双手四指轻握，两拳手背向外放在嘴唇的下方；两拇指伸出，两拇指指肚放在唇角处，朝斜上方轻轻拉动。反复动作，直到寻找出最佳位置。

2. 形象设计师在工作中的谈话技巧

（1）谈话主题。形象设计师应尽量了解顾客的心理，根据顾客的不同情况选择合适的谈话主题。避免谈及容易引起争论的话题，同时可以在谈话中保持适度的幽默感，以活跃气氛，拉近与顾客的距离，但切忌拿顾客的缺点开玩笑。

（2）谈话原则。为使谈话进行得愉快、和谐，在谈话时，应遵循以下原则。

1）主动打开话题，内容不要过于单调。

2）少说多听，不争论。

3）耐心倾听，并给予理性的建议。

4）不谈论自己、顾客及他人的私事。

5）不背后议论他人，不评论同事的手艺，尤其是在顾客面前。

6）不要表现得处处比别人强。

7）不批评形象设计机构的缺点。

8）当顾客倾诉心事时，应注意为顾客保密。

9）应用简单、易懂、合适的言辞，不使用俚语、粗话。

（3）谈话礼仪

1）与顾客谈话时，目光应平视对方眼睛，并根据需要不时地与顾客进行目光交流，面带微笑，切忌目不转睛地盯着顾客，以免让顾客感到紧张、不自在。

2）谈话时，双手应自然地放在桌面上或身体两侧，切忌两手交叉抱在胸前。

3）真诚地赞美顾客，不要批评顾客。

4）谈话适可而止，在顾客表示不愿意交谈时，不要喋喋不休。

（4）谈话禁忌。谈话过程中，形象设计不能主动提及以下问题。

1）顾客的婚姻情况。向顾客主动打听婚姻方面的信息是不礼貌的。

2）不问收入、住址，与收入相关的住宅、财产等话题属于顾客的隐私，如果顾客主动提及，形象设计师适度进行回应即可，不要主动打探该类信息。

3）不言及政治、宗教信仰话题。谈论敏感话题容易引起强烈的分歧，是社交禁忌。

培训项目 3 形象设计师服务礼仪

一、服务礼仪的概念与内涵

1. 服务礼仪的概念

服务礼仪就是服务人员在工作时，通过言谈、举止，对顾客表示尊重友好，并为其提供方便的行为规范。服务礼仪是体现服务的具体过程和手段，使无形的服务有形化、规范化、系统化。形象设计属于服务业，形象设计师学习服务礼仪知识是非常必要的。

2. 服务礼仪的内涵

服务伴随消费而来，而其内涵远超过消费行为，是以满足他人利益为目标的心理与行为统一的工作。当前服务业日趋成熟，顾客更愿意选择服务质量上乘者，因此服务质量是服务的核心。在服务过程中，服务人员讲究礼仪、明确规范才能有效提高服务质量，为顾客提供热情、周到的服务。

形象设计师通过学习服务礼仪，能够加强与顾客之间的关系，有助于提高服务质量和服务水平、塑造良好的企业口碑，并进一步提高企业的经济效益和社会效益。从某种意义上说，服务礼仪作为现代文明素质的重要组成部分和外在表现，正在创造价值，成为现代生产力的一部分。

二、服务礼仪的基本原则

1. 尊重

尊重是礼仪的情感基础。在服务过程中，把对顾客的重视、恭敬、友好放在第一位。在服务过程中，常存敬人之心，不可失敬于人，不可伤害他人的个人尊严，更不可侮辱对方的人格，才能保持和谐的人际关系。

2. 真诚

在服务过程，必须真诚待人、言行一致、表里如一，才会更好地被对方所理解与接受。倘若仅把礼仪作为一种道具和伪装，经常口是心非、言行不一，则有悖礼仪的基本宗旨。

3. 宽容

在服务过程中，严于律己，宽以待人。要多体谅他人，多理解他人，学会换位思考。这也是尊重对方的表现。

4. 从俗

由于国情、民族、文化背景不同，形成了各地特有的风俗民情。在工作中对礼仪文化、礼仪风俗、宗教禁忌要有全面、准确的了解，才能够在服务过程中得心应手，避免出现差错。

5. 适度

在人际交往中要因人而异，考虑时间、地点、环境等条件。既要彬彬有礼，又不能低三下四；既要热情大方，又不能轻浮谄谀。在服务过程中要把握好与顾客之间的情感尺度，注意技巧，把握分寸。

6. 平等

平等是礼仪交往的核心。在服务工作中，会遇到形形色色的人，要懂得尊重，以礼相待，对顾客一视同仁，不可厚此薄彼；也应尊重自己，不卑不亢。

三、电话礼仪

随着社会的发展，人与人之间的沟通更加便捷，也更加频繁。如何在电话中与顾客进行礼貌、得体的沟通，给对方留下良好的印象，是形象设计师须重视的问题。

1. 接打电话的礼仪

（1）及时接听，重视第一声。一般情况下，在电话铃响三声后接听，若超过三声，则在接听后及时向对方致歉。接听电话后，亲切地自报家门，然后专心倾听。第一声接听很重要，对方听到的第一声就如同初见面时产生的第一印象，精神状态从第一声就能感受得到。

（2）注意举止和表情。在电话中与人交谈时，虽不能直接看到对方的举止和表情，但说话的语气、语调能直接表达接打电话者当时的表情及情绪，不良的举止和表情会影响打电话的情绪和声音，进而影响双方的谈话质量。

（3）语音、语言要规范。接打电话时，语音要平静柔和，发音要清晰，吐字要准确；音量不可太大，以免引起对方的不良感受。用语要规范，优先使用普通话，要有一定的耐心，把握语速的急缓，语速不宜过快。

（4）准备谈话内容。若是需要与顾客进行电话沟通，在打电话之前应慎重考虑通话内容，确立中心，厘清思路。

（5）时间控制。国际上有"通话 3 min 原则"，是指拨打电话者应自觉地、有意识地将每次通话时间控制在 3 min 内。虽不一定严格遵守，但用语应简明扼要。

（6）不占用顾客的私人时间。一般不宜在顾客私人时间内打电话，尤其是早上 8 点之前或是晚上 10 点之后。

（7）掌握"5W2H"原则

1）When（何时），包含两方面，打电话的时间，以及电话中所提及事项的时间。

2）Who（何人），指来电者的姓名。

3）Where（何地），指来电提及事项的地点。

4）What（何事），指来电提及的内容。

5）Why（为什么），指来电的原因。

6）How（如何做），指来电希望授话者怎样做和所提及事项的做法。

7）How much（做多少），指来电提及事项的数量及有关数字。

简而言之，就是尽量将来电者的个人信息记录准确，了解是否有需要转达的信息，或者是否需要回电等。

（8）掌握优先原则。当你正在通电话又碰上顾客来访时，原则上应先招待来访顾客。此时，应尽快和通话方致歉，得到许可后挂断电话。若电话内容很重要而不能马上挂断，则应告知来访的顾客稍等，然后继续通话。

（9）挂电话的礼貌。当结束电话交谈时，让顾客方先挂电话，确定其已挂断后，方能放下听筒。

2. 接听电话的禁忌

（1）在服务工作中，不允许接电话时以"你找谁呀"作为开场语，更不允许毫不客气地询问对方的个人信息。

（2）如遇对方拨错电话或电话串线，要保持风度，切勿发脾气。确认对方拨错电话后，应先自报"家门"，然后再告诉其电话拨错了。若对方致歉，应回以"没关系"。

（3）在通话过程中，不可对着话筒打哈欠或吃东西，也不可同时与其他人闲聊，这样会让人感觉不受尊重。

（4）结束通话时，应认真道别，不宜抢先挂断电话。

3. 手机信息的使用

为了在不打扰顾客工作和生活的前提下，增进与顾客的沟通，可以运用手机信息进行联络。

（1）短信语言应简洁、有礼，并且要在短信末尾署名。

（2）节假日或顾客生日时，可发送祝福短信给顾客。

（3）在服务结束后，可将注意事项编辑为短信发给顾客。

（4）在预约之日前，可以用短信方式婉转地提醒顾客按约定接受服务。

四、接待礼仪

迎来送往是日常接待工作的内容，"出迎三步，身送七步"是迎送顾客最基本的礼仪。形象设计师在迎送顾客时，要让顾客感到真诚、热情、礼貌、周到，使顾客高兴而来，满意而归。

1. 迎客礼仪

在接待工作中，要使顾客产生"被重视"的感觉，若顾客产生"被忽视"的感觉，则是接待失礼。

（1）看到顾客到来时，要立即礼貌地招呼，以示欢迎。如果事先知道顾客要来，应该提前打扫和整理好房间、备好茶水等。

（2）请顾客就座时，应引导其在面向入门处的上座落座。如果在方形桌上，端茶时从右边上座开始依次分配。敬茶的茶具要干净，每次倒茶七八分满，便于顾客端用。敬茶时双手端杯，一手执耳，另一手托底。续茶时将杯子拿离桌面，以免把水滴到桌上或顾客身上。

（3）若是首次来访的顾客，要恭敬地问清来访者的姓名，用温暖而不失礼貌的欢迎语对顾客的到来表示欢迎，了解顾客的需求后，安排相应人员做好服务。若是老顾客，要亲切地与其寒暄，并根据预约信息提前安排好服务房间和形象设计师。形象设计师应铭记顾客的个人信息和喜好，有针对性地制定个性化形象设计方案，并与顾客充分沟通，真诚地用自己的专业为顾客服务。

（4）若因工作繁忙需请顾客等候时，应先表示歉意，如"非常抱歉，请您稍等片刻，我一会儿就来"。如果顾客要求见形象设计机构负责人，对于熟悉的顾客要尽快通知负责人；如果遇到来意不明的顾客，不要先表明负责人的动向，待问清来访目的后，可说"请稍等，我先联系一下……"，然后请示负责人再决定。若负责人拒见，则应以沉着、礼貌的态度婉言拒绝，并征求顾客的意见，如是否有留言需要转告等。

（5）在接待过程中，若顾客有伞、帽、包等随身物品，可以帮助放置，并指明存放地点。贵重物品建议顾客自行保管或存放，若存放在形象设计机构专用存储柜内，应将钥匙交顾客保管。

2. 送客礼仪

送客是整个接待工作中的最后一个环节，亲切有礼地送客可以强化顾客对机构和形象设计师的良好印象。

（1）顾客告别时，要等顾客先起身告辞，不能顾客刚说要走，工作人员便站起来送客，这是极不礼貌的。也不要坐着不动，或是只点头向顾客道别，送客时不能频频看表、心不在焉、东张西望，以免让顾客觉得不受尊重。

（2）顾客离开前，应提醒顾客检查随身所带的物品，对顾客所带的较重的物品，应帮助提拿，一直到告别为止。

（3）送客时，不论是送至电梯或门口，都要挥手道别，有礼貌地说"再见""欢迎下次再来""期待下次见面"等，并目送顾客离去，等顾客走远时再回到门店。不要顾客刚走出门，就马上关门，并把门关得很响或者马上把室内的灯熄灭，这非常失礼，且容易引起顾客的误解。如果顾客回头招呼，形象设计师应举手示意，微笑点头。如果是送进电梯，则要等电梯门关上再走。

职业模块 ❾
顾客心理学

培训项目 1

心理学与顾客心理学

一、心理学

心理学是研究心理现象及其规律的科学，心理现象又称心理活动，包括心理过程、个性心理。

1. 心理过程

心理过程指心理现象在一定的时间内发生、发展、消失的过程，即人脑对客观现实的反映过程，包括认知过程、情感过程和意志过程三个方面。

（1）认知过程。认知过程是指人在认识客观世界的活动中所表现的各种心理现象，是人脑通过感觉、知觉、记忆、思维、想象等形式反映客观对象的性质及对象间关系的过程，是心理活动的初始阶段。

1）感觉。感觉是指人脑对直接作用于感觉器官的客观事物的个别属性的反映。人对客观世界的一切事物的认知都是从感觉开始的。

2）知觉。知觉是指人脑对当前客观事物的整体反映，即把感觉到的客观事物的个别属性加以综合整理，从而形成对事物的完整印象。

3）记忆。记忆是指人脑对过去经验的反映，包括三个基本过程：识记、保持、回忆或再认。

4）思维。思维是指人脑对客观事物间接的、概括的反映。思维的基本形式是分析、综合、比较、判断、推理等。思维是认知发展的高级阶段。在这一阶段，人们可以把握事物的本质属性及规律性的联系，可以间接地理解和把握那些没有感知过或不能感知的事物。

5）想象。想象是指对记忆中的若干形象进行加工、改造、重新组合，从而创造出新形象的心理过程。想象是创造的源泉。

（2）情感过程。情感过程是人认识客观事物时产生的各种心理体验过程，也是个体在实践活动中对事物的态度体验。情感对人的行为产生积极或消极的影响，因此情感过程是心理过程的一个重要内容，也是人对各项事务进行判断、决策的重要因素。根据情感色彩的程度可将情感过程分为情绪、情感和情操三个层次。

1）情绪。情绪是对主观认知经验的通称，是人对客观事物的态度体验及相应的行为反应。但在情绪发生时，又总是伴随着某些外部表现，能被外界觉知，如销售人员可以根据顾客的表情、动作等表现判断其购买意愿和彼此之间的沟通效果。

2）情感。一个人的情感成熟标志着其心理是否健康。情感成熟指人能够自觉地调节情感达到平衡的一种心理状态，它要求人们在工作、学习、生活中学会自我管理。

3）情操。情操是指由感情和思想综合起来的不轻易改变的心理状态。情操是以某种思想和社会价值观念为中心的高级情感，由情绪、情感和思想观念等复杂心理综合形成。

（3）意志过程。意志过程是人自觉地确定奋斗目标，并为此有意识地支配和调节自身行动，努力克服困难，以实现预定目标的心理过程。意志活动有以下三方面的特征。

1）有明确的目的。意志行动是与人的目的紧密联系的，有明确的行动目的且在该目的支配、调节下的行动才是意志活动。例如，销售员为了获得业绩而积极主动与顾客沟通，属于意志活动的范畴。

2）以随意运动为基础。随意运动是指受意识支配的，具有一定目的性和方向性的活动，一般指已经熟练掌握的动作。如持笔写字、开票等，都是意志活动的展现。随意运动越熟练，掌握程度越高，意志活动也就越容易实现。

3）与克服困难相联系。意志对人的心理状态和外部动作有调节作用，表现在两个方面：一是意志可以推动为达到预定目的所必需的情绪和行动，二是意志可以制止与预定目的相矛盾的情绪和行动。这两方面的作用使人能克服各种各样的阻碍，实现预定目的。

（4）认知过程、情感过程、意志过程三者之间的联系

1）认知过程与情感过程的联系。首先，情感是伴随着一定的认知过程发生的，它不可能脱离感知、记忆、思维等活动。如顾客在认知商品时，由于商品具有的性质不同，以及每个人自身对事物持有的观点、态度各异，因此必然会体验到不同的情感。其次，情感随认知的发展而发展。最后，情感过程不仅是认知过

程的产物,也对认知过程有反作用,基于对商品认知产生的情感会影响购买决策。

2)认知过程与意志过程的联系

①认知是意志的基础。只有认识到自身需要与客观实际之间的关系,才能确定切实可行的目标。实现目标采取的方法也与人的认知有关。

②意志对认知过程有巨大的影响。感知、记忆、思维等离不开意志努力,没有意志,就没有深入、完全的认知活动。

3)情感过程与意志过程的联系。情感是意志重要的驱动因素,如积极的情感会成为意志的动力,消极的情感会成为意志的阻力。同时,意志也可以控制情感,如克制冲动,冷静地审度形势,分析现实,总结经验,预测未来。

认知、情感、意志是人的统一心理过程的三个不同方面,其中认知是基础,情感和意志是行为的动力。三者相互联系、相互影响、相互制约,从而构成了人类极其复杂的心理活动。

2. 个性心理

个性心理是一个人在社会生活实践中形成的相对稳定的各种心理现象的总和。个性心理包括个性倾向性和个性心理特征两个方面。

(1)个性倾向性。个性倾向性是个体意识倾向的表现,也是个体行为活动的动力系统。个性倾向性包括需要、动机、兴趣、理想、信念和价值观构成。当人产生需要而未得到满足时,会产生一种紧张不安的心理状态;在遇到能够满足需要的目标时,这种紧张的心理状态就会转化为一种动力,即动机。这种动机推动人们去从事某种活动,从而实现目标。目标得到实现,紧张的心理状态就会消除,这时又会产生新的需要,引发新的动机,指向新的目标,这是一个循环往复、连续不断的过程。

(2)个性心理特征。个性心理特征主要包括能力、气质、性格等因素。

1)能力。人在生理、心理发育成熟后,有了从事生产劳动的技能,这就是能力。能力一般包括智力、才能、技艺,见表9-1。

表9-1 人的能力

类别	说明
智力	智力适用于广泛的活动范围,包括观察力、记忆力、注意力、思维能力、想象力等
才能	在实践中,各种能力通过相互联系、影响、配合,才能顺利完成某些活动。在活动中,各种能力在质的方面的结合称为才能
技艺	掌握并能运用专门的技巧和才艺

2）气质。气质是个人生来就具有的心理活动的动力特征，可以指个人的性情或脾气，也可以指个人心情随情境变化而随之改变的倾向，即个体的反应倾向。人的气质主要见表9-2。

表9-2 人的气质

类别	说明
多血质	活泼好动，喜欢与人交往，反应迅速，注意力容易转移，兴趣容易变换，具有外向性
胆汁质	直率、热情、急躁，易于冲动，心情变化剧烈，精力旺盛，具有外向性
黏液质	稳重、安静，反应缓慢，沉默寡言，情绪不易外露，注意力稳定但不易转移，善于忍耐，具有内向性
抑郁质	孤僻胆小，行动迟缓，情绪体验深刻，感受性很强，敏感多疑，忍耐力差

3）性格。性格是个性的外在表现，是一个人对现实的稳定的态度，以及与之相应的、习惯化的行为方式中表现出来的人格特征。性格一经形成较为稳定，但仍具有可塑性。

二、顾客心理学

1. 顾客心理学的含义

顾客心理学是研究顾客心理现象和行为规律的一门科学，是商业心理学的重要分支。

2. 顾客心理学的研究内容

（1）研究顾客购买心理的形成。购买行为的一般模式和一般心理活动过程对所有顾客来说都是共通的，研究顾客心理必须了解以下内容。

1）顾客对商品的认知过程、情感过程和意志过程。

2）顾客购买活动的三部曲，即消费需求—购买动机—购买行动。

3）顾客消费心理。

（2）研究顾客购买产品的心理要求。这方面主要研究顾客在购买过程中对产品、接待服务等的心理要求。

（3）研究个性心理对顾客购买行为的影响。每位顾客都有自身的个性心理，顾客的个性心理明显地影响其购买行为。因此，顾客心理学要研究气质、性格、能力等对顾客购买行为的影响。

（4）研究不同类型顾客的购买心理。不同年龄、不同职业、不同地区的顾客在购买过程中存在不同的心理，要有针对性地接待不同类型的顾客，就必须研究不同类型顾客的购买心理。

（5）研究销售员应具备的心理品质。顾客的购买行为往往与销售员的销售行为密切相关。销售员的心理品质直接影响其服务水平，因此顾客心理学也研究销售员应具备的心理品质。

培训项目 2 顾客心理分析

一、不同性别的顾客心理

1. 女性顾客的心理

女性顾客在购买过程中容易受感情因素和环境气氛的影响，一则广告或一次降价促销可能引发女性顾客特别是年轻女性顾客的冲动性购买行为，女性顾客购买后后悔并退货的现象比较普遍。

女性顾客比较注重商品的外观和美感，以及商品的实用性与具体利益。她们在挑选商品时，既要求商品设计具有时代感、符合社会潮流，又会从商品的性价比方面去衡量商品的价值。因此，女性顾客常会"货比三家"，进行多种同类产品比较后，再做出购买决策。

鉴于以上心理特点，销售员在接待女性顾客时应有足够的热情和耐心，提供周到细致的服务，给她们足够的挑选时间和空间，满足其心理。

2. 男性顾客的心理

男性顾客在购买决策前一般就有了明确的目标，因此在购买时心理动机形成迅速，对自己的选择具有较强的信心。同时，在几种购物心理动机发生冲突时，也能够果断处理，迅速决策。一般男性顾客不喜欢在商品的挑选、比较上花较多的时间，即使买到的商品稍有问题，只要不影响使用，一般也不会要求退换。男性顾客一般注重商品的效用功能，在购买活动中的心境变化不如女性强烈，很少会冲动购物。

针对男性顾客的这些特点，销售员应根据其购买需求，积极向其推荐商品，并详细介绍商品的性能、特点、使用方法、使用效果等，促使交易完成。

二、不同年龄的顾客心理

1. 老年顾客的心理

倾向于购买用惯的老品牌商品,对新品牌商品常持怀疑态度;购买心理稳定,不易受广告宣传的影响;偏向购买方便舒适的商品;对销售员的态度反应敏感;对保健类商品有较大的兴趣。

2. 中年顾客的心理

讲究经济实用和性价比,倾向于购买已被证明有实用价值的商品,对能够改善家庭生活条件、节约家务劳动时间的商品感兴趣。

3. 青年顾客的心理

对消费时尚反应敏感,倾向于购买新颖时髦的商品,愿意尝试新的功能和形式。其购买动机易受外部因素的影响,具有明显的冲动性,不太考虑价格因素,购买能力强。青年顾客往往是新商品的第一批购买者。

培训项目 3 顾客购买动机分析

一、顾客的需求、兴趣与购买动机

1. 顾客的需求与兴趣

（1）需求。顾客购买某种商品往往是为了满足自己的某种需求。顾客的需求是商业活动的基石，经营者要敏锐地发现顾客需求，激发顾客的购买欲望，使其做出购买决策。

美国著名社会心理学家马斯洛认为人的需求分为五个层次。

1）生理需求。有关衣、食、住的商品满足的是人类的生理需求。生理需求是顾客需求中最基本、最优先的。人们对生活的基本需求就是"吃得饱、穿得暖"，因此生理需求也被称为温饱型需求。

2）安全需求。安全需求包括人身安全、财产安全、身体健康、社会保障等需求。安全需求是在生理需求相对满足的基础上产生的。顾客安全需求的表现有很多，例如，希望食品卫生、药物安全、化妆品安全，以避免危害自己的身体健康。

3）社交需求。人们生活在社会中，任何人都不能孤立存在。每个人都希望自己能成为某一团体或组织的成员，得到重视与友谊，并为实现这个目标做出努力。社交需求是各个阶层的顾客购买商品的重要动力，例如，为满足社交需求而购买服装、化妆品，为获得他人的喜爱而健身、美容等。

4）尊重需求。人类具有自尊和荣誉感，总希望能获得他人的尊重。尊重需求包括自我尊重、渴望他人信任和尊重、渴望被社会承认和肯定等需求。在这一层次需求支配下的典型购买行为表现为某些顾客热衷购买名牌商品、高档商品等。

5）自我实现需求。自我实现需求主要是指通过自身的努力，充分发挥个人的才能，体现自身的创造力，实现自己的理想和抱负的需求。这是建立在前四种需求基本被满足的前提下的高级需求。例如，许多人为了掌握知识和才能，以使自己能够更好地施展抱负而支付学费、训练费等。

（2）兴趣。兴趣是个体以特定的事物、活动及人为对象，所产生的积极的和带有倾向性、选择性的态度和情绪。每个人都会对其感兴趣的事物给予优先的关注和积极的探索。例如，对珠宝艺术感兴趣的人会对各种首饰、时尚摄影作品进行观赏和点评，尽可能地收藏符合自己审美的首饰。对自身形象感兴趣的人也会尝试不同的服饰搭配、发型、化妆，总结出独特的形象审美观点。这些兴趣是日常消费的动力和指导。

人的兴趣大多以需求为前提，在需求的基础上产生，也在需求的基础上不断发展。人的需求包括生理需求和社会需求，因此人的兴趣也会同样表现在这两个方面。人的生理需求一般来说是暂时的、容易满足的。例如，人对某一种食物、某一件衣服感兴趣，吃饱了、穿上了也就满足了。而人的社会需求，如人际交往、对艺术的需求、对社会生活的参与则是长期的、终生的、不断增长的。商家必须了解顾客的兴趣所在，发现或挖掘顾客的需求，在实施营销计划时，注重强调商品或服务能满足的顾客需求点。

2. 顾客的购买动机

购买动机是人们为满足一定需求而进行某种购买活动的一种内在动力。人的需求产生动机，动机引起行为表现。由此可见，需求是顾客产生购买行为的原动力，离开需求的购买动机是不存在的。

但是，不是所有的需求都能引发购买动机，而是要具备一定的条件。这些条件主要表现在以下两个方面。

（1）只有需求的强度达到一定程度后才能引起动机，进而引发实践活动。人的需求是多方面的，甚至是无止境的，但由于客观条件的限制，人的各种需求不可能同时获得满足。对于购买活动来讲，只有那些强烈的、占主导地位的消费需求才能引发购买动机，促成购买行为。

（2）需求产生以后，还必须有能满足需求的对象和条件，才能产生购买动机。例如，一些顾客想购买某国外名牌产品，但是如果国家不进口，即在国内缺乏购买条件，那么这种愿望就难以实现，顾客一般也就不会产生购买这种商品的动机。

二、顾客的购买行为与购买决策心理

1. 顾客的购买行为

购买行为是指顾客为满足某种需求而在购买动机的驱使下以货币换取商品的行为。顾客购买行为是人类社会中具有普遍性的一种行为方式，经营者应学习和研究不同类型的购买行为，找出不同购买行为的差异。不同类型顾客的特点及购买行为见表9-3。

表9-3 不同类型顾客的特点及购买行为

类型		顾客特点	购买行为
按顾客的购买态度划分	习惯型	一旦对某一产品或服务产生了信任，就会长期购买，不会因为年龄或环境的变化而改变	购买果断、迅速，不易受打折促销、销售员极力推销等因素影响
	理智型	思路清晰、理性，善于观察、分析和比较，有较强的选择产品或服务的能力	在购买前会广泛收集信息，在购买产品或接受服务时，会对其进行反复比较、权衡利弊，谨慎地做出购买决策，不受他人和广告宣传的影响
	经济型	富有经济头脑，计划性强，选择产品或服务的能力也较强	往往以价格的高低作为选购的标准。一种追求经济实惠，对同类产品或服务中价格较低者感兴趣；另一种追求品质，对同类产品或服务中价格较高者感兴趣，认为价格决定品质
	冲动型	易受外界刺激的影响，选择产品或服务的能力不强	在产品宣传广告、销售员及他人影响的刺激下，容易根据自己的感觉决定购买行为，极易购买新产品或热销产品
	从众型	缺乏主见，易受大众趋势或他人的影响	缺乏对产品本身的分析、比较，容易跟随大流产生购买行为
	疑虑型	性格内向，言行谨慎，多疑	在购买商品或接受服务行为中常常犹豫不决，不会轻易尝试新产品或新推出的服务，对新事物持观望态度

续表

类型		顾客特点	购买行为
按顾客购买目标的选定程度划分	确定型	有明确的目标，对所要购买产品的种类、品牌、价格、性能、规格、数量等都有具体要求	在购买商品或接受服务过程中一般不需要他人过多介绍或帮助
	半确定型	在购买前有初步购买意向和目标，但这一目标还不够具体明确，在购买过程中仍需要对产品或服务重新进行了解、判别与比较，感到非常满意才会进行购买	销售员应准确了解顾客的需求，向其推荐产品或服务，并同时为顾客详细介绍这些产品或服务的作用、使用方法等
	不确定型	没有明确的购买目的，只是随意浏览或了解，这类顾客以女性居多	如果销售员的推销技巧能唤起顾客的情感共鸣，就可能产生购买行为
按顾客在购买现场的情感反应划分	沉静型	沉着冷静	不易受广告宣传和销售员态度的影响，甚至对过分热情的销售员易产生反感
	温顺型	态度随和，不与人产生争执	能够安静、耐心地倾听销售员的宣传推销，一般不轻易反驳，购买决策比较快
	活泼型	性格活泼，感情易变，喜怒形于色	既可以安静地听销售员的宣传推销，也会与销售员进行交流，容易表露出对产品及销售员喜欢或厌恶的态度
	反抗型	性格倔强，感情固执，自主性强	对销售员的宣传推销言辞易产生反感的心理
	傲慢型	性格高傲，对销售员的宣传推销抱着一种傲慢之态	当销售员投其所好，对其表示赞扬时，这一类顾客却表现出一种高高在上的姿态。有时，也会因销售员宣传推销的产品档次不高而一走了之
按顾客介入程度划分	简单型	按照以往的消费经验和习惯进行购买	购买的品牌变化不大，不会花费较多的时间和精力，也不需要多人参与
	多变型	因购买习惯或满足多样化的购买需求而频繁购买不同价格及品牌的产品	在购买过程中，易受杂志、电视等广告信息的影响，购买的品牌差异较大
	复杂型	愿意花时间、精力去广泛收集信息，对不同品牌的产品或服务特性进行分类、评价，以形成自己的认知，再慎重决定是否购买	在购买过程中花费较多时间和精力，可能有多人参与决策

2. 顾客的购买决策心理

购买决策心理是指顾客谨慎地评价某一产品或服务的属性，并选择、购买能满足某一特定需求的产品或服务的心理过程。

顾客的购买决策受产品质量、购买习惯、收入水平、社会消费文化、社会供给、交通物流、门店消费环境、产品销售情况、售后等多方面因素的影响。任何一方面的因素都可能影响顾客购买产品或服务的决定。

顾客的购买决策心理从不同角度进行划分归类如下，销售人员可以参考这些要素，在实践中进行观察、判断，并灵活运用，迎合顾客需求。

（1）按照购买决策内容划分

1）购买原因决策。为什么要买，如为了解决温饱、兴趣爱好、性价比等。

2）购买目标决策。买什么产品，如对产品的款式、颜色、包装、功能、价格等进行分析、选择。

3）购买方式决策。怎么购买，如网购、代购或自行购买，使用现金购买或使用信用卡购买等。

4）购买地点决策。去哪里购买，如就近购买、到商场购买等。

5）购买时间决策。什么时候去购买，如当季或淡季、工余时间或节假日等。

6）购买频率决策。多长时间购买一次，如按时订购或不定时自选等。

7）购买数量决策。买多少，如因使用量大小而购买少量装或量贩装等。

（2）按照购买决策方式划分

1）个人决策。个人决策指顾客利用个人经验和信息等做出购买决定的过程。一般来说，大多数购买行为都是个人决策。

2）家庭决策。家庭决策指由家庭成员共同商议做出购买决定的过程。一个家庭的重大购买行为一般都采取家庭决策，如购房、购车等重大购买活动。

3）社会协商式决策。社会协商式决策指顾客通过社会化渠道收集信息，运用社会化的经验做出的集体购买决定。

（3）按照购买决策的性质划分

1）战略决策。战略决策指顾客面向未来有长远规划的购买决策，如住房、汽车、家电等大件产品的购买规划，这种属于家庭发展战略决策。

2）策略决策。策略决策指顾客为实现战略决策目标而采取的具体方式和手段，如用奖金买家电、用积蓄买住房等。

（4）按照购买决策目标的性质划分

1）常规决策。常规决策指顾客经常或例行的购买决策，如日常用品的购买决策。

2）非常规决策。非常规决策指顾客对偶然发现的，或首次出现非重复性购买的产品的决策，也称一次性决策。

（5）按照购买决策结果的影响划分

1）最优决策。最优决策指顾客力求通过决策方案的选择、实施，取得最大效用的决策。当然，这种决策的实质就是要追求理想条件下的最优目标。由于理想条件很难达到，又要花费大量的时间和精力，所以一般很难达到最优决策。

2）满意决策。满意决策指顾客在现实条件下，做出相对合理的选择，达到相对满意的决策。购买过程中，绝大多数消费都采取满意决策，因此满意决策更具实用性。

（6）按照影响购买决策因素的复杂程度划分

1）单一决策。单一决策指影响顾客购买决策的因素很少，同时可选择的方案也较少的决策，如需要购买的某产品或服务类型单一，根据需求直接购买即可。

2）复杂决策。复杂决策指影响顾客购买决策的因素有多方面，可选择方案较多的决策。这是顾客经常面临的决策，有时顾客看到琳琅满目的同类产品和服务，会无所适从、难下决定。

职业模块 10
卫生消毒与消防安全

培训项目 1 卫生消毒

一、微生物常识

1. 微生物的概念与特点

（1）微生物的概念。简单地说，微生物是形体微小、构造简单的生物的统称。微生物广泛分布在自然界中，是生物中的一大类，与植物和动物共同组成生物界。

（2）微生物的特点

1）形体微小。微生物一般需要用显微镜才能观察到。

2）构造简单。微生物是构造简单的单细胞或多细胞生物，有些微生物甚至没有细胞结构。

3）容易变异。微生物适应性强，对极端环境具有惊人的适应性，其遗传物质容易变异。

4）繁殖迅速。微生物具有惊人的生长繁殖速度，大多数微生物几十分钟内就可以繁殖一代。

5）种数多、分布广。微生物种数很多，且分布广泛，其生理代谢类型多，代谢产物种类也多。

2. 微生物的种类与分布

（1）微生物的种类。微生物的种类见表10-1。

（2）微生物的分布

1）土壤。土壤是微生物生存的最佳环境。

2）水。水仅次于土壤，是微生物生存的第二场所。

3）空气。空气中的微生物主要来源于带有微生物菌体及孢子的灰尘，这类微生物大多数是腐生性的。空气中的微生物还有一部分来源于动物（包括人），它们大多数通过呼吸道排出，悬浮在大气中，其中也包含病原微生物。

表 10-1 微生物的种类

大类	种类		特点
非细胞型微生物	病毒、亚病毒		体积微小，无细胞结构，无产生能量的酶，需在活细胞内繁殖，能通过除菌过滤器
细胞型微生物	原核类	细菌（狭义）、支原体、衣原体、螺旋体、立克次体、放线菌	无核仁、核膜，只有核糖体，细胞器很不完善
	真核类	真菌，如酵母菌、霉菌等	有细胞核，有核仁、核膜和染色体，细胞器完整

3. 微生物的生长与繁殖

生长繁殖迅速是微生物的特征之一。微生物生长所需条件见表 10-2。

表 10-2 微生物生长所需条件

生长条件	具体内容
充足的营养物质	水、无机盐 碳源：来自周围环境中的有机物，如糖类、油脂、有机酸及有机酸酯、小分子醇等 氮源：来自周围环境中的有机或无机含氮物质 生长因子：是微生物生长不可缺少的微量有机物
适宜的酸碱度	嗜碱微生物喜欢偏碱性的环境 嗜酸微生物喜欢偏酸性的环境 酸碱度能影响细胞膜的电荷，从而影响营养物质的吸收水平；能影响代谢过程中酶的活性，从而影响微生物的生命活动
适宜的温度	微生物生长繁殖的适宜温度因种类不同而不同 最低生长温度：一般为 $-10 \sim -5$ ℃，极端情况下在 -30 ℃以下仍能生存、生长 最高生长温度：一般为 $80 \sim 95$ ℃，极端情况下在 105 ℃以上仍能生存、生长 对于特定的微生物而言，其在低于最低生长温度或高于最高生长温度的环境中生长繁殖将受到抑制，导致衰老和死亡
适宜的气体	微生物生长繁殖所需的气体因种类不同而不同 有些微生物好氧，有些微生物厌氧；有些微生物需要二氧化碳，有些则不需要；有些微生物可以利用氮气、氢气、硫化氢、二氧化硫等气体

不同微生物的繁殖方式见表10-3。

表10-3 不同微生物的繁殖方式

微生物种类	繁殖方式
细菌、支原体、立克次体、螺旋体、衣原体的始体	以二分裂方式进行繁殖，即一个分裂为两个，两个分裂为四个，以此类推
酵母菌	无性繁殖或有性繁殖，以无性繁殖为主
霉菌	主要通过菌丝断裂，形成各种无性孢子进行繁殖，以无性繁殖为主
放线菌	多以无性的分生孢子进行繁殖，分生孢子主要通过细菌内横隔分裂的方式形成
病毒	病毒的一个显著的生命特点为寄生性，即只能寄生在某种特定的活细胞内才能生长繁殖。病毒利用宿主细胞内的原料进行快速增殖。在非寄生状态时，病毒呈结晶状，不能进行独立的代谢活动

4. 微生物的作用与危害

在人体的皮肤、黏膜及与外界相通的各种腔道（如口腔、鼻咽腔、肠道、尿道等）中存在着对人体无害的微生物群（包括细菌、真菌、螺旋体、支原体等），称为正常菌群。

能使宿主致病的微生物为致病微生物或病原微生物；不能造成宿主感染的微生物为非致病微生物或非病原微生物；有些微生物在正常情况下并不致病，但在某些条件改变的特殊情况下可以致病，这类微生物称为条件致病微生物或机会致病微生物。

（1）微生物的作用。绝大多数微生物对人体是有益的，可参与自然界中C（碳）、N（氮）、S（硫）等元素的循环，已被广泛应用于农业、食品、医药、酿造、化工、石油等行业，发挥越来越重要的作用。

微生物的应用见表10-4。

表10-4 微生物的应用

农业方面	食品方面	医药方面	工业方面
杀虫、造肥、固氮等	啤酒、葡萄酒、面包酵母、奶酪、醋、酸奶、维生素等的生产	抗生素、干扰素的生产 药品制剂、菌群制剂的生产 疫苗的研制	石油脱蜡等

（2）微生物的危害。致病微生物不仅引发很多传染病（如感冒、痢疾、结核病、病毒性肝炎等），还会导致工业产品、农副产品等腐烂和霉变。形象设计机构卫生消毒主要针对的就是病原微生物。

形象设计机构应注意防范化妆品微生物污染。化妆品受微生物污染后，其颜色、气味等会发生变化，品质会下降。致病微生物污染还可损害人体健康，如化脓性细菌污染可引起皮肤和眼部感染。微生物的有毒代谢产物可使人中毒。即使污染微生物被杀灭，其残存的细菌酶等也可能会引起产品变质，变质时分解的某些组分可对皮肤产生刺激。因此，对化妆品进行微生物检验是十分必要的。

5. 杀菌与消毒

（1）杀菌。杀菌是指用强效的物理方法或化学方法杀灭全部微生物，包括致病微生物和非致病微生物，包括芽孢。

（2）消毒。消毒是指用较为温和的物理方法或化学方法清除或杀灭物体上绝大多数的除芽孢以外的致病微生物，使其数量减少到无害的程度。

二、器具卫生消毒

1. 常用消毒方法

消毒方法一般分为物理消毒法和化学消毒法。

（1）物理消毒法。物理消毒法是指运用物理因素杀灭或清除病原微生物及其他有害微生物的方法。常用的物理消毒法如下。

1）煮沸消毒法。用 100 ℃的沸水煮 5 min 左右能杀死一般的细菌繁殖体，而芽孢（细菌休眠体）则需要在沸水中煮 1~2 h 甚至更长时间。煮沸消毒法主要用于对金属器械、玻璃器皿等进行消毒。

2）蒸汽消毒法。蒸汽消毒法是指利用蒸汽消毒柜进行消毒，相对湿度保持在 80%~100%，消毒时间一般为 15~30 min。蒸汽消毒法主要用于对天然纤维织物进行消毒。

3）远红外线高温消毒法。远红外线高温消毒法也称烘干法，主要指用远红外线高温型消毒柜进行消毒。远红外线高温型消毒柜主要根据物理原理，利用远红外线发热，在密闭的柜内产生 120 ℃的高温以进行消毒。这种消毒方法具有速度快、穿透力强的特点。远红外线高温消毒法主要用于对耐高温的金属、陶瓷等制品进行消毒。

4)紫外线消毒法。紫外线消毒法使用的设备主要包括紫外线消毒柜及紫外线灯。

紫外线消毒柜采用超低温消毒,消毒温度一般在60 ℃以下,适合大多数用品、用具的消毒,尤其适用于不耐热物品的表面消毒,如粉扑、梳子、卷发器、刷子、塑料挑棒等。工具必须先进行清洗再放入紫外线消毒柜中消毒,消毒过的工具在使用前仍可放置在消毒柜里。

紫外线灯主要用于室内空气消毒,应安装在离地面2~2.5 m处,照射时间为30 min以上。紫外线灯发出的紫外线对人体有损害作用,使用时应特别注意防护。

（2）化学消毒法。化学消毒法是指使用化学制剂来杀灭微生物(主要是病原微生物)或抑制微生物生长繁殖的方法。

1)消毒用化学制剂。消毒用化学制剂主要包括消毒剂和杀菌剂。

①消毒剂。消毒剂是用于消毒的化学制剂。消毒剂的生产要求是能杀灭细菌繁殖体,而不要求其能杀灭芽孢。常用的消毒剂有新洁尔灭等。能杀灭芽孢的消毒剂则更好。

②杀菌剂。杀菌剂是指能杀灭一切微生物(包括细菌繁殖体、芽孢、真菌、病毒等)的化学制剂。常用的杀菌剂有过氧乙酸溶液等。所有杀菌剂均为优良的消毒剂。对皮肤进行切刺等操作的器械和切刺区的皮肤应用杀菌剂消毒。

2)常用消毒剂的种类与运用。常用消毒剂的种类与运用见表10-5。

表10-5 常用消毒剂的种类与运用

种类	溶液的浓度	用途	注意事项
新洁尔灭（苯扎溴铵）	质量分数为0.1%	有杀菌、消毒、防腐、乳化、去垢等作用 一般用于器械、化妆品等消毒,还可用于水处理消毒等	本品为外用消毒剂,切忌内服 不得用塑料或铝制容器储存 低温时可能出现混浊或沉淀,可置于温水中,振摇使之溶解后使用 用药部位如出现烧灼感、瘙痒、红肿等情况应停药,并将局部药物洗净,必要时向医师咨询 本品性状改变时禁止使用

续表

种类	溶液的浓度	用途	注意事项
消毒灵（又称度米芬、杜灭芬、杜美芬、消毒宁，片剂或溶液）	质量分数为 0.05%~0.1%	消毒作用、应用范围与新洁尔灭相似，消毒效力强，毒性小，杀菌作用在碱性环境中增强，而在酸性有机物、脓血中则降低 一般用于器械等消毒	若需将本品用于口腔黏膜等处，应咨询医师或药师 对本品过敏者禁用，过敏体质者慎用 本品性状改变时禁止使用
酒精（乙醇溶液）	体积分数为 75%	在常温下，可在 1 min 内杀死大肠杆菌、金黄色葡萄球菌、白念珠菌等 注意酒精浓度并非越高越好，浓度过高会使细菌表面形成一层保护膜，阻碍酒精进入细菌体内，从而难以将细菌彻底杀死。若酒精浓度过低，虽酒精可进入细菌体内，但不能将其体内的蛋白质凝固，同样也不能将细菌彻底杀死 一般用于伤口、皮肤、器械等消毒	本品为外用消毒剂，切忌内服 酒精属易燃易爆品，使用时应避免接触明火或任何可能引起火灾或爆炸的因素，避免在高温设备周围使用 要避免在相对密闭的较小空间内大量使用酒精，形成高浓度的酒精蒸汽，从而引发火灾或爆炸 避免使用气压式喷壶。可将酒精喷于布上进行擦拭消毒，对于物体上残留的酒精，必须擦净；接触过酒精的毛巾等应用大量清水清洗后密闭存放，或放通风处晾干 每次取用后必须立即将容器上盖密封，严禁敞开放置 房间内严禁大量存储酒精
碘伏	质量分数为 0.5%~1%	具有广谱杀菌作用，可杀灭细菌繁殖体、真菌和部分病毒等 一般用于皮肤、伤口、器械等消毒	本品为外用消毒剂，切忌内服 对本品过敏者禁用，过敏体质者慎用 高浓度碘伏接触皮肤和眼睛可引起灼伤、溃疡等，因此使用时需避开

续表

种类	溶液的浓度	用途	注意事项
过氧乙酸溶液	质量分数为 0.1%～2%	一种绿色生态杀菌剂，没有任何残留。杀菌能力强，可用于传染病消毒、饮用水消毒、织物消毒等，适用于空气消毒、环境消毒等 1%～2% 的溶液可杀死霉菌与芽孢，0.3%～0.5% 的溶液可用于浸泡消毒，0.2% 的溶液可用于洗手消毒（1 min 即可），0.1%～0.4% 的溶液可用于对房屋、家具、门窗等进行喷洒消毒	本品为外用消毒剂，切忌内服 过氧乙酸具有不稳定性，在 $-20\,℃$ 时会发生猛烈爆炸，在室温下可以分解放出氧气，遇明火或高温会发生自燃、燃烧或爆炸，因此使用时应避免接触明火或任何可能引起火灾或爆炸的因素，避免在高温设备周围使用 原液为强氧化剂，具有较强的腐蚀性，不可直接用手接触。配制溶液时应佩戴橡胶手套，操作时要轻拿轻放，防止其溅入眼睛内或溅在皮肤、衣物上 对金属有腐蚀作用，不可用于金属器械消毒 喷洒进行环境消毒时，操作者应佩戴防护面罩，也可用口罩、帽子及游泳镜替代，不可直接对人进行喷洒 如药液不慎溅入眼中或溅在皮肤上，应立即用大量清水冲洗 本品易分解，消毒用溶液需现配现用；溶液浓度不可超过 20%，否则会成为非常危险的化学品

3）消毒剂稀释步骤

①选择正确的消毒剂，注意打开瓶盖后，瓶口应朝上。

②选用合适的量筒量取消毒剂，注意量筒应水平放置在桌面上，倒消毒剂时，眼睛应平视液面，标签需朝上。

③消毒剂取完后应立即加盖密封，倒出的多余的消毒剂不可倒回瓶中，应用滴管吸出并丢弃。

④根据标准比例，将原液及蒸馏水倒入烧杯中。

⑤用玻璃棒搅拌均匀。

2. 器具卫生消毒方法与步骤

形象设计机构不宜有浓烈的消毒剂气味，一般应选择刺激性较小、气味较淡、使用方便的消毒剂或杀菌剂进行消毒。常用器具消毒方法见表 10-6。常用消毒方法及其操作步骤见表 10-7。

表 10-6　形象设计机构常用器具消毒方法

器具	物理消毒法				化学消毒法				
	煮沸消毒法	蒸汽消毒法	远红外线高温消毒法	紫外线消毒法	新洁尔灭	消毒灵	酒精	碘伏	过氧乙酸溶液
剪刀、镊子	○		○	○	○		○		
玻璃器皿	○			○	○	○	○		○
粉扑				○	○				
挑棒				○		○	○		○
化妆笔刷				○			○		
干毛巾				○					
湿毛巾	○	○		○	○				
客袍、围布等		○		○	○				
梳子、衣架等塑料、橡胶类用品				○		○	○		○
搪瓷托盘			○	○	○	○	○		○
地板、洗脸台									○
卷发棒、吹风机							○		

注：○表示建议选择的消毒方法。

表 10-7 形象设计机构常用消毒方法及其操作步骤

消毒方法		消毒步骤		
		前处理	操作要领	后处理
物理方法	煮沸消毒法	清洗干净	（1）完全浸泡 （2）水量一次加足 （3）水温100 ℃以上，时间20 min以上	（1）用夹子取出，不可用手直接碰触已消毒物品 （2）晾干或烘干 （3）置于干净的橱柜内
	蒸汽消毒法	清洗干净	（1）将毛巾折成弓字形并将其直立放入或平展后放入 （2）切勿摆放拥挤 （3）按照设备使用说明消毒	（1）用夹子取出，不可用手直接碰触已消毒物品 （2）暂存于消毒柜中或置于干净的橱柜内
	远红外线高温消毒法	清洗干净	（1）器械不可重叠 （2）刀剪类应打开 （3）按照设备使用说明消毒	（1）用夹子取出，不可用手直接碰触已消毒物品 （2）暂存于消毒柜中或置于干净的橱柜内
	紫外线消毒法	清洗干净	（1）器械不可重叠 （2）刀剪类应打开 （3）毛巾折叠后放入或平展后放入 （4）按照设备使用说明消毒	（1）用夹子取出，不可用手直接碰触已消毒物品 （2）暂存于消毒柜中或置于干净的橱柜内
化学方法	新洁尔灭	清洗干净	完全浸泡或擦拭	用水清洗或用湿布擦拭
	消毒灵	清洗干净	完全浸泡	（1）用水清洗 （2）晾干或烘干 （3）置于干净的橱柜内
	酒精	清洗干净	（1）金属类消毒用擦拭法，塑胶类消毒用擦拭法或进行完全浸泡 （2）擦拭数次或浸泡10 min以上	（1）用无菌镊子取出 （2）晾干或烘干 （3）置于干净的橱柜内
	碘伏	清洗干净	（1）以棉签蘸取，从消毒部位中部向四周扩展擦拭 （2）再蘸取时需更换棉签 （3）以消毒部位为中心向外辐射覆盖合适的范围	自然挥发
	过氧乙酸溶液	清洗干净	完全浸泡或擦拭	（1）用水清洗或用湿布擦拭 （2）晾干或烘干 （3）置于干净的橱柜内

3. 消毒注意事项

（1）消毒剂可能含有有害物质，必须妥善保管，即必须密封好，储藏于阴凉、干燥、避光、安全的地方，并贴上标签，不要和其他制剂瓶子混放。

（2）配制时计量要准确，稀释时应避免溢出。

（3）详细阅读说明书并按要求使用。

（4）盛放消毒剂的器皿应为陶瓷、玻璃、不锈钢等材质的耐高温、耐腐蚀的带盖容器。

（5）消毒剂应及时更换，已失效的消毒剂不仅不能消毒，而且会有安全隐患。

（6）消毒用品应由专人负责管理。

（7）定期检查卫生设施、设备及用品、用具，如发现问题应及时处理。

三、场所卫生消毒

形象设计机构的光线、温度、通风等要符合国家卫生标准和要求。时刻保持室内、外环境清洁，消除致病微生物滋生及传播的隐患，防止疾病传染，并为顾客提供良好的视觉感受。

1. 室内环境与卫生要求

形象设计机构室内环境卫生是指形象设计机构内部及与经营活动密切相关的建筑内部空气、照明、声响、温度、湿度等方面的卫生状况。

（1）对空气的要求。为保证形象设计机构有良好的室内空气环境，需要对空气进行适当处理，使室内空气的洁净度、气流速度等保持在一定的范围内，见表10-8。

表10-8 形象设计机构对空气的要求

项目		范围值
洁净度	300级	每升空气中直径大于或等于0.5 μm的尘粒数平均值不超过300粒
	3 000级	每升空气中直径大于或等于0.5 μm的尘粒数平均值不超过3 000粒
	30 000级	每升空气中直径大于或等于0.5 μm的尘粒数平均值不超过30 000粒
气流速度		一般送风速度为3~5 m/s，回流速度为0.25 m/s

（2）对照明的要求。若同一场所的光照强度不均匀，则视线移动时，眼睛就需要不断调整瞳孔以适应光线，容易造成视觉疲劳，因此必须合理布置灯具，使照度均匀。办公区域、接待区域的照度建议为75~150 lx，形象设计工作区域因对光线照度要求较高，则可根据实际情况适当增加照度。

形象设计机构内不同的区域应选择使用不同的灯具,见表10-9。

表10-9 形象设计机构的灯具选择

区域	灯具的选择
办公区域	一般选用荧光灯,荧光灯有利于提高眼睛对颜色的分辨率,创造良好的视觉条件
接待区域	一般选用吊灯,既能起到装饰的作用,又能保证足够的照度
展示区域	一般选用射灯,易吸引人的注意
形象设计工作区域	化妆镜正前上方及两侧可选用日光灯或白炽灯(冷暖光源均需),或可根据实际使用需求选用可调节光源及照度的灯具

(3)对声响的要求。为在工作过程中能与顾客有一个良好的沟通环境,形象设计机构应保持安静,可播放一些轻柔或轻快的音乐作为背景声,切忌大声喧哗,切忌播放节奏感强或忧伤的音乐作为背景声。

(4)对温度、湿度的要求。将形象设计机构的温度、湿度控制在一个舒适的范围内能使顾客有较好的体感,增加顾客的舒适度。形象设计机构对温度、湿度的要求见表10-10。

表10-10 形象设计机构对温度、湿度的要求

项目	要求
温度	一般温度调节范围为(22±4)℃;冬季18℃以上,夏季26℃以下
湿度	一般湿度调节范围为50%±20%

(5)对卫生清洁的要求。为提高品牌形象,为顾客提供优质的服务环境,为员工创造舒服的工作环境,需制定形象设计机构卫生清洁标准:眼看不乱,手摸无尘,整齐、干净、明亮。形象设计机构卫生清洁要求见表10-11。

表10-11 形象设计机构卫生清洁要求

区域	卫生清洁要求
前厅	1)门窗玻璃干净明亮,无水渍,无手印 2)地面干净整洁,无脚印、尘土、碎屑等 3)展示区无灰尘、杂物,展示物品干净整洁 4)前台无杂物,背板清晰整洁 5)灯具干净明亮,无灰尘 6)电视机、饮水机等设备干净整齐 7)顾客等候区的宣传品及报架上的报刊、图书摆放整齐,定期更新

续表

区域	卫生清洁要求
走廊、楼梯	1）走廊、楼梯干净，无灰尘，无杂物 2）若有装饰物，装饰物应干净整洁 3）鞋架干净整洁，鞋摆放整齐 4）消毒柜外观干净明亮
工作间	1）需有空调、换气扇、抽风机等换气设备，以保持室内空气清新，不应有异味 2）灯具整洁，光照强度适中 3）保持地面、墙壁、装饰物等清洁，地板、地毯上的脏物应随时清理 4）镜子保持干净无尘，镜前灯色调统一，如有不亮的灯管或灯泡应及时修理或更换 5）用品、用具分类摆放整齐，保持干净 6）消毒设备等保持干净，如有损坏应及时修理 7）衣架上不得挂放员工私人物品 8）垃圾筐内的垃圾要及时清理，不应超过筐体积的1/3
休息室	1）有空调、换气扇、抽风机等换气设备，以保持室内空气清新，不应有异味；室内严禁吸烟 2）专人负责，物品摆放整齐，垃圾及时清理 3）放置干、湿分类垃圾桶，按垃圾分类管理制度进行垃圾分类 4）个人用品摆放整齐，保持干净，饭后及时清理 5）不可用来煮饭、住宿 6）绝不能有老鼠、蜘蛛、蟑螂、苍蝇等
洗手间	1）需有换气扇、抽风机等换气设备，以保持室内空气清新，不应有异味 2）专人负责，保持卫生整洁，提供冷热水、肥皂或洗手液、纸巾等 3）洗手盆、坐厕要定期消毒，拖把要分开使用并及时清洗干净 4）墙面、镜子保持干净无尘 5）可张贴洗手操作示意图和"节约用水"等字样 6）垃圾筐内的垃圾要及时清理，不应超过筐体积的1/3

2. 室外环境与卫生要求

形象设计机构的室外环境卫生状况同样很重要。如果门前脏乱不堪，就会给顾客留下不好的印象。

形象设计机构的室外环境卫生是指形象设计机构外部及与经营活动密切相关的各类公共建筑、公共设施、绿化、室外场地和相关部门所规定的"包干"区域的卫生状况。

形象设计机构室外环境卫生要求见表10-12。

表 10-12　形象设计机构室外环境卫生要求

对象		要求
招牌		招牌是形象设计机构对外展现的第一形象,在设计上具有吸引力的招牌可对顾客产生强烈的视觉和心理刺激,因此应特别注重对招牌的清洁
门面		门面是指进入形象设计机构的通道和通道周围的建筑装饰及相关配套设施。门面应每天清洁,特别是形象设计机构的玻璃门,要干净、明亮、透明。门面卫生状况反映形象设计机构对卫生的重视程度,是影响顾客消费选择的重要因素之一
橱窗		橱窗可以丰富顾客的联想,增强顾客的信心,激起顾客消费欲望。橱窗的清洁卫生相当重要,陈列品可以按季度或业务需要进行设计摆放,但要经常清洁,保持橱窗内外整洁
入口		入口是指进出形象设计机构的通道口。入口的地面通道要保持清洁,不宜堆砌杂物,应易于进出。若道路和形象设计机构入口之间有阶梯或坡度,应保持阶梯或坡度清洁,入口处有明显的指路标识
绿化带		绿化带是指形象设计机构经营场所外部的绿地和花卉种植区域。绿化带不仅有利于调节小气候,而且能美化形象设计机构环境。绿化带不应有垃圾,应定期进行清理
其他	建筑物	对于砖、水泥构件、石头建筑等,可用水和洗涤剂的混合液进行低压喷射清洗,或请专人进行清洗
	铜制品	可先用肥皂和水进行清洗,再漂净、擦干;上面的锈斑可用擦铜粉或擦铜水进行擦拭去除

培训项目 2 消防安全

一、火灾基本知识

1. 火灾的定义

在时间和空间上失去控制的燃烧所造成的灾害称为火灾。火灾是威胁公众安全的主要灾害之一。

2. 火灾事故发生的原因

火灾事故发生的主要原因如下，其他灾害如地震、风灾等也会引发火灾。

（1）用火不慎。人们日常点燃的各种明火是最常见的一种火源，不慎使用会引发火灾。

（2）电气设备安装使用不当。电气设备超负荷运行、短路、接触不良、漏电等都可能导致可燃物燃烧，引发火灾。

（3）可燃物遇高温或明火。大功率灯泡、取暖器旁的纸张和衣物等都可能因为高温而燃烧。汽油等可燃物在高温或遇明火时也会燃烧，引发火灾。自然界的雷击、静电火花等也可能导致可燃物燃烧。

（4）自燃。在既无明火又无热源的条件下，某些可燃物堆积在一起时间过长，自身也会发热，在条件具备时会发生自燃。

（5）摩擦与撞击。例如，铁器与水泥地撞击会引起火花，遇易燃物即可引发火灾。

 **相关链接**

易引发火灾的情况

❖ 卧床吸烟或坐在沙发上吸烟时，可能在香烟未燃尽时人已睡着，烟头引燃床上用品或沙发导致火灾。

❖ 使用完液化气或天然气后不关总阀门，如果燃气灶点火开关有故障，不能完全切断气源，或连接气灶的橡胶管长期受压发生爆裂，会导致液化气或天然气泄漏，引发火灾。

❖ 燃气灶使用时无人看管，若锅内汤汁沸腾溢出浇灭火焰，会导致液化气或天然气泄漏，引发火灾。

❖ 蜡烛放在木制的桌子上，当蜡烛燃尽或被碰倒后可能会引燃桌子或桌子上的可燃物。

❖ 蚊香放在床边、窗帘边，可能会引发火灾。

❖ 用打火机或蜡烛照明时，若不小心会引燃可燃物，尤其在杂物间时。

❖ 家用电器用完后不拔掉插头，电器的部分零部件在长期通电状况下会因发热或雷击而引发火灾。

3. 火灾分类与灭火器选择

火灾根据可燃物类型和燃烧特性分为 A、B、C、D、E、F 六大类，不同类型的火灾应选择不同的灭火器，见表 10-13。

表 10-13　火灾分类与灭火器选择

火灾分类	定义	灭火设备选择
A 类火灾	指固体物质火灾，这种固体物质通常具有有机物的性质，一般在燃烧时能产生灼热的余烬，如木材、干草、煤炭、棉、毛、麻、纸张、塑料等	可选用水型灭火器、泡沫灭火器、磷酸铵盐干粉灭火器、卤代烷灭火器

续表

火灾分类	定义	灭火设备选择
B 类火灾	指液体火灾或可熔化的固体物质火灾,如汽油、煤油、柴油、原油、甲醇、乙醇、沥青、石蜡等引起的火灾	可选用干粉灭火器、泡沫灭火器、卤代烷灭火器、二氧化碳灭火器。扑救极性溶剂B类火灾不得选用化学泡沫灭火器、抗溶性泡沫灭火器
C 类火灾	指气体火灾,如煤气、甲烷、乙烷、丙烷、氢气等引起的火灾	可选用干粉灭火器、七氟丙烷灭火器
D 类火灾	指金属火灾,如钾、钠、镁、钛、锆、锂、铝镁合金等引起的火灾	可选用粉状石墨灭火器、专用干粉灭火器
E 类火灾	指带电火灾,即物体带电燃烧的火灾,包括家用电器,电子元器件,电气设备(计算机、复印机、打印机、传真机、发电机、电动机、变压器等)以及电线、电缆等燃烧时仍带电的火灾,而顶挂、壁挂的日常照明灯具及起火后可自行切断电源的设备所发生的火灾不属于带电火灾范围	可选用干粉灭火器、卤代烷灭火器、二氧化碳灭火器
F 类火灾	指烹饪器具内的烹饪物(如动植物油脂)火灾	可选用干粉灭火器

二、防火、灭火基本原理与措施

1. 防火的基本原理与措施

燃烧必须满足的条件是可燃物、助燃物和着火源三要素互相直接作用。对于未燃体系来说,防火的基本原理是防止燃烧条件的产生,不使燃烧三要素相互结合并发生作用;对于已燃体系来说,防火的基本原理是采取限制、削弱燃烧条件发展的办法阻止火势蔓延。

(1)控制可燃物

1)利用爆炸浓度极限、相对密度等特性控制气态可燃物,使其不形成爆炸性混合气体,如加强通风换气来降低可燃气体等的浓度。

2)利用闪点、燃点、爆炸浓度极限等特性控制液态可燃物,如使液体的温度低于该液体的爆炸温度下限或闪点。

3)利用燃点、自燃点等特性控制一般固态可燃物,如选用不燃或燃点较高的材料代替易燃材料。

4)利用负压操作可降低液体物料的沸点和烘干温度,缩小可燃物料爆炸浓度极限的特性,对易燃物料进行安全干燥、蒸馏、过滤或输送,如真空过滤有爆炸危险的物料以免除爆炸危险。

5）对易燃易爆物品，如爆炸物品、可燃的压缩气体和液化气体、易燃液体、易燃固体、自燃物品和遇湿易燃物品，应按《危险化学品安全管理条例》的规定进行生产、储存、经营、运输和使用。

（2）隔绝助燃物。使可燃性气体、液体、固体不与空气、氧气或其他氧化剂等助燃物接触，即使有着火源，也会因没有助燃物参与而不致发生燃烧爆炸。可使用的方法有密闭设备系统，用惰性气体（即化学活泼性差、没有燃爆危险的气体）保护、隔绝空气储存、隔离储运等。

（3）消除着火源。在有火灾爆炸危险的场所应有醒目的"禁止烟火"标志，严禁动火吸烟并备好灭火器材，必要时应派专人监护；防止摩擦撞击起火；防止高热表面接触易燃物而着火；防止日光照射和聚焦；防止化学反应放热作用引起自燃；控制电火源；防止静电火花；防止雷击。

（4）阻止火势蔓延。防止火焰或火星作为火源窜入有燃烧爆炸危险的设备、管道或空间；或者阻止火焰在设备、管道、空间扩散；或者把燃烧限制在一定的范围内，使其不致向外延烧。能起这种作用的有阻火装置和阻火设施。

2. 灭火的基本原理与措施

除燃烧三要素外，失去控制的连锁反应也可看作燃烧的第四大要素。灭火就是要消除或破坏已经形成的燃烧条件，终止燃烧的连锁反应，使火熄灭，燃烧终止。根据消防燃烧理论和灭火实践经验，灭火方法可归纳为隔离灭火法、窒息灭火法、冷却灭火法和抑制灭火法四种。

（1）隔离灭火法。根据要发生燃烧必须有可燃物这个条件，把着火的物质与周围的可燃物隔离开，燃烧可因缺乏可燃物而停止。可采用的方法有：搬移起火物旁的可燃物至安全地点；关闭阀门，阻止可燃性气体、液体进入燃烧区；拆除与火源相毗连的易燃建筑结构；设法堵截流散的着火液体；用水幕造成隔火地带等。

（2）窒息灭火法。根据要发生燃烧一般需要有足够的氧气量这个条件，设法阻止空气流入燃烧区，或者用灭火剂稀释空气中的氧气量，使燃烧因得不到充足的氧气而终止。可采用的方法有：用石棉毯、湿麻袋等捂盖燃烧物；用砂土埋灭燃烧物；用水蒸气、二氧化碳、氮气等灌注着火的容器或封闭着火的空间；堵塞孔洞或关闭门窗，以封闭着火的空间等。

（3）冷却灭火法。根据要发生燃烧必须有一定能量（温度）的着火源这个条件，将灭火剂喷射到燃烧物质上，通过吸热使其温度降低到燃点以下，从而使火熄灭。起冷却作用的灭火剂主要是水，二氧化碳灭火剂和泡沫灭火剂也兼有冷却作用。它们在灭火过程中一般不参与燃烧的化学反应（钠等活泼金属着火不能用水、二氧化碳扑灭，会发生化学反应），只起物理灭火作用。当这些灭火剂喷洒在火源附近的未燃烧物上时，还能起保护作用而防止燃烧蔓延。

（4）抑制灭火法。抑制灭火法也称化学中断法，就是根据燃烧的连锁反应原理，将灭火剂喷向燃烧物，抑制火焰，使燃烧过程产生的游离基消失，从而导致燃烧停止。

三、常用灭火器的种类与使用方法

灭火器的种类很多，按移动方式可分为手提式灭火器和推车式灭火器，按驱动灭火剂的动力来源可分为储气瓶式灭火器、储压式灭火器、化学反应式灭火器，按所充装的灭火剂可分为泡沫灭火器、干粉灭火器、卤代烷灭火器、二氧化碳灭火器、酸碱灭火器等。

常用的灭火器有二氧化碳灭火器、干粉灭火器及泡沫灭火器。

1. 二氧化碳灭火器

二氧化碳灭火器以高压气瓶内储存的二氧化碳气体作为灭火剂进行灭火，适用于扑救易燃液体及气体的初起火灾。二氧化碳灭火后不留痕迹，可用于扑救具有贵重仪器设备、档案资料、计算机的场所或物品维护要求较高场所的火灾。二氧化碳不导电，也适合于扑救带电的低压电气设备、油类火灾，但不可用于扑救钾、钠、镁、铝等活泼金属火灾。

使用时，对于鸭嘴式的二氧化碳灭火器，先拔掉保险销，再压下压把即可；对于手轮式的二氧化碳灭火器，先取掉铅封，再按逆时针方向旋转手轮即可。应将喷口对准火焰根部进行灭火。使用时应戴手套，注意手指不宜触及喇叭筒（灭火器的喷射头呈喇叭形，称为喇叭筒），以防冻伤。

当可燃液体呈流淌状燃烧时，应使二氧化碳灭火器的喷流由近至远地向火焰喷射。如果可燃液体在容器内燃烧，应将喇叭筒提起，从容器的一侧上部向容器中喷射，但不能用二氧化碳射流直接冲击可燃液面，以防止将可燃液体冲出容器而扩大火势，造成灭火困难。

使用二氧化碳灭火器扑救电器火灾时，应先断电后灭火。

要定期检查二氧化碳灭火器，及时充气和更换。

2. 干粉灭火器

干粉灭火器适用于扑救石油产品、油漆、有机溶剂火灾，它能抑制燃烧的连锁反应而灭火；也适用于扑救液体、气体、电气火灾（干粉有优良的电绝缘性能）；有的还能扑救固体火灾。干粉灭火器不能扑救轻金属燃烧的火灾。

干粉灭火器一般以氮气为动力，将筒体内干粉压出。使用时，先拔掉保险销（有的是拉起拉环），再按下压把，干粉即可喷出。应注意的是，干粉灭火器在使用前应先上下颠倒几次，使筒内干粉松动。在用 ABC 干粉灭火器（能扑救 A、B、C 类火灾的干粉灭火器）扑救固体火灾时，应使喷嘴对准燃烧最猛烈处左右扫射，尽量使干粉灭火剂均匀地喷洒在燃烧物表面，直至把火全部扑灭。

用干粉灭火器时要接近火焰喷射。由于干粉喷射时间短，喷射前，一定要选好喷射目标。另外，由于干粉容易飘散，因此不宜逆风喷射。干粉的冷却效果甚微，灭火后一定要防止复燃。

要注意干粉灭火器保养，将其放在易取、干燥、通风处。每年要检查两次干粉是否结块，如有结块，要及时更换。每年要检查一次灭火器，若灭火剂重量少于规定量或压力表显示气压不足，应及时充装。

3. 泡沫灭火器

泡沫灭火器适用于扑救一般 B 类火灾，如石油制品、油脂等火灾，也可用于扑救 A 类火灾，但不能用于扑救 B 类火灾中的水溶性可燃、易燃液体火灾，如醇、酯、醚、酮等火灾，也不能用于扑救带电设备火灾及 C、D 类火灾。

奔赴火场时可手提筒体上部的提环，注意不得使泡沫灭火器过分倾斜，更不可横拿或颠倒，以免其中的两种药剂混合而提前喷出。使用时，先用手指堵住喷嘴，将筒体上下颠倒两次，即可喷出泡沫。扑救可燃液体火灾时，如已呈流淌状燃烧，则将泡沫由远而近进行喷射，使泡沫完全覆盖在燃烧液面上；如在容器内燃烧，应将泡沫射向容器内壁，使泡沫沿着内壁流淌，逐步覆盖着火液面。扑救油类火灾时，不能对着油面中心喷射，以防着火的油品溅出，应顺着火源根部的周围向上侧喷射，逐渐覆盖油面，将火扑灭。使用时，不可将筒底、筒盖对着人体，以防发生危险。

灭火时，随着有效喷射距离缩短，使用者应逐渐向燃烧区靠近，并始终将泡沫喷在燃烧物上，直至火被扑灭。使用中，灭火器应始终保持垂直倒置状态，否则会中断喷射。

泡沫灭火器应存放在干燥、阴凉、通风并取用方便之处，不可靠近高温或可能受到暴晒的地方，以防止碳酸分解而失效。筒内灭火剂一般每半年（最迟一年）换一次，冬季要采取防冻措施，以防止冻结。应经常擦除灰尘、疏通喷嘴，使之保持通畅。

 **相关链接**

灭火器的设置要求

❖ 灭火器应设置在显眼和便于取用的地点，且不得影响安全疏散。

❖ 灭火器应设置稳固，其铭牌必须朝外。

❖ 手提式灭火器宜挂在挂钩上或放置在托架上、灭火器箱内，其顶部离地面的高度应小于 1.5 m，底部离地面的高度不宜小于 0.15 m。

❖ 灭火器不应设置在潮湿或具有强腐蚀性的地方，如必须设置，应有相应的保护措施。

❖ 对于设置在室外的灭火器，应有保护措施。

❖ 灭火器不得设置在温度超出其使用温度范围的地方。

四、形象设计机构安全防火注意事项

1. 制定消防安全制度、消防安全操作规程。
2. 实行消防安全责任制，确定相关部门、岗位的消防安全责任人。
3. 店面装修符合消防安全规定，施工前应申请防火检查，及时消除火灾隐患。
4. 按照国家有关规定配置必要的消防设施和器材，在显著位置设置消防安全标志，并定期组织检验、维修。
5. 工作场所禁止吸烟，工作人员原则上不得在店内住宿。
6. 保障安全出口、疏散通道畅通，并设置符合规定的消防安全疏散标志。
7. 电冰箱内不能存放易燃物品，特别是易燃液体，如酒精、精油、液体香薰等，因为电冰箱无防爆装置，其启动继电器启动时会产生电火花，虽然电冰箱内温度较低，但是一些易燃液体的闪点也很低（如乙醚的闪点为 −45 ℃，丙酮的闪点为 −20 ℃），如果容器密封性差，挥发出的易燃气体与电火花接触就会发生火灾和爆炸事故。

8. 发现煤气泄漏，应立即采取通风措施，熄灭周围火源，切勿开启电器，并通知供气部门检修。任何情况下都严禁使用明火试漏。

9. 安装空调应避开窗帘；不要在短时间内连续切断、接通空调电源；在停电或拔掉插头后，一定要将遥控器的选择开关置于"停"的位置，连通电源后重新按启动步骤操作。

10. 电吹风、电卷发棒、电熨斗等电器在通电使用时，人不能离开，更不能随手将其放置在台板、桌凳、沙发、床垫等可燃物上；使用完毕后或遇到临时停电或出现故障时，切记要拔下插头。

11. 不乱接电线，不随意拆装电气设备，不将易燃易爆物品带进工作场所内。

五、火场逃生方法

面对火灾，只要冷静机智地运用火场逃生知识，就有极大的可能拯救自己和他人。因此，多掌握一些火场逃生方法是非常重要的。

1. 平时应了解自己工作场所的建筑结构及逃生路径，以便在发生火灾时能尽快引导顾客逃离。

2. 发生火灾时，如果发现火势并不大，且尚未对人造成很大的威胁，当周围有足够的消防器材，如灭火器、消防栓等时，应奋力将小火控制、扑灭，千万不要惊慌失措地乱叫乱窜，置小火于不顾而酿成大灾。

3. 突起火灾时，应有良好的心理素质，保持镇定，千万不要乱冲乱撞，要冷静地选择正确的逃生方法。撤离时，要注意朝明亮处或空旷地方跑，尽量背向烟火方向离开，通过阳台、气窗等处向室外逃生。

4. 身处险境应尽快撤离，不要因顾及钱财而把逃生时间浪费在寻找、搬离贵重物品上。已经逃离险境的人员切莫重返险地。

5. 经过充满烟雾的路线时，可用湿毛巾、口罩蒙住口鼻，匍匐撤离，以防止烟雾中毒或窒息。另外，也可以向头部、身上浇冷水，或用湿毛巾、湿棉被、湿毯子等将身体裹好后再冲出去。

6. 在逃离火灾现场或引导顾客逃离火灾现场时，要根据情况选择进入相对较为安全的楼梯、通道。除可利用楼梯外，还可利用建筑物的窗台、屋顶等攀到周围的安全地带，也可利用建筑物外墙的水管进行逃生。千万要记住，高楼着火时，不要乘坐电梯。

7. 如果用手摸门已感到烫手就不能开门，因为此时一旦开门，火焰与浓烟势必扑面而来。此时,首先要关紧迎火的门窗,打开背火的门窗。用湿毛巾、湿布塞住门缝,或用水浸湿棉被蒙上门窗,然后不停地用水淋透房间,防止烟火渗入,固守房间,等待救援人员到达。如果房门不热,火势可能还不大,可通过正常的途径逃离房间,离开房间后,一定要随手关好身后的门,以防火势蔓延。

8. 发生火灾后会产生浓烟,遇到浓烟时要马上采取低姿势爬行。火灾中产生的浓烟由于热空气上升的原理将漂浮在上层,离地高度 30 cm 以下的空间一般还有空气,因此在浓烟中要尽量采取低姿势爬行,头部要尽量贴近地面。在浓烟中逃生,如果防护不当,容易将浓烟吸入体内,导致昏厥或窒息,同时眼睛也会因烟雾刺激而产生刺痛,导致睁不开。此时,可以利用透明塑料袋。使用大型的透明塑料袋将整个头罩住,以提供足量的空气供逃生之用。如果没有大型透明塑料袋,可用小型透明塑料袋遮住口鼻部分,以提供逃生所需的空气。使用塑料袋时,一定要将其充分完全地张开,千万别用嘴吹开,因为吹进去的气体是二氧化碳,效果适得其反。

9. 被烟火围困时,尽量待在阳台、窗口等易被人发现和能避免烟火近身的地方。在白天,可向窗外晃动鲜艳的衣物等;在晚上,可不停地向窗外晃动手电筒或手机的闪光灯,或敲击东西,及时发出有效的求救信号。在被烟气窒息而失去自救能力时,应努力滚到墙边或门边,以便于消防人员寻找、营救,也可防止房屋坍塌时砸伤身体。

10. 如果发现身上着了火,千万不可惊跑或用手拍打。首先应将衣服脱下,将火扑灭,或就地翻滚,但不要滚动过快,更不要跑动。如果附近有水池、河塘等,可迅速跳入水中(会游泳的情况下),或及时就近取水将身上的火浇灭。身体被烧伤时,应注意不要跳入污水中,以防感染。

11. 如果工作场所处于高层、多层建筑物内,发生火灾时不要乘坐电梯疏散,因为发生火灾后,往往容易断电而造成电梯"卡壳",给救援工作带来难度,影响及时疏散;另外,电梯直通楼房各层,火场上的烟气涌入电梯通道极易造成"烟囱效应",人在电梯里随时会被浓烟、毒气熏呛,从而窒息或中毒死亡。

可利用身边的绳索或床单、窗帘、衣服等自制简易救生绳,将其用水打湿后,从窗台或阳台沿绳滑到下面的楼层或地面逃生。即使跳楼,也要跳到消防员准备好的救生气垫上。4层以下才可以考虑跳楼逃生,还要注意选择有水池、软雨篷、草地等的地方跳。如有可能,要尽量多抱些被子、沙发垫等松软物品或打开大雨伞跳下。跳楼虽可救生,但会对身体造成一定的伤害,所以要慎之又慎。如果徒手跳楼，一定要扒窗台或阳台使身体自然下垂跳下，以尽量降低垂直距离，落地前要双手抱紧头部，身体弯曲卷成一团，以减少伤害。

12. 任何人发现火灾，都应尽快拨打"119"火警电话呼救，及时向消防队报告火情。若火场中有儿童和老弱病残者，在场的人除自救外，还应积极救助其尽快逃离险境。

 **相关链接**

正确报警

《中华人民共和国消防法》第四十四条明确规定：任何人发现火灾都应当立即报警；任何单位、个人都应当无偿为报警提供便利，不得阻拦报警；严禁谎报火警。所以一旦失火，要立即报警，报警越早，损失越小。

报警时要牢记以下7点。

1. 要牢记火警电话"119"，消防队救火不收费。

2. 接通电话后要沉着冷静，向接警中心清楚说明失火单位的名称、地址、燃烧对象、火势大小、着火范围等，同时还要注意听清对方提出的问题，以便正确回答。

3. 把自己的电话号码和姓名告诉对方，以便联系。

4. 打完电话后，要立即到交通路口接应消防车，以便引导消防车迅速赶到火灾现场，也可派人接应。

5. 迅速组织人员疏通消防车道，清除障碍物，使消防车到达火场后能立即进入最佳位置进行灭火救援。

6. 如果着火地区发生了新的变化，要及时报告消防队，使其能及时改变灭火战术，取得最佳效果。

7. 在没有电话或没有消防队的地方（如农村和边远地区），可采用敲锣、吹哨、喊话等方式向四周报警，动员乡邻来灭火。

职业模块 11
相关法律法规

培训项目 1 《中华人民共和国劳动法》相关知识

《中华人民共和国劳动法》适用于在我国境内的企业、个体经济组织（以下统称用人单位）和与之形成劳动合同关系的劳动者。本法于1994年7月5日第八届全国人民代表大会常务委员会第八次会议通过，目前已经过两次修正。

一、促进就业

1. 国家通过促进经济和社会发展，创造就业条件，扩大就业机会。国家鼓励企业、事业组织、社会团体在法律、行政法规规定的范围内兴办产业或者拓展经营，增加就业。国家支持劳动者自愿组织起来就业和从事个体经营实现就业。

2. 地方各级人民政府应当采取措施，发展多种类型的职业介绍机构，提供就业服务。

3. 劳动者就业，不因民族、种族、性别、宗教信仰不同而受歧视。

4. 妇女享有与男子平等的就业权利。在录用职工时，除国家规定的不适合妇女的工种或者岗位外，不得以性别为由拒绝录用妇女或者提高对妇女的录用标准。

5. 残疾人、少数民族人员、退出现役的军人的就业，法律、法规有特别规定的，从其规定。

6. 禁止用人单位招用未满十六周岁的未成年人。文艺、体育和特种工艺单位招用未满十六周岁的未成年人，必须遵守国家有关规定，并保障其接受义务教育的权利。

二、劳动合同

1. 劳动合同是劳动者与用人单位确立劳动关系、明确双方权利和义务的协议。建立劳动关系应当订立劳动合同。

2. 订立和变更劳动合同，应当遵循平等资源、协商一致的原则，不得违反法律、行政法规的规定。劳动合同依法订立即具有法律约束力，当事人必须履行劳动合同规定的义务。

3. 下列劳动合同无效：

（1）违反法律、行政法规的劳动合同；

（2）采取欺诈、威胁等手段订立的劳动合同。

无效的劳动合同，从订立的时候起，就没有法律约束力。确认劳动合同部分无效的，如果不影响其余部分的效力，其余部分仍然有效。劳动合同的无效，由劳动争议仲裁委员会或人民法院确认。

4. 劳动合同应当以书面形式订立，并具备劳动合同期限、工作内容、劳动保护和劳动条件、劳动报酬、劳动纪律、劳动合同终止的条件、违反劳动合同的责任等条款。劳动合同除规定的必备条款外，当事人可以协商约定其他内容。

5. 劳动合同的期限分为固定期限、无固定期限和以完成一定的工作为期限。劳动者在同一用人单位连续工作满十年以上，当事人双方同意续延劳动合同的，如果劳动者提出订立无固定期限的劳动合同，应当订立无固定期限的劳动合同。

6. 劳动合同可以约定试用期。试用期最长不得超过六个月。

7. 劳动合同当事人可以在劳动合同中约定保守用人单位商业秘密的有关事项。

8. 劳动合同期满或者当事人约定的劳动合同终止条件出现，劳动合同即行终止。

9. 经劳动合同当事人协商一致，劳动合同可以解除。

10. 劳动者有下列情形之一的，用人单位可以解除劳动合同：

（1）在试用期间被证明不符合录用条件的；

（2）严重违反劳动纪律或者用人单位规章制度的；

（3）严重失职、营私舞弊，对用人单位利益造成重大损害的；

（4）被依法追究刑事责任的。

11. 有下列情形之一的，用人单位可以解除劳动合同，但是应当提前三十日以书面形式通知劳动者本人：

（1）劳动者患病或者非因工负伤，医疗期满后，不能从事原工作也不能从事由用人单位另行安排的工作的；

（2）劳动者不能胜任工作，经过培训或者调整工作岗位，仍不能胜任工作的；

（3）劳动合同订立时所依据的客观情况发生重大变化，致使原劳动合同无法履行，经当事人协商不能就变更劳动合同达成协议的。

12. 劳动者有下列情形之一的，用人单位不得解除劳动合同：

（1）患职业病或者因工负伤并被确认丧失或者部分丧失劳动能力的；

（2）患病或负伤，在规定的医疗期内的；

（3）女职工在孕期、产期、哺乳期内的；

（4）法律、行政法规规定的其他情形。

13. 劳动者解除劳动合同，应当提前三十日以书面形式通知用人单位。

14. 有下列情形之一的，劳动者可以随时通知用人单位解除劳动合同：

（1）在试用期内的；

（2）用人单位以暴力、威胁或者非法限制人身自由的手段强迫劳动的；

（3）用人单位未按照劳动合同约定支付劳动报酬或者提供劳动条件的。

三、工作时间和休息假期

1. 国家实行劳动者每日工作时间不得超过八小时、平均每周工作时间不超过四十四小时的工作制度。

2. 对实行计件工作的劳动者，用人单位应当根据规定的工时制度合理确定其劳动定额和计件报酬标准。

3. 用人单位应当保证劳动者每周至少休息一日。如因生产特点不能按规定实行的，经劳动行政部门批准，可以实行其他工作和休息办法。

4. 用人单位在元旦、春节、国际劳动节、国庆节，以及法律、法规规定的其他休假节日应当依法安排劳动者休假。

5. 用人单位由于生产经营需要，经与工会和劳动者协商后可以延长工作时间，一般每日不得超过一小时；因特殊原因需要延长工作时间的，在保障劳动者身体健康的条件下延长工作时间每日不得超过三小时，但是每月不得超过三十六小时。

6. 用人单位不得违反本法规定延长劳动者的工作时间。

7. 有下列情形之一的，用人单位应当按照下列标准支付高于劳动者正常工作时间工资的工资报酬：

（1）安排劳动者延长工作时间的，支付不低于工资百分之一百五十的工资报酬；

（2）休息日安排劳动者工作又不能安排补休的，支付不低于工资的百分之二百的工资报酬；

（3）法定休假日安排劳动者工作的，支付不低于工资的百分之三百的工资报酬。

8. 国家实行带薪年休假制度。劳动者连续工作一年以上的，享受带薪年休假。具体办法由国务院规定。

四、工资

1. 工资分配应当遵循按劳分配原则，实行同工同酬。工资水平在经济发展的基础上逐步提高。国家对工资总量实行宏观调控。

2. 用人单位根据本单位的生产经营特点和经济效益，依法自主确定本单位的工资分配方式和工资水平。

3. 国家实行最低工资保障制度。最低工资的具体标准由省、自治区、直辖市人民政府规定，报国务院备案。用人单位支付劳动者的工资不得低于当地最低工资标准。

4. 工资应当以货币形式按月支付给劳动者本人。不得克扣或者无故拖欠劳动者的工资。

5. 劳动者在法定休假日和婚丧假期间以及依法参加社会活动期间，用人单位应当依法支付工资。

五、女职工特殊保护

1. 国家对女职工实行特殊劳动保护。

2. 禁止安排女职工从事矿山井下、国家规定的第四级体力劳动强度的劳动和其他禁忌从事的劳动。

3. 不得安排女职工在经期从事高处、低温、冷水作业和国家规定的第三级体力劳动强度的劳动。

4. 不得安排女职工在怀孕期间从事国家规定的第三级体力劳动强度的劳动和孕期禁忌从事的劳动。对怀孕七个月以上的女职工，不得安排其延长工作时间和夜班劳动。

5. 女职工生育享受不少于九十天的产假。

6. 不得安排女职工在哺乳未满一周岁的婴儿期间从事国家规定的第三级体力劳动强度的劳动和哺乳期禁忌从事的其他劳动，不得安排其延长工作时间和夜班劳动。

六、职业培训

1. 国家通过各种途径，采取各种措施，发展职业培训事业，开发劳动者的职业技能，提高劳动者素质，增强劳动者的就业能力和工作能力。

2. 各级人民政府应当把发展职业培训纳入社会经济发展的规划，鼓励和支持有条件的企业、事业组织、社会团体和个人进行各种形式的职业培训。

3. 用人单位应当建立职业培训制度，按照国家规定提取和使用职业培训经费，根据本单位实际，有计划地对劳动者进行职业培训。从事技术工种的劳动者，上岗前必须经过培训。

4. 国家确定职业分类，对规定的职业制定职业技能标准，实行职业资格证书制度，由经备案的考核鉴定机构负责对劳动者实施职业技能考核鉴定。

七、社会保险和福利

1. 国家发展社会保险事业，建立社会保险制度，设立社会保险基金，使劳动者在年老、患病、工伤、失业、生育等情况下获得帮助和补偿。

2. 社会保险基金按照保险类型确定资金来源，逐步实行社会统筹。用人单位和劳动者必须依法参加社会保险，缴纳社会保险费。

3. 劳动者在下列情形下，依法享受社会保险待遇：退休，患病、负伤，因工伤残或者患职业病，失业，生育。劳动者死亡后，其遗属依法享受遗属津贴。劳动者享受社会保险待遇的条件和标准由法律、法规规定。劳动者享受的社会保险金须按时足额支付。

4. 国家鼓励用人单位根据本单位实际情况为劳动者建立补充保险。国家提倡劳动者个人进行储蓄性保险。

5. 国家发展社会福利事业，兴建公共福利设施，为劳动者休息、休养和疗养提供条件。用人单位应当创造条件，改善集体福利，提高劳动者的福利待遇。

八、劳动争议

1. 用人单位与劳动者发生劳动争议，当事人可以依法申请调解、仲裁、提起诉讼，也可以协商解决。调解原则适用于仲裁和诉讼程序。

2. 解决劳动争议，应当根据合法、公正、及时处理的原则，依法维护劳动争议当事人的合法权益。

3. 劳动争议发生后，当事人可以向本大内劳动争议调解委员会申请调解；调解不成，当事人一方要求仲裁的，可以向劳动争议仲裁委员会申请仲裁。对仲裁裁决不服的，可以向人民法院提起诉讼。

4. 在用人单位内，可以设立劳动争议调解委员会。劳动争议调解委员会由职工代表、用人单位代表和工会代表组成。劳动争议调解委员会主任由工会代表担任。劳动争议经调解达成协议的，当事人应当履行。

5. 劳动争议仲裁委员会由劳动行政部门代表、同级工会代表、用人单位方面的代表组成。劳动争议仲裁委员会主任由劳动行政部门代表担任。

6. 提出仲裁要求的一方应当自劳动争议发生之日起六十日内向劳动争议仲裁委员会提出书面申请。仲裁裁决一般应在收到仲裁申请的六十日内作出。对仲裁裁决无异议的，当事人必须履行。

7. 劳动争议当事人对仲裁裁决不服的，可以自收到仲裁裁决书之日起十五日内向人民法院提起诉讼。一方当事人在法定期限内不起诉又不履行仲裁裁决的，另一方当事人可以申请人民法院强制执行。

培训项目 2

《中华人民共和国劳动合同法》相关知识

《中华人民共和国劳动合同法》是为完善劳动合同制度，明确劳动合同双方当事人的权利和义务，保护劳动者的合法权益，构建和发展和谐稳定的劳动关系而制定的。本法适用于中华人民共和国境内的企业、个体经济组织、民办非企业单位等组织（以下称用人单位）与劳动者建立劳动关系，订立、履行、变更、解除或者终止劳动合同。国家机关、事业单位、社会团体和与其建立劳动关系的劳动者，订立、履行、变更、解除或者终止劳动合同，依照本法执行。

一、订立

1. 用人单位自用工之日起即与劳动者建立劳动关系。用人单位应当建立职工名册备查。

2. 用人单位招用劳动者时，应当如实告知劳动者工作内容、工作条件、工作地点、职业危害、安全生产状况、劳动报酬，以及劳动者要求了解的其他情况；用人单位有权了解劳动者与劳动合同直接相关的基本情况，劳动者应当如实说明。

3. 建立劳动关系，应当订立书面劳动合同。已建立劳动关系，未同时订立书面劳动合同的，应当自用工之日起一个月内订立书面劳动合同。用人单位与劳动者在用工前订立劳动合同的，劳动关系自用工之日起建立。

4. 用人单位未在用工的同时订立书面劳动合同，与劳动者约定的劳动报酬不明确的，新招用的劳动者的劳动报酬按照集体合同规定的标准执行；没有集体合同或者集体合同未规定的，实行同工同酬。

5. 劳动合同由用人单位与劳动者协商一致，并经用人单位与劳动者在劳动合同文本上签字或者盖章生效。劳动合同文本由用人单位和劳动者各执一份。

6. 劳动合同应当具备以下条款：用人单位的名称、住所和法定代表人或者主要负责人；劳动者的姓名、住址和居民身份证或者其他有效身份证件号码；劳动合同期限；工作内容和工作地点；工作时间和休息休假；劳动报酬；社会保险；劳动保护、劳动条件和职业危害防护；法律、法规规定应当纳入劳动合同的其他事项。劳动合同除规定的必备条款外，用人单位与劳动者可以约定试用期、培训、保守秘密、补充保险和福利待遇等其他事项。

7. 劳动合同对劳动报酬和劳动条件等标准约定不明确，引发争议的，用人单位与劳动者可以重新协商；协商不成的，适用集体合同规定；没有集体合同或者集体合同未规定劳动报酬的，实行同工同酬；没有集体合同或者集体合同未规定劳动条件等标准的，适用国家有关规定。

8. 劳动合同期限三个月以上不满一年的，试用期不得超过一个月；劳动合同期限一年以上不满三年的，试用期不得超过二个月；三年以上固定期限和无固定期限的劳动合同，试用期不得超过六个月。同一用人单位与同一劳动者只能约定一次试用期。以完成一定工作任务为期限的劳动合同或者劳动合同期限不满三个月的，不得约定试用期。试用期包含在劳动合同期限内。劳动合同仅约定试用期的，试用期不成立，该期限为劳动合同期限。

9. 劳动者在试用期的工资不得低于本单位相同岗位最低档工资或者劳动合同约定工资的百分之八十，并不得低于用人单位所在地的最低工资标准。

10. 用人单位为劳动者提供专项培训费用，对其进行专业技术培训的，可以与该劳动者订立协议，约定服务期。劳动者违反服务期约定的，应当按照约定向用人单位支付违约金。违约金的数额不得超过用人单位提供的培训费用。用人单位要求劳动者支付的违约金不得超过服务期尚未履行部分所应分摊的培训费用。用人单位与劳动者约定服务期的，不影响按照正常的工资调整机制提高劳动者在服务期期间的劳动报酬。

11. 下列劳动合同无效或者部分无效：以欺诈、胁迫的手段或者乘人之危，使对方在违背真实意思的情况下订立或者变更劳动合同的；用人单位免除自己的法定责任、排除劳动者权利的；违反法律、行政法规强制性规定的。对劳动合同的无效或者部分无效有争议的，由劳动争议仲裁机构或者人民法院确认。

12. 劳动合同被确认无效，劳动者已付出劳动的，用人单位应当向劳动者支付劳动报酬。劳动报酬的数额，参照本单位相同或者相近岗位劳动者的劳动报酬确定。

二、履行和变更

1. 用人单位与劳动者应当按照劳动合同的约定，全面履行各自的义务。

2. 用人单位应当按照劳动合同约定和国家规定，向劳动者及时足额支付劳动报酬。用人单位拖欠或者未足额支付劳动报酬的，劳动者可以依法向当地人民法院申请支付令，人民法院应当依法发出支付令。

3. 用人单位应当严格执行劳动定额标准，不得强迫或者变相强迫劳动者加班。用人单位安排加班的，应当按照国家有关规定向劳动者支付加班费。

4. 劳动者拒绝用人单位管理人员违章指挥、强令冒险作业的，不视为违反劳动合同。劳动者对危害生命安全和身体健康的劳动条件，有权对用人单位提出批评、检举和控告。

5. 用人单位变更名称、法定代表人、主要负责人或者投资人等事项，不影响劳动合同的履行。

6. 用人单位发生合并或者分立等情况，原劳动合同继续有效，劳动合同由承继其权利和义务的用人单位继续履行。

7. 用人单位与劳动者协商一致，可以变更劳动合同约定的内容。变更劳动合同，应当采用书面形式。变更后的劳动合同文本由用人单位和劳动者各执一份。

三、解除和终止

1. 用人单位与劳动者协商一致，可以解除劳动合同。

2. 劳动者提前三十日以书面形式通知用人单位，可以解除劳动合同。劳动者在试用期内提前三日通知用人单位，可以解除劳动合同。

3. 用人单位有下列情形之一的，劳动者可以解除劳动合同：

（1）未按照劳动合同约定提供劳动保护或者劳动条件的；

（2）未及时足额支付劳动报酬的；

（3）未依法为劳动者缴纳社会保险费的；

（4）用人单位的规章制度违反法律、法规的规定，损害劳动者权益的；

（5）用人单位以欺诈、胁迫的手段或者乘人之危，使劳动者在违背真实意思的情况下订立或者变更劳动合同，或免除自己的法定责任、排除劳动者权利，或违反法律、行政法规强制性规定，致使劳动合同无效的；

（6）法律、行政法规规定劳动者可以解除劳动合同的其他情形。

用人单位以暴力、威胁或者非法限制人身自由的手段强迫劳动者劳动的，或者用人单位违章指挥、强令冒险作业危及劳动者人身安全的，劳动者可以立即解除劳动合同，不需事先告知用人单位。

4. 劳动者有下列情形之一的，用人单位可以解除劳动合同：

（1）在试用期间被证明不符合录用条件的；

（2）严重违反用人单位的规章制度的；

（3）严重失职，营私舞弊，给用人单位造成重大损害的；

（4）劳动者同时与其他用人单位建立劳动关系，对完成本单位的工作任务造成严重影响，或者经用人单位提出，拒不改正的；

（5）劳动者以欺诈、胁迫的手段或者乘人之危，使用人单位在违背真实意思的情况下订立或者变更劳动合同，致使劳动合同无效的；

（6）被依法追究刑事责任的。

5. 有下列情形之一的，用人单位提前三十日以书面形式通知劳动者本人或者额外支付劳动者一个月工资后，可以解除劳动合同：

（1）劳动者患病或者非因工负伤，在规定的医疗期满后不能从事原工作，也不能从事由用人单位另行安排的工作的；

（2）劳动者不能胜任工作，经过培训或者调整工作岗位，仍不能胜任工作的；

（3）劳动合同订立时所依据的客观情况发生重大变化，致使劳动合同无法履行，经用人单位与劳动者协商，未能就变更劳动合同内容达成协议的。

6. 劳动者有下列情形之一的，用人单位不得依照本法相关规定解除劳动合同：

（1）从事接触职业病危害作业的劳动者未进行离岗前职业健康检查，或者疑似职业病病人在诊断或者医学观察期间的；

（2）在本单位患职业病或者因工负伤并被确认丧失或者部分丧失劳动能力的；

（3）患病或者非因工负伤，在规定的医疗期内的；

（4）女职工在孕期、产期、哺乳期的；

（5）在本单位连续工作满十五年，且距法定退休年龄不足五年的；

（6）法律、行政法规规定的其他情形。

7. 用人单位单方解除劳动合同，应当事先将理由通知工会。用人单位违反法律、行政法规规定或者劳动合同约定的，工会有权要求用人单位纠正。用人单位应当研究工会的意见，并将处理结果书面通知工会。

8. 有下列情形之一的，劳动合同终止：

（1）劳动合同期满的；

（2）劳动者开始依法享受基本养老保险待遇的；

（3）劳动者死亡，或者被人民法院宣告死亡或者宣告失踪的；

（4）用人单位被依法宣告破产的；

（5）用人单位被吊销营业执照、责令关闭、撤销或者用人单位决定提前解散的；

（6）法律、行政法规规定的其他情形。

9. 经济补偿按劳动者在本单位工作的年限，每满一年支付一个月工资的标准向劳动者支付。六个月以上不满一年的，按一年计算；不满六个月的，向劳动者支付半个月工资的经济补偿。劳动者月工资高于用人单位所在直辖市、设区的市级人民政府公布的本地区上年度职工月平均工资三倍的，向其支付经济补偿的标准按职工月平均工资三倍的数额支付，向其支付经济补偿的年限最高不超过十二年。月工资是指劳动者在劳动合同解除或者终止前十二个月的平均工资。

10. 用人单位违反本法规定解除或者终止劳动合同，劳动者要求继续履行劳动合同的，用人单位应当继续履行；劳动者不要求继续履行劳动合同或者劳动合同已经不能继续履行的，用人单位应当依照规定支付赔偿金。

11. 用人单位应当在解除或者终止劳动合同时出具解除或者终止劳动合同的证明，并在十五日内为劳动者办理档案和社会保险关系转移手续。劳动者应当按照双方约定，办理工作交接。用人单位依照本法有关规定应当向劳动者支付经济补偿的，在办结工作交接时支付。用人单位对已经解除或者终止的劳动合同的文本，至少保存二年备查。

四、特别规定

1. 集体合同

（1）企业职工一方与用人单位通过平等协商，可以就劳动报酬、工作时间、休息休假、劳动安全卫生、保险福利等事项订立集体合同。集体合同草案应当提交职工代表大会或者全体职工讨论通过。集体合同由工会代表企业职工一方与用人单位订立；尚未建立工会的用人单位，由上级工会指导劳动者推举的代表与用人单位订立。

（2）集体合同订立后，应当报送劳动行政部门；劳动行政部门自收到集体合同文本之日起十五日内未提出异议的，集体合同即行生效。依法订立的集体合同对用人单位和劳动者具有约束力。行业性、区域性集体合同对当地本行业、本区域的用人单位和劳动者具有约束力。

（3）集体合同中劳动报酬和劳动条件等标准不得低于当地人民政府规定的最低标准；用人单位与劳动者订立的劳动合同中劳动报酬和劳动条件等标准不得低于集体合同规定的标准。

（4）用人单位违反集体合同，侵犯职工劳动权益的，工会可以依法要求用人单位承担责任；因履行集体合同发生争议，经协商解决不成的，工会可以依法申请仲裁、提起诉讼。

2. 劳务派遣

（1）劳务派遣单位是《中华人民共和国劳动合同法》所称用人单位，应当履行用人单位对劳动者的义务。劳务派遣单位与被派遣劳动者订立的劳动合同，除应当载明法律规定的事项外，还应当载明被派遣劳动者的用工单位以及派遣期限、工作岗位等情况。

（2）劳务派遣单位应当与被派遣劳动者订立二年以上的固定期限劳动合同，按月支付劳动报酬；被派遣劳动者在无工作期间，劳务派遣单位应当按照所在地人民政府规定的最低工资标准，向其按月支付报酬。

（3）劳务派遣单位派遣劳动者应当与接受以劳务派遣形式用工的单位（以下称用工单位）订立劳务派遣协议。劳务派遣协议应当约定派遣岗位和人员数量、派遣期限、劳动报酬和社会保险费的数额与支付方式以及违反协议的责任。用工单位应当根据工作岗位的实际需要与劳务派遣单位确定派遣期限，不得将连续用工期限分割订立数个短期劳务派遣协议。

（4）用工单位应当履行下列义务：执行国家劳动标准，提供相应的劳动条件和劳动保护；告知被派遣劳动者的工作要求和劳动报酬；支付加班费、绩效奖金，提供与工作岗位相关的福利待遇；对在岗被派遣劳动者进行工作岗位所必需的培训；连续用工的，实行正常的工资调整机制。用工单位不得将被派遣劳动者再派遣到其他用人单位。

（5）被派遣劳动者享有与用工单位的劳动者同工同酬的权利。用工单位应当按照同工同酬原则，对被派遣劳动者与本单位同类岗位的劳动者实行相同的劳动报酬分配办法。用工单位无同类岗位劳动者的，参照用工单位所在地相同或者相近岗位劳动者的劳动报酬确定。

（6）被派遣劳动者可以依照本法规定与劳务派遣单位解除劳动合同。被派遣劳动者有相关规定中的可解除劳动合同情形的，用工单位可以将劳动者退回劳务派遣单位，劳务派遣单位依照本法有关规定，可以与劳动者解除劳动合同。

（7）劳动合同用工是我国的企业基本用工形式。劳务派遣用工是补充形式，只能在临时性、辅助性或者替代性的工作岗位上实施。用工单位应当严格控制劳务派遣用工数量，不得超过其用工总量的一定比例，具体比例由国务院劳动行政部门规定。

3. 非全日制用工

（1）非全日制用工，是指以小时计酬为主，劳动者在同一用人单位一般平均每日工作时间不超过四小时，每周工作时间累计不超过二十四小时的用工形式。

（2）非全日制用工双方当事人可以订立口头协议。从事非全日制用工的劳动者可以与一个或者一个以上用人单位订立劳动合同；但是，后订立的劳动合同不得影响先订立的劳动合同的履行。

（3）非全日制用工双方当事人不得约定试用期。

（4）非全日制用工双方当事人任何一方都可以随时通知对方终止用工。终止用工，用人单位不向劳动者支付经济补偿。

（5）非全日制用工小时计酬标准不得低于用人单位所在地人民政府规定的最低小时工资标准。非全日制用工劳动报酬结算支付周期最长不得超过十五日。

4. 监督检查

（1）国务院劳动行政部门负责全国劳动合同制度实施的监督管理。县级以上地方人民政府劳动行政部门负责本行政区域内劳动合同制度实施的监督管理。县级以上各级人民政府劳动行政部门在劳动合同制度实施的监督管理工作中，应当听取工会、企业方面代表以及有关行业主管部门的意见。

（2）县级以上地方人民政府劳动行政部门依法对下列实施劳动合同制度的情况进行监督检查：

1）用人单位制定直接涉及劳动者切身利益的规章制度及其执行的情况；

2）用人单位与劳动者订立和解除劳动合同的情况；

3）劳务派遣单位和用工单位遵守劳务派遣有关规定的情况；

4）用人单位遵守国家关于劳动者工作时间和休息休假规定的情况；

5）用人单位支付劳动合同约定的劳动报酬和执行最低工资标准的情况；

6）用人单位参加各项社会保险和缴纳社会保险费的情况；

7）法律、法规规定的其他劳动监察事项。

（3）劳动者合法权益受到侵害的，有权要求有关部门依法处理，或者依法申请仲裁、提起诉讼。

（4）工会依法维护劳动者的合法权益，对用人单位履行劳动合同、集体合同的情况进行监督。用人单位违反劳动法律、法规和劳动合同、集体合同的，工会有权提出意见或者要求纠正；劳动者申请仲裁、提起诉讼的，工会依法给予支持和帮助。

（5）任何组织或者个人对违反本法的行为都有权举报，县级以上人民政府劳动行政部门应当及时核实、处理，并对举报有功人员给予奖励。

5. 法律责任

（1）用人单位直接涉及劳动者切身利益的规章制度违反法律、法规规定的，由劳动行政部门责令改正，给予警告；给劳动者造成损害的，应当承担赔偿责任。

（2）用人单位提供的劳动合同文本未载明本法规定的劳动合同必备条款或者用人单位未将劳动合同文本交付劳动者的，由劳动行政部门责令改正；给劳动者造成损害的，应当承担赔偿责任。

（3）用人单位自用工之日起超过一个月不满一年未与劳动者订立书面劳动合同的，应当向劳动者每月支付二倍的工资。用人单位违反本法规定不与劳动者订立无固定期限劳动合同的，自应当订立无固定期限劳动合同之日起向劳动者每月支付二倍的工资。

（4）用人单位违反本法规定与劳动者约定试用期的，由劳动行政部门责令改正；违法约定的试用期已经履行的，由用人单位以劳动者试用期满月工资为标准，按已经履行的超过法定试用期的期间向劳动者支付赔偿金。

（5）用人单位有下列情形之一的，由劳动行政部门责令限期支付劳动报酬、加班费或者经济补偿；劳动报酬低于当地最低工资标准的，应当支付其差额部分；逾期不支付的，责令用人单位按应付金额百分之五十以上百分之一百以下的标准向劳动者加付赔偿金：

1）未按照劳动合同的约定或者国家规定及时足额支付劳动者劳动报酬的；

2）低于当地最低工资标准支付劳动者工资的；

3）安排加班不支付加班费的；

4）解除或者终止劳动合同，未依照本法规定向劳动者支付经济补偿的。

（6）用人单位有下列情形之一的，依法给予行政处罚；构成犯罪的，依法追究刑事责任；给劳动者造成损害的，应当承担赔偿责任：

1）以暴力、威胁或者非法限制人身自由的手段强迫劳动的；

2）违章指挥或者强令冒险作业危及劳动者人身安全的；

3）侮辱、体罚、殴打、非法搜查或者拘禁劳动者的；

4）劳动条件恶劣、环境污染严重，给劳动者身心健康造成严重损害的。

（7）用人单位违反本法规定未向劳动者出具解除或者终止劳动合同的书面证明，由劳动行政部门责令改正；给劳动者造成损害的，应当承担赔偿责任。

（8）劳动者违反本法规定解除劳动合同，或者违反劳动合同中约定的保密义务或者竞业限制，给用人单位造成损失的，应当承担赔偿责任。

（9）用人单位招用与其他用人单位尚未解除或者终止劳动合同的劳动者，给其他用人单位造成损失的，应当承担连带赔偿责任。

（10）违反本法规定，未经许可，擅自经营劳务派遣业务的，由劳动行政部门责令停止违法行为，没收违法所得，并处违法所得一倍以上五倍以下的罚款；没有违法所得的，可以处五万元以下的罚款。劳务派遣单位、用工单位违反本法有关劳务派遣规定的，由劳动行政部门责令限期改正；逾期不改正的，以每人五千元以上一万元以下的标准处以罚款，对劳务派遣单位，吊销其劳务派遣业务经营许可证。用工单位给被派遣劳动者造成损害的，劳务派遣单位与用工单位承担连带赔偿责任。

（11）劳动行政部门和其他有关主管部门及其工作人员玩忽职守、不履行法定职责，或者违法行使职权，给劳动者或者用人单位造成损害的，应当承赔偿责任；对直接负责的主管人员和其他直接责任人员，依法给予行政处分；构成犯罪的，依法追究刑事责任。

培训项目 3

《中华人民共和国消费者权益保护法》相关知识

《中华人民共和国消费者权益保护法》是为保护消费者的合法权益,维护社会经济秩序,促进社会主义市场经济健康发展而制定的。

一、消费者的主要权利

1. 消费者在购买、使用商品和接受服务时享有人身、财产安全不受损害的权利。消费者有权要求经营者提供的商品和服务,符合保障人身、财产安全的要求。

2. 消费者享有知悉其购买、使用的商品或者接受的服务的真实情况的权利。消费者有权根据商品或者服务的不同情况,要求经营者提供商品的价格、产地、生产者、用途、性能、规格、等级、主要成分、生产日期、有效期限、检验合格证明、使用方法说明书、售后服务,或者服务的内容、规格、费用等有关情况。

3. 消费者享有自主选择商品或者服务的权利。消费者有权自主选择提供商品或者服务的经营者,自主选择商品品种或者服务方式,自主决定购买或者不购买任何一种商品、接受或者不接受任何一项服务。消费者在自主选择商品或者服务时,有权进行比较、鉴别和挑选。

4. 消费者享有公平交易的权利。消费者在购买商品或者接受服务时,有权获得质量保障、价格合理、计量正确等公平交易条件,有权拒绝经营者的强制交易行为。

5. 消费者因购买、使用商品或者接受服务受到人身、财产损害的,享有依法获得赔偿的权利。

6. 消费者享有依法成立维护自身合法权益的社会组织的权利。

7. 消费者享有获得有关消费和消费者权益保护方面的知识的权利。消费者应当努力掌握所需商品或者服务的知识和使用技能,正确使用商品,提高自我保护意识。

8. 消费者在购买、使用商品和接受服务时，享有人格尊严、民族风俗习惯得到尊重的权利，享有个人信息依法得到保护的权利。

9. 消费者享有对商品和服务以及保护消费者权益工作进行监督的权利。消费者有权检举、控告侵害消费者权益的行为和国家机关及其工作人员在保护消费者权益工作中的违法失职行为，有权对保护消费者权益工作提出批评、建议。

二、经营者的主要义务

1. 经营者向消费者提供商品或者服务，应当依照本法和其他有关法律、法规的规定履行义务。经营者和消费者有约定的，应当按照约定履行义务，但双方的约定不得违背法律、法规的规定。经营者向消费者提供商品或者服务，应当恪守社会公德，诚信经营，保障消费者的合法权益；不得设定不公平、不合理的交易条件，不得强制交易。

2. 经营者应当听取消费者对其提供的商品或者服务的意见，接受消费者的监督。

3. 经营者应当保证其提供的商品或者服务符合保障人身、财产安全的要求。对可能危及人身、财产安全的商品和服务，应当向消费者作出真实的说明和明确的警示，并说明和标明正确使用商品或者接受服务的方法以及防止危害发生的方法。宾馆、商场、餐馆、银行、机场、车站、港口、影剧院等经营场所的经营者，应当对消费者尽到安全保障义务。

4. 经营者发现其提供的商品或者服务存在缺陷，有危及人身、财产安全危险的，应当立即向有关行政部门报告和告知消费者，并采取停止销售、警示、召回、无害化处理、销毁、停止生产或者服务等措施。采取召回措施的，经营者应当承担消费者因商品被召回支出的必要费用。

5. 经营者向消费者提供有关商品或者服务的质量、性能、用途、有效期限等信息，应当真实、全面，不得作虚假或者引人误解的宣传。经营者对消费者就其提供的商品或者服务的质量和使用方法等问题提出的询问，应当作出真实、明确的答复。经营者提供商品或者服务应当明码标价。

6. 经营者提供商品或者服务，应当按照国家有关规定或者商业惯例向消费者出具发票等购货凭证或者服务单据；消费者索要发票等购货凭证或者服务单据的，经营者必须出具。

7. 经营者应当保证在正常使用商品或者接受服务的情况下其提供的商品或者服务应当具有的质量、性能、用途和有效期限；但消费者在购买该商品或者接受该服务前已经知道其存在瑕疵，且存在该瑕疵不违反法律强制性规定的除外。经营者以广告、产品说明、实物样品或者其他方式表明商品或者服务的质量状况的，应当保证其提供的商品或者服务的实际质量与表明的质量状况相符。

8. 经营者提供的商品或者服务不符合质量要求的，消费者可以依照国家规定、当事人约定退货，或者要求经营者履行更换、修理等义务。没有国家规定和当事人约定的，消费者可以自收到商品之日起七日内退货；七日后符合法定解除合同条件的，消费者可以及时退货，不符合法定解除合同条件的，可以要求经营者履行更换、修理等义务。

9. 经营者不得以格式条款、通知、声明、店堂告示等方式，作出排除或者限制消费者权利、减轻或者免除经营者责任、加重消费者责任等对消费者不公平、不合理的规定，不得利用格式条款并借助技术手段强制交易。格式条款、通知、声明、店堂告示等含有前款所列内容的，其内容无效。

10. 经营者不得对消费者进行侮辱、诽谤，不得搜查消费者的身体及其携带的物品，不得侵犯消费者的人身自由。

11. 经营者收集、使用消费者个人信息，应当遵循合法、正当、必要的原则，明示收集、使用信息的目的、方式和范围，并经消费者同意。经营者收集、使用消费者个人信息，应当公开其收集、使用规则，不得违反法律、法规的规定和双方的约定收集、使用信息。经营者及其工作人员对收集的消费者个人信息必须严格保密，不得泄露、出售或者非法向他人提供。经营者应当采取技术措施和其他必要措施，确保信息安全，防止消费者个人信息泄露、丢失。在发生或者可能发生信息泄露、丢失的情况时，应当立即采取补救措施。经营者未经消费者同意或者请求，或者消费者明确表示拒绝的，不得向其发送商业性信息。

三、争议的解决

1. 消费者和经营者发生消费者权益争议的，可以通过下列途径解决：与经营者协商和解；请求消费者协会或者依法成立的其他调解组织调解；向有关行政部门申诉；根据与经营者达成的仲裁协议提请仲裁机构仲裁；向人民法院提起诉讼。

2. 消费者在购买、使用商品时，其合法权益受到损害的，可以向销售者要求赔偿。消费者在接受服务时，其合法权益受到损害的，可以向服务者要求赔偿。

3. 消费者在购买、使用商品或者接受服务时，其合法权益受到损害，因原企业分立、合并的，可以向变更后承受其权利义务的企业要求赔偿。

四、相关法律责任

1. 经营者提供商品或者服务，造成消费者或者其他受害人人身伤害的，应当支付医疗费、护理费、交通费等为治疗和康复支出的合理费用，以及因误工减少的收入。造成残疾的，还应当赔偿残疾生活辅助具费和残疾赔偿金。造成死亡的，还应当赔偿丧葬费和死亡赔偿金。

2. 经营者侵害消费者的人格尊严、侵犯消费者人身自由或者侵害消费者个人信息依法得到保护的权利的，应当停止侵害、恢复名誉、消除影响、赔礼道歉，并赔偿损失。

3. 经营者有侮辱诽谤、搜查身体、侵犯人身自由等侵害消费者或者其他受害人人身权益的行为，造成严重精神损害的，受害人可以要求精神损害赔偿。

4. 经营者提供商品或者服务，造成消费者财产损害的，应当依照法律规定或者当事人约定承担修理、重作、更换、退货、补足商品数量、退还货款和服务费用或者赔偿损失等民事责任。

5. 经营者以预收款方式提供商品或者服务的，应当按照约定提供。未按照约定提供的，应当按照消费者的要求履行约定或者退回预付款；并应当承担预付款的利息、消费者必须支付的合理费用。

6. 依法经有关行政部门认定为不合格的商品，消费者要求退货的，经营者应当负责退货。

7. 经营者提供商品或者服务有欺诈行为的，应当按照消费者的要求增加赔偿其受到的损失，增加赔偿的金额为消费者购买商品的价款或者接受服务的费用的三倍；增加赔偿的金额不足五百元的，为五百元。法律另有规定的，依照其规定。

8. 经营者违反本法规定提供商品或者服务，侵害消费者合法权益，构成犯罪的，依法追究刑事责任。

培训项目 4 《化妆品监督管理条例》相关知识

《化妆品监督管理条例》是为了规范化妆品生产经营活动，加强化妆品监督管理，保证化妆品质量安全，保障消费者健康，促进化妆品产业健康发展而制定的。本条例所称化妆品，是指以涂擦、喷洒或者其他类似方法，施用于皮肤、毛发、指甲、口唇等人体表面，以清洁、保护、美化、修饰为目的的日用化学工业产品。

一、原料与产品

1. 在我国境内首次使用于化妆品的天然或者人工原料为化妆品新原料。具有防腐、防晒、着色、染发、祛斑美白功能的化妆品新原料，经国务院药品监督管理部门注册后方可使用；其他化妆品新原料应当在使用前向国务院药品监督管理部门备案。国务院药品监督管理部门可以根据科学研究的发展，调整实行注册管理的化妆品新原料的范围，经国务院批准后实施。

2. 申请化妆品新原料注册或者进行化妆品新原料备案，应当提交下列资料：
（1）注册申请人、备案人的名称、地址、联系方式；
（2）新原料研制报告；
（3）新原料的制备工艺、稳定性及其质量控制标准等研究资料；
（4）新原料安全评估资料。
注册申请人、备案人应当对所提交资料的真实性、科学性负责。

3. 化妆品新原料备案人通过国务院药品监督管理部门在线政务服务平台提交本条例规定的备案资料后即完成备案。

4. 经注册、备案的化妆品新原料投入使用后 3 年内，新原料注册人、备案人应当每年向国务院药品监督管理部门报告新原料的使用和安全情况。对存在安全问题的化妆品新原料，由国务院药品监督管理部门撤销注册或者取消备案。3年期满未发生安全问题的化妆品新原料，纳入国务院药品监督管理部门制定的已使用的化妆品原料目录。经注册、备案的化妆品新原料纳入已使用的化妆品原料目录前，仍然按照化妆品新原料进行管理。

5. 禁止用于化妆品生产的原料目录由国务院药品监督管理部门制定、公布。

6. 用于染发、烫发、祛斑美白、防晒、防脱发的化妆品以及宣称新功效的化妆品为特殊化妆品。特殊化妆品以外的化妆品为普通化妆品。

7. 特殊化妆品经国务院药品监督管理部门注册后方可生产、进口。国产普通化妆品应当在上市销售前向备案人所在地省、自治区、直辖市人民政府药品监督管理部门备案。进口普通化妆品应当在进口前向国务院药品监督管理部门备案。

8. 化妆品注册申请人、备案人应当具备下列条件：

（1）是依法设立的企业或者其他组织；

（2）有与申请注册、进行备案的产品相适应的质量管理体系；

（3）有化妆品不良反应监测与评价能力。

9. 申请特殊化妆品注册或者进行普通化妆品备案，应当提交下列资料：

（1）注册申请人、备案人的名称、地址、联系方式；

（2）生产企业的名称、地址、联系方式；

（3）产品名称；

（4）产品配方或者产品全成分；

（5）产品执行的标准；

（6）产品标签样稿；

（7）产品检验报告；

（8）产品安全评估资料。

注册申请人首次申请特殊化妆品注册或者备案人首次进行普通化妆品备案的，应当提交其符合本条例第十八条（即本书引用第8条）规定条件的证明资料。申请进口特殊化妆品注册或者进行进口普通化妆品备案的，应当同时提交产品在生产国（地区）已经上市销售的证明文件以及境外生产企业符合化妆品生产质量管理规范的证明资料。专为向我国出口生产、无法提交产品在生产国（地区）已经上市销售的证明文件的，应当提交面向我国消费者开展的相关研究和试验的资料。

注册申请人、备案人应当对所提交资料的真实性、科学性负责。

10. 普通化妆品备案人通过国务院药品监督管理部门在线政务服务平台提交本条例规定的备案资料后即完成备案。

11. 化妆品新原料和化妆品注册、备案前，注册申请人、备案人应当自行或者委托专业机构开展安全评估。从事安全评估的人员应当具备化妆品质量安全相关专业知识，并具有 5 年以上相关专业从业经历。

12. 化妆品的功效宣称应当有充分的科学依据。化妆品注册人、备案人应当在国务院药品监督管理部门规定的专门网站公布功效宣称所依据的文献资料、研究数据或者产品功效评价资料的摘要，接受社会监督。

13. 境外化妆品注册人、备案人应当指定我国境内的企业法人办理化妆品注册、备案，协助开展化妆品不良反应监测、实施产品召回。

14. 特殊化妆品注册证有效期为 5 年。有效期届满需要延续注册的，应当在有效期届满 30 个工作日前提出延续注册的申请。

15. 化妆品应当符合强制性国家标准。鼓励企业制定严于强制性国家标准的企业标准。

二、生产经营

1. 从事化妆品生产活动，应当向所在地省、自治区、直辖市人民政府药品监督管理部门提出申请，提交其符合下列条件的证明资料，并对资料的真实性负责：

（1）是依法设立的企业；

（2）有与生产的化妆品相适应的生产场地、环境条件、生产设施设备；

（3）有与生产的化妆品相适应的技术人员；

（4）有能对生产的化妆品进行检验的检验人员和检验设备；

（5）有保证化妆品质量安全的管理制度。

化妆品生产许可证有效期为 5 年。有效期届满需要延续的，依照《中华人民共和国行政许可法》的规定办理。

2. 化妆品注册人、备案人可以自行生产化妆品，也可以委托其他企业生产化妆品。委托生产化妆品的，化妆品注册人、备案人应当委托取得相应化妆品生产许可的企业，并对受委托企业（以下称受托生产企业）的生产活动进行监督，保证其按照法定要求进行生产。受托生产企业应当依照法律、法规、强制性国家标准、技术规范以及合同约定进行生产，对生产活动负责，并接受化妆品注册人、备案人的监督。

3. 化妆品注册人、备案人、受托生产企业应当按照国务院药品监督管理部门制定的化妆品生产质量管理规范的要求组织生产化妆品，建立化妆品生产质量管理体系，建立并执行供应商遴选、原料验收、生产过程及质量控制、设备管理、产品检验及留样等管理制度。

4. 化妆品原料、直接接触化妆品的包装材料应当符合强制性国家标准、技术规范。不得使用超过使用期限、废弃、回收的化妆品或者化妆品原料生产化妆品。

5. 化妆品注册人、备案人、受托生产企业应当建立并执行原料以及直接接触化妆品的包装材料进货查验记录制度、产品销售记录制度。进货查验记录和产品销售记录应当真实、完整，保证可追溯，保存期限不得少于产品使用期限届满后1年；产品使用期限不足1年的，记录保存期限不得少于2年。化妆品经出厂检验合格后方可上市销售。

6. 化妆品注册人、备案人、受托生产企业应当设质量安全负责人，承担相应的产品质量安全管理和产品放行职责。质量安全负责人应当具备化妆品质量安全相关专业知识，并具有5年以上化妆品生产或者质量安全管理经验。

7. 化妆品注册人、备案人、受托生产企业应当建立并执行从业人员健康管理制度。患有国务院卫生主管部门规定的有碍化妆品质量安全疾病的人员不得直接从事化妆品生产活动。

8. 化妆品注册人、备案人、受托生产企业应当定期对化妆品生产质量管理规范的执行情况进行自查；生产条件发生变化，不再符合化妆品生产质量管理规范要求的，应当立即采取整改措施；可能影响化妆品质量安全的，应当立即停止生产并向所在地省、自治区、直辖市人民政府药品监督管理部门报告。

9. 化妆品的最小销售单元应当有标签。标签应当符合相关法律、行政法规、强制性国家标准，内容真实、完整、准确。进口化妆品可以直接使用中文标签，也可以加贴中文标签；加贴中文标签的，中文标签内容应当与原标签内容一致。

10. 化妆品标签应当标注下列内容：

（1）产品名称、特殊化妆品注册证编号；

（2）注册人、备案人、受托生产企业的名称、地址；

（3）化妆品生产许可证编号；

（4）产品执行的标准编号；

（5）全成分；

（6）净含量；

（7）使用期限、使用方法以及必要的安全警示；

（8）法律、行政法规和强制性国家标准规定应当标注的其他内容。

11. 化妆品标签禁止标注下列内容：

（1）明示或者暗示具有医疗作用的内容；

（2）虚假或者引人误解的内容；

（3）违反社会公序良俗的内容；

（4）法律、行政法规禁止标注的其他内容。

12. 化妆品经营者应当建立并执行进货查验记录制度，查验供货者的市场主体登记证明、化妆品注册或者备案情况、产品出厂检验合格证明，如实记录并保存相关凭证。

化妆品经营者不得自行配制化妆品。

13. 化妆品生产经营者应当依照有关法律、法规的规定和化妆品标签标示的要求贮存、运输化妆品，定期检查并及时处理变质或者超过使用期限的化妆品。

14. 化妆品集中交易市场开办者、展销会举办者应当审查入场化妆品经营者的市场主体登记证明，承担入场化妆品经营者管理责任，定期对入场化妆品经营者进行检查；发现入场化妆品经营者有违反本条例规定行为的，应当及时制止并报告所在地县级人民政府负责药品监督管理的部门。

15. 美容美发机构、宾馆等在经营中使用化妆品或者为消费者提供化妆品的，应当履行本条例规定的化妆品经营者义务。

16. 化妆品广告的内容应当真实、合法。

17. 化妆品注册人、备案人发现化妆品存在质量缺陷或者其他问题，可能危害人体健康的，应当立即停止生产，召回已经上市销售的化妆品，通知相关化妆品经营者和消费者停止经营、使用，并记录召回和通知情况。

18. 进口商应当对拟进口的化妆品是否已经注册或者备案以及是否符合本条例和强制性国家标准、技术规范进行审核。审核不合格的，不得进口。

三、监督管理

1. 对依照本条例规定实施的检验结论有异议的，化妆品生产经营者可以自收到检验结论之日起 7 个工作日内向实施抽样检验的部门或者其上一级负责药品监督管理的部门提出复检申请，由受理复检申请的部门在复检机构名录中随机确定复检机构进行复检。复检机构出具的复检结论为最终检验结论。复检机构与初检机构不得为同一机构。复检机构名录由国务院药品监督管理部门公布。

2. 国家建立化妆品不良反应监测制度。化妆品注册人、备案人应当监测其上市销售化妆品的不良反应，及时开展评价，按照国务院药品监督管理部门的规定向化妆品不良反应监测机构报告。受托生产企业、化妆品经营者和医疗机构发现可能与使用化妆品有关的不良反应的，应当报告化妆品不良反应监测机构。化妆品不良反应是指正常使用化妆品所引起的皮肤及其附属器官的病变，以及人体局部或者全身性的损害。

3. 国家建立化妆品安全风险监测和评价制度，对影响化妆品质量安全的风险因素进行监测和评价，为制定化妆品质量安全风险控制措施和标准、开展化妆品抽样检验提供科学依据。国家化妆品安全风险监测计划由国务院药品监督管理部门制定、发布并组织实施。

4. 对造成人体伤害或者有证据证明可能危害人体健康的化妆品，负责药品监督管理的部门可以采取责令暂停生产、经营的紧急控制措施，并发布安全警示信息；属于进口化妆品的，国家出入境检验检疫部门可以暂停进口。

5. 根据科学研究的发展，对化妆品、化妆品原料的安全性有认识上的改变的，或者有证据表明化妆品、化妆品原料可能存在缺陷的，省级以上人民政府药品监督管理部门可以责令化妆品、化妆品新原料的注册人、备案人开展安全再评估或者直接组织开展安全再评估。再评估结果表明化妆品、化妆品原料不能保证安全的，由原注册部门撤销注册、备案部门取消备案，由国务院药品监督管理部门将该化妆品原料纳入禁止用于化妆品生产的原料目录，并向社会公布。

6. 化妆品生产经营过程中存在安全隐患，未及时采取措施消除的，负责药品监督管理的部门可以对化妆品生产经营者的法定代表人或者主要负责人进行责任约谈。化妆品生产经营者应当立即采取措施，进行整改，消除隐患。责任约谈情况和整改情况应当纳入化妆品生产经营者信用档案。

四、法律责任

1. 有下列情形之一的，由负责药品监督管理的部门没收违法所得、违法生产经营的化妆品和专门用于违法生产经营的原料、包装材料、工具、设备等物品：

（1）未经许可从事化妆品生产活动，或者化妆品注册人、备案人委托未取得相应化妆品生产许可的企业生产化妆品；

（2）生产经营或者进口未经注册的特殊化妆品；

（3）使用禁止用于化妆品生产的原料、应当注册但未经注册的新原料生产化妆品，在化妆品中非法添加可能危害人体健康的物质，或者使用超过使用期限、废弃、回收的化妆品或者原料生产化妆品；

（4）使用不符合强制性国家标准、技术规范的原料、直接接触化妆品的包装材料，应当备案但未备案的新原料生产化妆品，或者不按照强制性国家标准或者技术规范使用原料；

（5）生产经营不符合强制性国家标准、技术规范或者不符合化妆品注册、备案资料载明的技术要求的化妆品；

（6）更改化妆品使用期限；

（7）化妆品经营者擅自配制化妆品；

（8）化妆品注册人、备案人未对受托生产企业的生产活动进行监督；

（9）在负责药品监督管理的部门责令其实施召回后拒不召回，或者在负责药品监督管理的部门责令停止或者暂停生产、经营后拒不停止或者暂停生产、经营。

2. 违法生产经营的化妆品货值金额不足1万元的，并处5万元以上15万元以下罚款。货值金额1万元以上的，并处货值金额15倍以上30倍以下罚款。情节严重的，责令停产停业、由备案部门取消备案或者由原发证部门吊销化妆品许可证件，10年内不予办理其提出的化妆品备案或者受理其提出的化妆品行政许可申请。

3. 对违法生产经营化妆品的单位的法定代表人或者主要负责人、直接负责的主管人员和其他直接责任人员处以其上一年度从本单位取得收入的3倍以上5倍以下罚款，终身禁止其从事化妆品生产经营活动。构成犯罪的，依法追究刑事责任。

4. 化妆品新原料注册人、备案人未依照本条例规定报告化妆品新原料使用和安全情况的，由国务院药品监督管理部门责令改正，处5万元以上20万元以下罚款。情节严重的，吊销化妆品新原料注册证或者取消化妆品新原料备案，并处20万元以上50万元以下罚款。

5. 在申请化妆品行政许可时提供虚假资料或者采取其他欺骗手段的，不予行政许可，已经取得行政许可的，由作出行政许可决定的部门撤销行政许可，5年内不受理其提出的化妆品相关许可申请，没收违法所得和已经生产、进口的化妆品。

伪造、变造、出租、出借或者转让化妆品许可证件的，由负责药品监督管理的部门或者原发证部门予以收缴或者吊销，没收违法所得。违法所得不足1万元的，并处5万元以上10万元以下罚款。违法所得1万元以上的，并处违法所得10倍以上20倍以下罚款。构成犯罪的，依法追究刑事责任。

6. 备案时提供虚假资料的，由备案部门取消备案，3年内不予办理其提出的该项备案，没收违法所得和已经生产、进口的化妆品；已经生产、进口的化妆品货值金额不足1万元的，并处1万元以上3万元以下罚款；货值金额1万元以上的，并处货值金额3倍以上10倍以下罚款；情节严重的，责令停产停业直至由原发证部门吊销化妆品生产许可证，对违法单位的法定代表人或者主要负责人、直接负责的主管人员和其他直接责任人员处以其上一年度从本单位取得收入的1倍以上2倍以下罚款，5年内禁止其从事化妆品生产经营活动。

7. 化妆品集中交易市场开办者、展销会举办者未依照本条例规定履行审查、检查、制止、报告等管理义务的，由负责药品监督管理的部门处2万元以上10万元以下罚款；情节严重的，责令停业，并处10万元以上50万元以下罚款。

8. 化妆品经营者履行了本条例规定的进货查验记录等义务，有证据证明其不知道所采购的化妆品是不符合强制性国家标准、技术规范或者不符合化妆品注册、备案资料载明的技术要求的，收缴其经营的不符合强制性国家标准、技术规范或者不符合化妆品注册、备案资料载明的技术要求的化妆品，可以免除行政处罚。

9. 化妆品广告违反本条例规定的，依照《中华人民共和国广告法》的规定给予处罚；构成犯罪的，依法追究刑事责任。

10. 境外化妆品注册人、备案人指定的在我国境内的企业法人未协助开展化妆品不良反应监测、实施产品召回的，由省、自治区、直辖市人民政府药品监督管理部门责令改正，给予警告，并处2万元以上10万元以下罚款；情节严重的，处10万元以上50万元以下罚款，5年内禁止其法定代表人或者主要负责人、直接负责的主管人员和其他直接责任人员从事化妆品生产经营活动。境外化妆品注册人、备案人拒不履行依据本条例作出的行政处罚决定的，10年内禁止其化妆品进口。

11. 化妆品生产经营者、检验机构招用、聘用不得从事化妆品生产经营活动的人员或者不得从事化妆品检验工作的人员从事化妆品生产经营或者检验的，由负责药品监督管理的部门或者其他有关部门责令改正,给予警告;拒不改正的,责令停产停业直至吊销化妆品许可证件、检验机构资质证书。

12. 有下列情形之一,构成违反治安管理行为的,由公安机关依法给予治安管理处罚,构成犯罪的,依法追究刑事责任:

(1)阻碍负责药品监督管理的部门工作人员依法执行职务;

(2)伪造、销毁、隐匿证据或者隐藏、转移、变卖、损毁依法查封、扣押的物品。